德國文化史

杜美　著

德國名畫家小漢斯・荷爾拜因(Hans Holbein d.J 1497-1543)於 1528
年製作的古典畫《巴塞爾市長雅可布邁耶的聖母瑪利亞》。

巴伐利亞宮廷畫家約瑟夫·斯蒂勒(1781-1858)於 1816-1820 逗留於維
也納時期所作的貝多芬肖像。

· 目　錄 ·

· 自 序 ·

　　《德國文化史》是包羅了德國文化廣泛內容的一本書。據知，它是迄今爲止德國境外唯一的一本有關德國文化方面的專著。

　　文化史這一概念和它在學術上的地位一直是有爭議的。早在十八世紀，法國作家孟德斯鳩和伏爾泰在他們的著作中述及政治史時也曾聯繫到文化史，尤其是伏爾泰首次把經濟、政治和文化現象視作有相互關聯的作用用來對撰寫歷史的要求，但那時文化史仍祇是作爲正史的背景。十九世紀，由於達爾文對自然史的研究，以及把對世界各地人的比較研究延伸爲人類發展史，因而促進了人類學和民族學的研究，就此而言，史家寫出的史學著作稱作普通文化史，被視作文化史學之一。

　　然而，上述關於文化史作爲正史的陪襯和普通文化史的稱謂均爲瑞士文化史家雅可布·波克哈特(Jacob Burckhardt 1818-1897)所反對。波克哈特認爲，文化史應是人文主義傳統的重新認識與採納，也就是説，一切由人的思維出發的精神活動都包括在內，即國家體制的形成、民族的習俗、以及家庭、語言、宗教、法律、藝術和科學的發

展……都屬於文化史的範疇。這一見解引起歐洲史家的注目與進一步探討。大約直至二十世紀三十年代文化史終於獲得其應有的學術地位,並被確定爲歷史的分支。此後英國的湯因比(Arnold Joseph Toynbee 1889-1975)等在文化史領域發展了對二十世紀有重大影響的文化心態學。

　　拙作《德國文化史》基本上包括了波克哈特所概述的內容,儘管以前筆者對其文化史理論沒有做過研究。對於德國文化,筆者從學生時代即抱有很大興趣,從八十年代到九十年代,筆者有幸三次訪學聯邦德國,在那裡研習德國史和歐洲法西斯史的同時,也把目光投向了多學科的德國文化史。筆者認爲,德國文化有着深厚的歷史,而它所具有的深遠影響又爲世人所矚目,同時想到一個民族的優秀文化所造成的民族素質的提高也是顯而易見的。當然,筆者並非妄自菲薄,而祇是想藉此架設一座新的中德文化交流的橋樑。

　　筆者回憶在歐洲之所以能拓寬視野,從容地從事德國史和德國文化史的研習,主要得助於柏林自由大學弗里德里希·邁因納克學院(Friedrich Meinecke Institut)年屆七十的著名史學家恩斯特·諾爾特教授(Prof. Dr. Ernst Nolte)對我的關注和蓋爾達·亨利爾基金會(Gerda Henkel Stiftung)烏爾布利希博士(Dr. Ulbrich)透過基金會對我的資助。如今,想到自己雖然未曾到過寶島臺灣,但是,令人感到榮幸的是透過揚智文化事業股份有限公司將拙作介紹到臺灣,這既使我有機會向曾經予我以幫助者致謝,也是我對臺灣和亞洲其它華語地區讀者的奉獻。

杜美

1993 年 6 月 15 日於北京大學

承澤園

又:作者現爲北京大學歷史系教授

· 前　言 ·

　　德國是歐洲的一個重要國家。它曾經對歐洲和世界發生過重大影響。迄今，這影響依然存在。這不僅因為它的地理位置，更在於它所具有的豐富文化和它所產生的一些著名文化人物。

　　德國文化在我國是並不生疏的，中德兩國的文化交往早於兩國的政治接觸。早在 14 世紀初，當義大利馬可·波羅遠涉重洋由歐洲來中國之後不久，德國傳教士也接踵而來。兩國的文化交往由此開始。第一個到中國的德國傳教士是基督教徒布魯德·阿諾德 (Bruder Arnold)，他於 1303 年由科隆來北京佈道。稍後，約於 1330 年，在李澤民編的世界地圖上，德意志的名稱首次在中國出現，稱阿拉曼尼亞。經過較長時間的中斷，約在 16 世紀，義大利和一批德國傳教士前來中國，其中較有名的叫利瑪竇 (Matteo Ricci)，1584 年，他出版一部配有中文詮釋的世界地圖，稱德意志為日爾曼尼亞。1623 年，德國傳教士編纂了一本德國逸事集，這部集子經多次翻印，直至 19 世紀，成為中國了解德國的主要來源。此後，在 1644 年，當清王朝建國時，德國科隆傳教士湯若望 (Johann Adam Schall von Bell) 任北京天文局局

長，於是有一批德國傳教士在該局任職。1665 年，在他的領導下，傳教士編寫了一部《中國傳教史》。在這之前，我國的印刷術、磁器藝術和壁畫等已作爲最初文化交流的內容傳入德國。

　　在中德文化交往中起過重要作用的首推德國著名哲學家哥特弗里德·威廉·封·萊布尼茨 (1646－1716)。隨後，德國著名學者威廉·封·洪堡 (1767－1835) 曾積極研習漢語、關注東亞。同一時期，德國著名詩人約翰·沃爾夫岡·歌德 (1749－1832) 一生都對中國文學極表關注。

　　德國文化在中國得以廣泛傳播還是在本世紀。1906 年，德國在上海首創同濟大學。1909 年，德國漢堡大學首創了第一個中文講座，由奧托·弗蘭克 (Otto franke 1863－1946) 任該大學首席漢語教授。他還擔任有關德中文化關係顧問。辛亥革命前夕，我國學者王國維曾經鑽研過叔本華、康德和尼采等德國唯心主義哲學家的著作。著名教育家蔡元培曾於 1907－1911 年在柏林研究過德國哲學和美學。

　　1919 年「五·四」運動以來，德國文化，其中包括科技、醫學、哲學、法學、文學和藝術等備受中國文化界的重視，尤其是馬克思主義經典作家——馬克思和恩格斯的著作，更由許多知識分子介紹到中國，《共產黨宣言》即在二十年代經陳望道譯成中文。二十年代中葉，兩國的文化交往更趨頻繁。那時，德國文學名著，如格林童話，歌德、席勒和海涅等人的作品被介紹到中國。魯迅和郭沫若在留學日本期間學了德語，後來他們積極地介紹了德國的文學和繪畫。1924 年，上海同濟大學重新開學。同年，僅在柏林就有大約 1000 名中國留學生。1925 年，美茵茲畔的法蘭克福大學開辦了中國學院，其創始人和首任院長理查德·威廉於 1889 年以基督教傳教士身分到過中國，他把中國保守哲學家辜鴻銘的著作譯成德語。1929 年，柏林舉辦大型中國藝術展覽會。

　　但是，應該承認，在「文革」前，我們對德國文化史尚未認眞觸及與研究。粉粹「四人幫」以來，以改革、開放方針爲指引，在經濟

建設和文化建設方面早已打破了過去的閉關自守狀態。這就有了更大可能以推動和促進對外國文化史的探討與研究。而國内以往和迄今的史學著作大都偏重於政治、經濟和軍事。應該説，科學、技術、哲學、文學、藝術、音樂、宗教和習俗作爲反映一個國家精神風貌的文化史同樣是不可偏廢的。而對一個國家文化史的探討，也可窺探一個國家政治經濟的發展與文化之間作用與反作用的關係。因爲只有加深對一個國家的文化史的研究與探討，才能比較全面地了解一個國家、民族和社會的發展。

　　近年來，國内外掀起一股研究中國傳統文化的熱潮。這是可喜的事，然而，世界各國的文化從來不是孤立的，而是相輔相成、互有影響的。在相互影中得以充實、提高。外國的進步的文化，肯定也有爲我所用的原料。今天，當人類文化已進入高度發展的九十年代，研究和探討德國文化史不僅對了解德國社會各方面的發展和它對人類的貢獻具有重要意義，而且對我國的現代化建設也具有重大的現實意義。据此，筆者謹將幾年來在北京大學講授的德國文化史稿（從德國文化的開端到廿世紀初）整理付梓，藉以對德國文化史的探討與研究盡綿薄之力。

第1章 歷史與文化

第一節 歷史的定義

要說出什麼是歷史？恐怕至今尚無統一見解，也許可以說，自從盤古開天闢地起，歷史就開始了，本來有人類，就有歷史，歷史是隨人類的產生而產生，隨人類的發展而發展的，一旦人類從地球上消失，人類的歷史也至此而終，就此意義而言，人類不滅，歷史永存。

如果把歷史視作一門科學，那麼，它稱得上是對人類一切經歷的記錄，從這記錄中，人類可以汲取歷史上各項事業成敗的經驗教訓。但作為一門科學的一個最根本的原則是尊重事實。歷史必須尊重事實，而不容偽造。這也是 1900 年在巴黎召開的首屆國際史學大會上再三強調的原則。因為，如果拋棄史實，歷史也就失去它作為一門科學的價值。

有價值的歷史科學包容了人類物質生產和精神生產各方面的成果，包容了人類的苦難與幸福及其原因。歷史學就是要對人類過去發生的事予以表達、分析和研討。所以，歷史的概念有兩層意義：一是表示人類已逝生活中所發生的事，二是史學家的活動，後者包括認識、表述和學術事業。按拉丁文「historia」（歷史）原意也有研究之意。史學研究也包括主客觀兩方面：一是客觀歷史事實，二是史學家的主觀分析研究，也就是對歷史事實的理論反映。

作為科學的歷史反映了人類社會已逝的事件，但它能否成為預測

未來的工具呢？對此，史學家們常以公元前 5 世紀生活在希臘的科學的歷史之父修昔底德的話作爲答覆。他說，歷史事件的確「在未來某個時候是會重現的，即使不是完全一樣，也是非常相似。」❶假如認爲這種可能性是存在的，那麼在社會事務中歷史事件的重覆出現，也許好像對自然界現象的觀測一樣，根據歷史上的氣象記錄以推測未來的氣象周期變化。

撇開上述觀點，我們還應提及馬克思主義對歷史科學的見解。馬克思主義認爲，社會的生產和再生產是歷史上的決定因素。社會存在決定社會意識。人類的物質生產和精神生產的力量推動著社會的發展。循此，也許會發現或找出社會發展所具有的客觀規律。

第二節　何謂文化

通常人們提到文化，似乎是與文盲相對，有文化就不是文盲，文盲意味著沒有文化。這裡文化成爲知書識字的代名詞。其實，文化也是隨著人類的產生而產生，隨著人類的發展而發展的。有人類才有文化。文化是人類在遠古時期爲了與周圍環境鬥爭而從事的活動。如開墾荒地、種植莊稼、鑽木取火、製造工具用具等都具有文化意義。這就是文化的概念。文化是在人類原始階段生產發展水準極爲低下的時期就有的，甚至在無文字階段，卻已有製造石具和鑽木取火的活動。可見，從廣義上說，在人類沒有文字之前，已經有文化了。

文化這個詞源於拉丁文「colere」❷。這個詞的第一要義便是培植，創造的概念，即對土地的開墾和耕作。後來延伸到精神生活中，藝術、詩文、科學、技術、經濟、社會、歷史、政法、宗敎……等都屬於文化概念的範疇。本書所述的文化和文化史就是一個國家一個民族所進行的精神活動及其創造。

第三節　文化與人類

　　文化與人類的發展是與時俱進的。人類由蒙昧到鑽木取火到工業化現代化的一步步進步，表明人類不斷創造了文化，又利用了文化。可見，文化與人類的關係是密切的。爲此，應有的認識是

　　——從古到今，人類在社會發展中不斷地創造著文化。任何社會發展中出現的文化都反映著人的智慧，反映著人類對客觀世界的奮鬥、改造和征服。

　　——文化的發展和成就離不開人類。人類是文化的主宰，文化的發展和成就是人類認識世界、改造世界和創造世界的結果，這結果就是人類的物質產品和精神產品。

　　——也可以說，文化的發展和成果是人類社會發展的累積，它反映了人類認識世界、改造世界和創造世界的歷史，也反映了各個歷史時期文化發展的特點或特色。

第四節　文化與民族

　　人類的文化是人類共同創造的財富。而各民族創造的是各自的文化。因此，無論物質生活還是精神生活，在人的舉止、心理和行動的規範上，以及信仰、習俗的方式上都形成了一個民族文化的特點和風貌。只有具備民族特點的文化，才具有典型意義。世界上各民族有各自的民族文化，世界文化才豐富多采。

　　民族文化要取得發展，尤其是一個國家要使自己的文化具有高深的發展，就不能閉關自守，在生產日益高漲和交通日益發達的今天，只要各民族相互汲取對方文化的優點和長處，那麼，原來較爲片面而有局限的民族文化便有可能得以昇華。也只有這樣，一個國家的民族文化才有可能進入世界文化之林。

第五節　文化與歷史

　　文化與歷史 —— 兩個不同的概念和內容已如前述。這裡要說的是文化與歷史的關係，也就是要把這兩者統一起來作為對文化史的認識。文化史不可能離開歷史範疇，但它又不是歷史。它只是作為歷史學科的一個分支。

　　文化史所要表明的是人類認識自然的歷史過程，表明人類在每一歷史階段運用和控制自然界的程度、能力，以及人類在每一歷史階段運用其智慧創造精神和物質產品的水平。人類愈是向前發展，物質生產與精神生產愈豐富，文化成就愈高，文化史也愈豐富。把一個國家民族的文化從開創到當今的發展加以綜合、整理，並按歷史順序加以系統化並予以相應的論述，那麼，這便是對這個國家民族文化史的研究了。

《註釋》

❶愛德華・麥克諾爾・伯恩斯和菲利普・李・拉爾夫：《世界文明史》第一卷，商務版，1987 年 1 月第 1 版，第 8 頁。

❷威廉・葛斯曼：《德國文化史綱》，聯邦德國慕尼黑馬克斯・胡伯出版社，1970 年，第 4 版，第 7 頁。

馬丁‧路德，（1520 年盧卡斯‧克拉那赫銅雕）。

第2章　日耳曼民族和文化的起源

第一節　最早生活於歐洲的人

　　人類的形成大約在 300 萬年前第三紀結束時。考古發現,稱為「智人或能人」(Homo habilis) 的骨骼於 1960-70 年代發現於東非的坦尚尼亞,距今約 175 萬年。在今天德國的土地上約在 50 萬年前就生活著人類。歐洲最初的人屬於歐洲 —— 北非 —— 亞洲的遠古人類(類人猿)。這種遠古人類的殘骸於 1907 年發現於德國海德堡,距今約在公元前 55 萬年至 48 萬年之間,大概在冰河時代。這也是周口店北京人生活的年代。

　　這之後,到間冰期,或稱冰川紀的暖溫期,約在公元前二十萬至十萬年前,在德國生活著早期能人(智人),稱尼安德塔人(Neandertaler)。1856 年發現於今天聯邦德國北萊茵—威斯特發倫州杜塞爾多夫附近。尼安德塔人的面部特徵是前額後傾,上眼骨突出,下頜後傾,軀幹較小。❶

　　公元前五萬年到二萬年,即在舊石器時代後期的人類是在法國發現的克魯馬儂人(Crô-Magnon)。在今天聯邦德國巴登符騰堡州斯泰因海姆和民主德國魏瑪—埃林斯村地區生活的舊石器時代的人也是克魯馬儂人的祖先。克魯馬儂人體格高大魁梧,前額寬而高,下頜飽滿,與現代人相差無幾。

　　舊石器時代大約於公元前一萬年結束。

第二節　日耳曼民族的起源與國家的形成

　　大約在公元前 5000 年至 2500 年之間界定為新石器時代。那時雖然尚無文字，但中歐人已會種植莊稼、飼養家畜，農業生產開始。約在公元前 2000 年，銅器時代起始時，屬於印度日耳曼語系的各日耳曼族分支居住於今日的日德蘭、施萊斯維格－荷爾斯泰因和丹麥半島。凱爾特人居住在上述地區的西南部。在後來的若干世紀中，日耳曼人慢慢推進到埃姆斯河（位於德國西北部），約在公元前 1500 年，他們到達奧得河下游。公元前 900～700 年，他們到達下萊茵和下魏克塞爾河（Weichsel），沿河谷而上。中部山區的凱爾特人定居在萊茵河和埃姆斯河之間的北海沿岸，他們被日耳曼人趕向西方。日耳曼人和凱爾特人在許多地方成為混血種族。舊史料上被羅馬人提及的「日耳曼人」根本上都是凱爾特人。❷

　　凱爾特人和日耳曼人最顯著的區別是語言，即凱爾特語和日耳曼語。約在公元前五世紀，即鐵器時代開始的時期，在萊茵地區，沿阿爾卑斯山脈伸延著希臘文化、中義大利和亞得里亞海地區文化，其總稱是所謂「拉丁文化」（Laténe Kultur），屬西歐鐵器時代文化。一些部族在萊茵、多瑙河地區製造的藝術裝飾品達到較高水準，特別是煉金術。當時，住在多瑙河上游的部族最先被「歷史之父」，希臘史學家希羅多德（公元前 490～430）稱為「凱爾特人」。他們是拉丁文化的代表。❸

　　由於凱爾特人的擴張，自公元前 4 世紀始，整個西歐和中歐南部都在凱爾特人的統治下。他們的擴張甚至阻止了日耳曼民族的遷移。凱爾特人所到之處都留下拉丁文化影響，拉丁文化在公元前 2 世紀達到頂點。但是，凱爾特人受到希臘羅馬的驅逐。羅馬奴隸主國家在擴張時把凱爾特人從他們占有的土地上趕走。這樣，凱爾特人居住區縮小了，公元前一世紀末，他們移居於徒林根地區和徒林根森林西部以

及美茵河地區。就民族意義而言，凱爾特人從未在種族、文化和政治上取得統一，且他們的統治被羅馬人粉碎，以後被併入羅馬帝國。今天德國許多地方還留有凱爾特人的名稱，如美茵、多瑙、萊茵、魯爾、納卡等。

　　大約在公元前 2 世紀，也是出於語言原因，講日耳曼語的部族與其它印歐語系部族分離。日耳曼語系分支遍及南斯堪地那維亞和中歐。

　　關於凱爾特人與日耳曼人之間的區別以及日耳曼部族的史料可惜都失傳了。第一個以自己的觀感就日耳曼人作出報導的是羅馬統帥凱撒（Cäsar公元前 100～44 年）。紀元前一世紀，他在《高盧戰記》中提到日耳曼人與其西南部的鄰居 —— 凱爾特人的區別。公元一世紀的羅馬文獻中也常提及日耳曼人與羅馬人的戰爭事態。

　　羅馬軍官蓋‧普‧塞昆陀斯（G.P.Secundus公元 23—79 年）曾到過日耳曼人住地，並就羅馬人與日耳曼人之間的戰事寫過 20 多卷著作，遺憾的是均失傳。據說羅馬史學家塔西佗（P.C.Tacitus公元55～120 年）利用過他的著述。塔西佗在其《日耳曼志》和《編年史》的著作中對日耳曼部族及其經濟、文化和政治生活有不少記載、儘管其中有錯。羅馬人所以熱衷於記述日耳曼人的歷史，也正說明，日耳曼民族最初的歷史是與羅馬人在戰爭中發展起來的。

　　「日耳曼」這個概念在羅馬文獻中作為萊茵河右岸部族的稱謂。同時這個概念也是日耳曼語系各個民族和部族的總稱。包括屬於北歐和中歐的印度日耳曼語系的各部族。他們在語言和文化上具有親緣關係。

　　大約在公元前 5 世紀，直至凱撒時代（公元前 1 世紀），日耳曼民族還處於蠻荒階段。公元前 450 年前後，日耳曼各部落紛紛遷徙。一支日耳曼部落向南，直抵今日德國中部山區，一支向西，進入尼德蘭北部，直至萊茵河下游，一支向東，直抵魏克塞爾河。這其間受阻於凱爾特人的擴張。但在公元前 3 世紀，又掀起新的遷徙浪潮，一支日耳曼

部落向西,越過萊茵河下游,一支(巴斯太爾人)向東,越過魏克塞爾河進入多瑙,普魯特河(現羅蘇邊界河)及第聶斯特爾河(現為蘇聯河流)沿岸。汪達爾人由日德蘭移向奧得—尼斯河、朗哥巴登人移向易北河下游。公元前 2 世紀時,東日耳曼人魯奇爾部落(Rugier)出現在魏克塞爾河河口及波米拉尼亞河沿岸(普魯士北部地名)。

因遷徙運動日耳曼人形成三大部落:

一是北日耳曼部落(在斯堪地那維亞);

二是東日耳曼部落(在易北河之東,有哥德人,汪達爾人,勃艮第人,魯奇爾人等);

三是西日耳曼部落,在萊茵河、威悉河、北海和易北河沿岸,其中有巴特維爾人、查頓人、蘇肯人、舍羅斯克人、烏別爾人、基姆貝恩人、條頓人、馬爾科曼嫩人、法蘭克人等。

公元前 220 年,另有一批古老的日耳曼部落—巴斯太爾人和斯基爾人由喀爾巴阡山之北向東南方向遷徙,來到黑海北岸。巴斯太爾人滯留於多瑙河下游,斯基爾人則向北折返,與羅馬人發生衝突。羅馬人最初與日耳曼部落接觸時,視他們為蠻族。

被羅馬人視為蠻族的日耳曼部落約有二十多個。基姆貝恩、條頓、阿姆布隆等都是主要的日耳曼部落。他們在公元前 120 年左右繼續沿黑海北岸向多瑙河東岸推進,公元前 113 年,他們向東沿奧得河進入今日的奧地利,直抵羅馬邊境,構成對羅馬帝國的威脅。基姆貝恩、條頓等日耳曼部落與凱爾特部落結成鬆散的聯盟。可是缺少統一的領袖。凱爾特人向不列顛衝擊。條頓人和阿姆布隆人向高盧(今日法國)推進。大部條頓人和基姆貝恩人沒有繼續向義大利推進,而是想定居高盧和西班牙,只有少部分基姆貝恩人移向義大利。大約在公元前 102 年,條頓人和阿姆布隆人在高盧南部,基姆貝恩人在公元前 101 年在上義大利先後遭到羅馬人的毀滅性打擊。但是,他們與羅馬人的戰爭並不因此而終止。相反,彼此間的戰爭越趨頻繁了。

公元前 2 世紀至公元前 1 世紀,日耳曼各部落繼續與羅馬人發生

衝突。由於不堪忍受游牧地區惡劣氣候的威脅和匈奴人的攻擊，日耳曼部落不得不爲尋找適宜於耕種莊稼的地區，向羅馬奴隸主國家的邊境萊茵河沿岸推進。羅馬歷史學家塔西佗在其著述中描寫著日耳曼人和羅馬人之間的戰爭不斷在羅馬帝國的邊境爆發。羅馬人獲勝後常把日耳曼人當做奴隸役使。

在凱撒時代(公元前 100 年～44 年)，羅馬奴隸主國家面臨兩方面的危機。一方面是在內部，由於奴隸主對奴隸們的殘酷壓迫，在公元前 74～71 年，義大利國內爆發了聲勢浩大的斯巴達克起義；另方面是在外部，在羅馬帝國的邊境，日耳曼民族不斷發動攻擊。爲了保衛羅馬帝國的邊界，凱撒把所有居住在萊茵河左岸的日耳曼人趕向右岸。不僅如此，凱撒還在公元前 55 年和 53 年，兩次越過萊茵河，襲擊日耳曼部落。凱撒部隊在今日科隆和波昂之間，即萊茵河中游驅趕日耳曼人。他把羅馬奴隸主國家的統治從西歐直延伸到中歐地區的萊茵河。

公元前 52 年，凱撒作爲高盧總督，猛烈攻擊高盧日耳曼人。公元前 12 年，羅馬皇帝奧古斯都之子特魯塞斯在萊茵河與威悉河之間分四路與日耳曼部族蘇加布萊人、舍羅斯克人和布魯克特人展開戰鬥。其中第四路甚至直抵易北河。由於羅馬人對日耳曼人的征戰，公元前不久，日耳曼部落定居的多瑙河、萊茵河、威悉河及易北河流域都成爲羅馬帝國的行省。甚至在萊茵河東岸也建立了羅馬帝國的統治。

然而，日耳曼人爲反抗羅馬人的統治，曾經進行過多次起義戰爭。由於羅馬人的武器裝備比較先進，日耳曼人的反抗屢遭羅馬人的血腥鎮壓。直至公元九年，日耳曼各部落才在舍羅斯克人赫爾曼·阿爾彌紐斯(Hermann Arminius公元前 16～公元後 21)的領導下，在今天下薩克森地區推陀堡森林戰勝羅馬人瓦羅斯(P.Q.Varus)率領的軍隊。

赫爾曼·阿爾彌紐斯出身於部落貴族，其父是舍羅斯克族首領。赫爾曼青年時期在羅馬軍中服役，通曉羅馬語，由於他的戰功，取得羅馬低級貴族騎士的身份。他不僅是卓越的軍事統帥，且是一名政治

家。他決定摧毀羅馬人在萊茵河右岸的統治,戰前,他作了充分準備,團結了所有在羅馬壓制下的舍羅斯克人。戰爭發生於那年秋天。這是一次日耳曼人戰勝羅馬人的自由戰爭。戰爭的勝利成為中歐歷史的轉折點,動搖了羅馬帝國對日耳曼各部族的統治,鞏固了日耳曼民族為生存而鬥爭的信心。恩格斯曾說,這次會戰「乃是歷史上一個最有決定意義的轉折點。日耳曼尼亞之脫離羅馬而獨立,就是由這次戰爭而永遠決定下來的。」「假使沒有這次的勝利,全部歷史就會走到另一個方向去。」❹

這次勝利的另一個意義就是日耳曼各部落不堪羅馬奴隸主國家的奴役和壓迫,表現了日耳曼部落團結起來反抗羅馬統治的民族意識,這一民族意識是深刻的,罕見的,且在後來日耳曼民族發展的歷史上一再出現。

儘管日耳曼人在這次戰爭中獲勝,但是,羅馬人在萊茵—多瑙河邊界仍能對日耳曼人維持較長時間的統治。這原因一是由於羅馬人在邊界築有較為堅固的防禦工事,二是由於日耳曼各部落仍然過著散居的游牧生活,彼此孤立、沒有統一堅強的部落聯盟。大約又經過了一、二百年,部落聯盟出現了,才為以後形成日耳曼民族集體奠定了種族基礎。據說,公元 3 世紀,生活在萊茵河與奧得河之間的日耳曼族和其他民族約有 500 萬。

部落聯盟形成的一個主要原因不妨說是反抗異族(羅馬人)的需要,在 2 世紀下半葉,日耳曼人已衝破羅馬帝國的西部邊界。從萊茵河右岸越向左岸,且在萊茵—多瑙河之間與羅馬人對峙。他們在攻擊羅馬人時加強了部落內部的團結。出現了三個大部落聯盟:

第一個大的部落聯盟稱阿雷曼尼亞(Alemannen)。阿雷曼尼亞人即古老的西日耳曼人。其核心是由各閃族部落構成。公元 170 年代,閃族生活於易北河之北,公元 212 年,他們遷居到美茵河上游,與那裡的阿雷曼尼亞部落結合。不久,他們占有萊茵河與多瑙河之間的地區。公元 357 年,在斯特拉斯堡(今屬法國,緊連聯邦德國)遭到羅馬人的

打擊。公元 5 世紀時，他們延伸至普法爾茲、亞爾薩斯、瑞士北部等地。後被法蘭克人征服。

　　第二個大的部落聯盟稱法蘭克尼亞(Franken)。這個部落的名稱在 257 年首次見於古代史料。也就在那時，它取得重大發展。它也是古老的西日耳曼部落。它由定居於萊茵河中、下游的各部落組成，即查瑪汶、查陶里爾、布魯克持、蘇格姆布列、阿陶里爾等日耳曼部落。他們建立了獨立的部落聯盟侵入羅馬。公元 500 年，在由克洛維一世(Chlodwig公元 466～511)建立的法蘭克王國中，這個部落聯盟成為創業時的重要政治因素。

　　第三個大的部落聯盟稱薩克森(Sachsen)。薩克森部落聯盟在 2～3 世紀，在施萊斯維格—荷爾斯泰因西海岸直至萊茵河下游形成。自 3 世紀起，易北河下游西岸的舍羅斯克人、蘇肯人、馬爾塞人、安克列瓦列爾人等日耳曼部落加入了這個聯盟。5 世紀初起，他們遷徙至不列顛。在歐洲大陸定居的薩克森部落擴展至易北河、薩勒河、維拉河和萊茵河下游地區。772～804 年，他們被卡爾大帝以武力併入法蘭克王國。

　　建立部落聯盟有何意義呢？

　　首要的意義在於自從日耳曼各部落建立了部落聯盟以後，羅馬帝國在萊茵河及多瑙河地區建立的統治受到衝擊。公元 2～3 世紀，羅馬帝國內部發生深刻的政治、經濟和軍事危機，帝國無力阻止邊界地區日耳曼各部落聯盟愈益強有力的衝擊。3 世紀後，日耳曼部落聯盟不僅突破了萊茵—多瑙河邊界，而且進入羅馬人控制的高盧。在羅馬帝國危機嚴重時刻，羅馬人為加強防衛力量，甚至吸收日耳曼人加入羅馬軍隊，只是這些由日耳曼人組成的羅馬軍隊，並不忠於羅馬人，反而成為帝國失敗的因素。

　　約在 4 世紀中葉，日耳曼各部落再次攻擊羅馬帝國邊界，在公元 350 年之後，日耳曼人越過萊茵河，摧毀了萊茵河沿岸的羅馬防禦工事，占領了波昂、科隆、美茵茲和特里爾等城市。在 356～357 年，羅

馬皇帝朱理安雖然再度建立了萊茵邊界，把阿雷曼人趕過萊茵河，但在 4 世紀末，羅馬人不得不與日耳曼人訂立契約，以保持萊茵邊界的安全。羅馬人只在名義上形式上維持萊茵邊界的統治，實際上的統治已不復存在。嗣後，由於日耳曼部落聯盟不斷侵入帝國地區，羅馬人被迫放棄了萊茵—多瑙河邊界。從此，在萊茵河之東，多瑙河之北，羅馬帝國的統治宣告結束。公元 476 年，西羅馬帝國的滅亡，就是日耳曼人攻擊的結果。

其次，日耳曼部落聯盟建立的意義在於早在羅馬帝國的萊茵河邊界被攻破之前，日耳曼部落已由北向南遷移，在 4～5 世紀，日耳曼部落更加大規模地南下，史稱民族大遷移。

民族遷移不僅加速了包括羅馬奴隸主國家在內的古代奴隸社會的衰亡，而且對中歐日耳曼民族文化的發展也產生了巨大影響，對日耳曼種族的發展也具有顯著意義。

第三，部落聯盟的建立對日耳曼王國的創建也具有重要意義。5～6 世紀，為抵禦強敵，原先彼此孤立的日耳曼各部落聯合起來，結成強大的部落聯盟，再由此發展成獨立的日耳曼王國。5 世紀以來，在羅馬帝國境內東部形成的日耳曼王國有汪達爾王國，西哥德王國和東哥德王國。

汪達爾王國是由汪達爾人首領蓋伊塞利希(Geiserich 389～477)於公元 429 年建立的。這年，蓋伊塞利希越過直布羅陀海峽來到非洲。他率領東日耳曼人在羅馬的土地上建立了第一個獨立的日耳曼王國。他奪取了義大利的薩爾迪尼 (位於地中海的島嶼)、西西里安等地。455 年，他甚至劫掠過羅馬。他死後，於 533～534 年，這個王國被拜占庭統帥貝利薩爾(Belisar 500～565)消滅。

西哥德王國在建立王國前，在首領阿拉利希(Alarich 370～410)率領下曾多次侵犯羅馬帝國。4～5 世紀，當帝國力衰時，帝國與西哥德人訂立盟約。據此，西哥德王國在 419 年建立。其疆界由高盧南部多瑙河下游直延伸至庇里牛斯山以南的西班牙。475 年，羅馬承認西哥德

王國。但在 507 年，法蘭克王國國王克洛維一世獲勝後，西哥德王國只剩下在西班牙的王國部分。711 年，西哥德王國被阿拉伯人殲滅。

　　東哥德王國是當西哥德人自 269 年與東日耳曼的哥德人分離後，於 4 世紀中葉建立的。國王是埃爾瑪拉利希(Ermanarich)。其疆界幾乎遍及整個俄國歐洲部分。375 年，遭到匈奴人的攻擊，退至南俄。489 年，東哥德人入侵義大利，並在 493～553 年建立了從屬於羅馬帝國的東哥德王國，其疆域包括西西里安、達爾馬提亞、阿爾卑斯山地區和斯洛維尼亞，6 世紀時，亦亡於拜占庭統帥貝利薩爾之手。

　　部落聯盟是一個民族處於遊牧時期由分散的孤立的狀態走向集體的有組織的機構的橋梁。它也是一個民族發展過程中落後與進步的分界線。在沒有建立部落聯盟之前，這個民族是落後的，力量是薄弱的；而當這個民族由部落聯盟發展為王國的時候，他的進步便不言而喻。

　　像汪達爾王國、東、西哥德王國都是建立在羅馬帝國境內的日耳曼王國。但是，這些日耳曼王國並未對後來德意志土地上的日耳曼國家的歷史產生直接的影響。對日耳曼民族國家產生重大影響的是法蘭克王國。

　　法蘭克王國是由法蘭克部落聯盟發展而來。這個部落聯盟包括：
　　萊茵—威悉日耳曼部落；
　　北海日耳曼部落；
　　黑森地區日耳曼部落。

　　這個部落聯盟由於團結成一個政治軍事統一體，在對抗羅馬帝國時，由克洛維（約 466～511）領導於 482 年創立法蘭克王國。他是墨洛溫王朝的一位新國王。受羅馬經濟文化的影響，克洛維國王把自由日耳曼人的村社土地劃出一部份分給上層貴族和軍事領袖，使上層貴族和軍事領袖在保有土地和其他生產資料的基礎上發展經濟，依附於貴族的農民要對貴族償付勞動和納貢、以保持和鞏固封建制度，由此，法蘭克王國逐步形成早期封建社會，成為階級社會的萌芽。法蘭克王國就此成為日耳曼民族形成國家的最早例證。而這個王國的版圖很

大，西至今日法國，包括巴黎在內，東至萊茵河，南至阿爾卑斯山。

　　爲鞏固法蘭克王國，克洛維曾信奉異端基督教，以得到同樣信奉異端基督教的日耳曼人的擁護。大約在公元 498 年，羅馬教會方面眼看帝國勢力日衰，曾拉攏克洛維，而克洛維本人爲了他的統治利益，改宗信仰羅馬天主教。❺ 他這樣做的政治意義在於他信仰羅馬天主教，卻不與羅馬教皇狄奧多西結盟。而在信奉異端基督教（阿利安教派基督教）的東哥德人和西哥德人看來，他屬於正統的羅馬教會，令他們對他產生疑惑。他利用信奉羅馬天主教（崇奉羅馬教皇的基督教派）的作用，依靠羅馬教百姓的支持，同時運用陰謀，多次發動戰爭，吞併了其他信奉阿利安教派的日耳曼各部族。公元 6 世紀，法蘭克王國終於以日耳曼民族爲中心奠定了永久性的國家基礎。這也是克洛維建立的大法蘭克王國(486〜843)由 486 至 511 年的在位時期。

　　從 5 世紀末起，作爲日耳曼民族國家的法蘭克王國是歐洲的一個新的獨立國家。在法蘭克王國裡的日耳曼民族主要有法蘭克人、阿雷曼人、薩克森人、杜林根人、巴伐利亞人、弗里斯人與部分凱爾特人、羅馬人及斯拉夫人等。從那時起，他們就在今日德國的土地上生產勞作，繁衍生息，創造著日耳曼民族的文化。但是，法蘭克王國的墨洛溫王朝至 687 年被貴族丕平二世推翻，建立了加洛林王朝。直至 9 世紀，由於皇族的分裂，才建立了德國。

第三節　日耳曼民族語言的形成

　　語言與人類社會關係密切，是人類交往與相互了解的工具，也是人類文化媒介的工具。語言產生於人類社會，與社會並存。社會在發展，語言也在發展。語言對社會發展的作用爲其他任何工具所不能替代。一種民族語言的發展，對於這一民族文化的發展具有重大意義。已知的人類語言估計有 2500〜3000 種。

　　日耳曼語言是日耳曼民族歷史上的早期語言。「德語」這個詞遲至

786年才首次出現。所以，作爲民族語言的日耳曼語，最初是隨著日耳曼民族的起源而產生的，它也隨著民族的發展由低級階段到高級階段逐步完善而規範。歐洲的多種語言和一系列西亞語言都包容於印度日耳曼語系。而日耳曼語言則是印度日耳曼語系之一。在其發展程序中有四個階段：

第一階段：氏族語言。產生於公元前數世紀，詞彙少，用詞簡單，因爲那時生產力很簡單微弱，生活在氏族社會裡，範圍有限，思想交流很少，或者說很不頻繁。而這類語言也就是最早的原始的日耳曼語。

第二階段：部落語言。是在紀元開始後，當氏族發展爲部落，且在部落占領較大地區之後形成的。部落語言有多種，它是由一種以至多種氏族語言發展而產生。從地區上說，部落語言有東日耳曼語—即哥德語（在奧得河和魏克塞爾河之間）和西日耳曼語（在易北河、萊茵河之間）之分。

第三階段：部族語言。其發展情況與部落語言相似。即當幾個部落發展成更大的部落聯盟，政治上形成集團後產生的。這大約在4～5世紀，民族大遷徙時期。在遷徙過程中，日耳曼部族與非日耳曼部族發生經濟文化方面的交往，透過這種交往，部族語言相互融合，形成新的部族語言。就政治範圍說，此時已出現日耳曼民族國家，但部族語言仍不統一。

第四階段：統一的民族語言。它的產生，從理論上說，是以一個民族在經濟上具有共同利益，在政治上爲共同命運所牽制，在文化上聯繫更爲緊密爲前提的。它從發展到形成必然經過漫長的時期，以德語來說，遲至15世紀末16世紀初，即在宗教改革時期才完成。但在16世紀，當路德創造的德語使民族語言取得統一時，德意志國家尚未取得統一。❻

在上述四個階段中，前三個階段顯然是指古日耳曼語言的發展，到第四階段已可稱之爲德語了。而且這裡提及的古日耳曼語言大都是方言土語，或是爲生活和經濟交往所用的口語、習慣語等。它的書面

語言是在 4 世紀才出現的。那時一位西哥德主教伍爾菲拉(Wulfila 311~382)把古抄本聖經翻譯爲古日耳曼語。這種古日耳曼語是他以希臘語爲基礎翻譯而創造的哥德語字母。其中也用了一些拉丁語字母。那時約在公元 350 年前後。

但在 4~5 世紀,民族大遷徙時期出現的日耳曼歌謠卻是用拉丁文寫的,這原因在於古日耳曼語的書面語言在初創階段比較幼稚粗糙;同時,控制初期封建社會文化的都是基督徒,基督教運用拉丁文傳播聖經,並用拉丁文控制文化。伍爾菲拉把聖經首次譯成古日耳曼語是一個創舉,在日耳曼民族語言史上立下一座豐碑。

日耳曼民族語言發展爲統一的德語(包括書面德語)還要經過相當長期的發展。德語語言的發展是在民族大遷移後經過了三個階段:古代高地德語,形成於 8 世紀;中古高地德語,形成於 11 世紀;近代德語,開始於 16 世紀。

現對三個時期的德語扼要分述:

(一)古代高地德語 (8 世紀~11 世紀)

高地德語是與低地德語相對而言,德國的地形是南高北低,南部是多山高地。所謂高地德語就是南德阿雷曼人說的古日耳曼語。大約在 5~6 世紀之交,高地德語由南向北擴展,一直伸延到亞琛—杜塞爾多夫—愛北斐特—馬格德堡,以這條長線爲界,在界線之南說高地德語,在界線之北說低地德語。但是,在中世紀早期,由於南北發音差別懸殊,尚沒有統一的德語。

克服語言上的不統一,是在新的高地德語產生以後的事。大約在 8 世紀末,由高地德語輔音發音的變化 (如g變成k,b變成p) 形成所謂古代高地德語,具有重要意義的是古代高地德語也成爲那時的書面語言。古代高地德語存在於 8 世紀中葉至 11 世紀初。它的形成對德語的發展是一大進步,並對教會掌握的拉丁文來說產生了威脅,因爲在此之前歷史文獻記載等都只用拉丁文。

　　隨著古代高地德語的形成，「德語」(Deutsch)這個詞也在 8～10
世紀之間出現。這個時期不斷發生日耳曼各部落的融合匯聚，以後形
成德意志民族國家。786 年德語作為東法蘭克的民族語言。「Deutsch」
（德語）這個詞在另一場合按發音被稱作「德意志」，成為國家的名
稱。最初，這個詞純粹是語言上的稱謂，即「德語」，後來才具有政治
屬性，特別在 962 年，當鄂圖一世建立的帝國在羅馬加冕後稱做《德意
志民族的神聖羅馬帝國》之後，「德意志」這個詞才成為一個國家的名
稱。

(二)中古高地德語（11 世紀～14 世紀）

　　中古高地德語通行的時期是在中世紀中期，即 1050-1350 年。其
特點也是輔音的變化。如古代高地德語的sk，到中古高地德語變為
sch。元音方面，如「e」，在古代高地德語的字尾元音e讀音顯著，到中
古高地德語時，其讀音削弱，以至消失。但是，在較長時期，中古高
地德語未能克服德語語言的複雜和混雜成分。因為此時正處在十字軍
遠征時期，特別是在第二次遠征(1145～1147)時，德國、法國和尼德
蘭騎士相互間有密切接觸，由此形成了騎士宮廷文化。同時由於遠征
所到之處是由歐洲到達中東地中海地區，沿途接觸到異族語言文化的
影響，在方言土語中還受到外來語，如波斯語的影響。稱呼用語「你」
也在 12 世紀像法語一樣，以「您」代替。這也是由於法國和德國的騎
士相互接觸的緣故。

　　中古高地德語的詞彙還由於 14 和 15 世紀城市經濟和市民社交生
活的發展而大大豐富了。像手工藝、行會、貿易、造船以及礦山等企
業都有了新的詞彙和商業常用語。隨著貿易關係愈益緊密，對統一的
書面語言的需要也愈益迫切。

　　然而，中古高地德語尚未統一，但是要求以德語代替拉丁語的行
動早已開始。1235 年，在弗里德里希二世時期，已經有了第一個用德
語寫的皇帝文件；1314～1347 年，巴伐利亞國王，路德維希四世的首

相府的文件也用德語書寫。1346～1378 年，卡爾（查理）四世統治時期明令公文必須使用德語，從此，在德意志各邦國的國王和皇帝的文件中運用德語更爲廣泛了。強調或明令在德意志的皇權文件中運用德語，應該說也是德意志民族意識的強烈要求和反映。

(三)近代德語（始於16世紀～）

　　近代德語，或稱新高地德語，或新標準德語形成於 16 世紀。但從中古高地德語到新高地德語，當中還有一個多世紀的晚期中古高地德語和早期新高地德語時期，即從 14～16 世紀時期，這段時期不妨視作走向新高地德語的過渡時期。這段時期由於騎士已失去其歷史作用，開始萌芽了早期資本主義。應運而生的是商業和貿易的專業用語。在 15 世紀，當南部德意志的商業城市與上義大利的貿易城市交往中出現了不少義大利語詞彙：如銀行(Bank)，破產(Bankrott)，結算(Bilanz)，風險(Risiko)等等。這些詞彙都屬於外來語，或轉化語，即把原屬於義大利語、法語、或斯拉夫語的詞彙轉化成德語。

　　這些外來語和口頭上流傳的方言土語一樣，其最大的特點是雜而不規範。要使它們溶化於標準的規範化的民族語言是經過了漫長的發展階段的。早期高地德語吸收了衆多的外來語，實際上也爲新高地德語的產生作了準備。

　　那時，隨著廣闊的經濟領域的形成，社會經濟的發展，商品貨物的互換和交通事業的活躍促進了語言的發展，另方面，由於印刷術和教育事業的發展，也爲新高地德語創造了條件。新高地德語走向成熟，便成爲德意志民族的民族語言。其特點除去增加了商業貿易和社交詞彙外，更主要的是它包容了德國高地和低地的方言俚語，也包容了上下法蘭克、上下薩克森、萊茵、屠林根、巴伐利亞、阿雷曼等德語方言俚語。

　　要使這些方言俚語和外來語規範化必須由學者來完成。這一使命便落在宗教改革家馬丁‧路德肩上。1517 年正當德國發生宗教改革，

路德作爲發難者，決心把「聖經」譯成德語，「聖經」的最早版本是希伯萊語，羅馬教會把它譯成拉丁文，而拉丁文並非普通德國人都能看懂。路德透過對「聖經」的翻譯，不只是在德國傳播了「聖經」，其巨大功績卻在於使德語成爲民族的統一語言。在這項工程中，路德對德語的標準化規範化曾作過一番艱辛而仔細的工作。

　　在翻釋中，路德爲了尋找一個清晰而純淨的詞彙，花了很多時間，有時甚至化費好幾天。因爲他不僅使翻譯的德語詞彙是最普通的德語，而且他所選擇的詞彙在發音時也很清晰，而不致詰屈聱牙。因此，他常常走街串巷，聽路人發音說話，一邊仔細琢磨。他這樣謹慎地從高地德語、低地德語和中部地區德語中選用的德語，既使德語純淨化，也使德語語言達到高度統一。詩人海涅對於路德透過翻譯「聖經」由他加工的德語普及全德國極表驚異。他驚歎，「這路德的語言在幾年間便普及到全德意志，並被提升爲共同的書面語言。這種書面語言今天仍通行於德國，並賦予這個政治上宗教上四分五裂的國家以一種語言上的統一。」❶海涅的評述是公允的中肯的。馬丁·路德翻譯「聖經」使德語成爲民族統一的語言其意義是重大的。這在本書第四章中將重點提到。

第四節　德國文化的源流和開端

　　以物質文化而論，日耳曼民族早在公元前 6～7 世紀的靑銅時代，甚至更早就已製造出靑銅器皿。以後，日耳曼人侵入羅馬，直至建立日耳曼民族國家—法蘭克王國，與之相應的日耳曼文化也發展起來。如果從日耳曼人開始入侵羅馬算起，它距今的歷史約 2000 多年。所以，德國文化的發軔也不是很早。早期德國文化的源流和因素有三：

(一)希臘、羅馬文化的影響

　　歐洲古代文化的光輝首推希臘、羅馬。希臘、羅馬文化曾對歐洲

各國，包括對德國發生過重大影響。德國文化從希臘、羅馬文化中汲取了不同的養料。從希臘那裡汲取的多爲文學、哲學上的思想精神因素，而從羅馬方面獲益的則多爲國家和法制方面的因素。

　　公元前 800 年，希臘著名詩人荷馬的兩大史詩《伊里亞德》和《奧狄賽》顯示了古代希臘的文化風貌。史詩以奧林匹司山之神的威力啓示人們認識人與神、平民與貴族以及政治與宗教的緊密關係。它既表明了國家的前途，戰爭中的英雄業績，也表明了人的聰慧和勇猛。在人與社會，人與大自然的鬥爭中表現了人掌握命運的偉大精神。在許多方面，史詩予人以巨大教育，以致詩人荷馬被希臘人民視作良師益友。

　　希臘悲劇的偉大代表埃斯庫羅斯、索福克勒斯和歐里庇得斯也賦予德國文化深刻影響。埃斯庫羅斯所刻劃的盜取天火的普羅米修斯在遭受宙斯懲罰時表現的頑強不屈、敢於抗暴的自我犧牲精神，在歐洲和德國人民中的印象是深遠的。劇中表現的人與政治的關係反映著希臘社會對民主與非民主、正義與非正義的見解。其中還包含著人與神的關係。

　　此外，古希臘柏拉圖、亞里斯多德和蘇格拉底的哲學也成爲德國文化的思想基礎之一。

　　羅馬文化接受希臘文化的影響比較突出的表現是文學哲學方面的希臘化。那時，文學用語的希臘化甚至排擠了拉丁語。但羅馬的重要作家維吉爾和西塞羅卻是用拉丁文寫作的。希臘文化影響德國文化並非直接的，而是羅馬文化汲取希臘文化在先，而後德國文化在汲取羅馬文化中汲取了希臘文化。然而，羅馬文化影響德國文化也有其獨到處，即國家制度和法制的嚴謹。以羅馬作爲文化和政治中心來說，它在相當長的時期中是橫跨歐、亞、非三大洲的一個龐大帝國的核心。這個帝國不僅以它的管理才能使經濟貿易渠道暢通，且在物質建設上，如海港的燈塔建設保証了海上交通安全。它比較穩定的幣制也促進了消費市場的發展。這當然也與羅馬重視政治與宗教的結合有關。

　　德國文化受羅馬文化影響較深，不僅因日耳曼民族長期生活在羅馬帝國邊境和羅馬帝國境內，且與宗教信仰有關，由於德國信徒信奉羅馬基督教，羅馬文化與日耳曼文化產生融合，這就使法蘭克王國墨洛溫王朝的文化被視作「孿生文化」。它汲取了希臘、羅馬文化。

(二)基督教文化的影響

　　在歷史上，基督教與在它之前的猶太教有著淵源關係，只是基督教在古代希臘羅馬文化中已成爲獨立的宗教。希臘文化的主要內容是神話，即奧林匹司山的諸神，而羅馬文化則以基督教爲中心。基督教在解釋人世生活時是把人的命運託付給了人爲的神。基督教崇奉對神的信仰。人類的歷史似乎就是神的事業的歷史。在羅馬帝國的統治下，人的一切活動都離不開對神的信仰。人的命運似乎全操在神的手裡。作爲基督教神的概念，神的傳說故事，就是「聖經」。紀元前和紀元開始後，被奴役的人民都期望過合理的人的生活，只有信奉宗教。教會方面宣傳說，基督被釘在十字架上死去就意味著他在替人類受苦，而人類將得到恩惠和超生。普渡眾生的宗教思想從 2 世紀中葉影響了整個歐洲國家的歷史。克洛維建立法蘭克王國後，感到宗教有利於統治人民，便尊重和信奉基督教。基督教思想因此得以在日耳曼各部落中廣泛流傳。在基督教思想的傳播中，也含有象理性、思想、智慧和不朽等古代哲學的重要概念。他們和基督教思想一起成爲德國文化的源流，並在德國文化開端時期發揮著宗教文化的影響，這影響在德國文化的長期發展中意義深遠。

(三)德國文化的民族性質

　　德意志民族是在日耳曼王國建立之後作爲一個獨立的民族名稱。而德國文化的民族性質也產生於日耳曼文化的特性之中。但在中世紀之前關於日耳曼文化的原始資料極其罕見。只有羅馬史學家塔西佗對此有些記載。據他說，德國早期文化是歷史上的神話與英雄事績的綜

合。其中的又一特點即具有民族性質。在民族大遷徙中，日耳曼人繼續對羅馬攻擊，加之他們與羅馬人的接觸對德國民族文化性質的形成具有重要意義。這就是其中的宗教性質。日耳曼部落在宗教上同樣信奉神，他們把日月星辰等自然現象也奉爲神。像每周七天的名稱，在日耳曼語中也是以神的名稱命名的。這習俗從古到今都是如此。在年曆月曆和日曆上，神和皇帝的名稱仍然延用。

　　宗教思想是歐洲各民族文化的共有性質。德國文化之民族性質具有的特點是：尊敬婦女、忠誠、名聲、榮譽和勇敢。尊敬婦女自古至今一直如此，忠誠在古代表現爲君臣之間的關係。名聲和榮譽則是習俗使然，在日耳曼歌謠中常常稱頌名聲與榮譽。人的生命以至財產會隨著時間一起流逝，但是事業的榮耀、功績卻會永遠留存。像戰勝羅馬人的舍羅斯克人赫爾曼，人們爲紀念他，在 1871 年專門在推陀堡森林的格羅登堡山丘上建立了一尊紀念碑。歷史上爲德國建立過功勛的文學家、科學家、政治家，都由後人立碑，以資紀念。這表現在德國文化的民族性質上頗爲顯著。

　　忠於本民族和勇敢—在日耳曼著名傳說《希爾德布蘭德之歌》中也表現出來。在民族大遷徙時期，希爾德布蘭德是東哥德國王狄德里希的侍臣，年輕時受羅馬方面的逼迫逃到匈奴人那裡，三十年後歸來時，其子問他是哪個民族的，他說出實情，兒子不但不認他，反誣他是匈奴人，父親欲贈兒子禮品也被拒絕，因兒子挑戰，父親只好應戰了。這一傳說從 8 世紀產生以來，流傳好幾個世紀，作爲民間的口頭傳說，具有淳樸的民族性質。從兒子方面說，具有很強的民族感情。從父親方面說，表現了日耳曼民族的驍勇善戰，在挑戰面前不得表示退讓畏縮。

　　德國文化的民族性質不是只在初期顯露出來，在以後漫長的世紀裡也一再顯現。有時不僅反映在民族性質上，也反映在民族意識上。有時在德國文化的某一領域，民族性質和民族意識兼而有之。這種情況在世界文化中也是典型的突出的。

《註釋》

❶參閱漢斯·尤阿希姆·巴爾特摩斯等教授主編：《德國史》第一卷，民主德國VEB科學出版社，1974 年第 3 版，第 3—5 頁。

❷埃米爾·弗朗采爾：《德國人民史》，聯邦德國曼海姆·亞當·克拉夫特出版社，1985 年版，第 15 頁。

❸參閱漢斯·尤阿希姆·巴爾特摩斯等教授主編的《德國史》，第 1 卷，第 48 頁。

❹恩格斯：《德國古代的歷史和語言》，人民出版社，北京，1957 年版，第 32 頁。

❺這裏說的「天主教」（Katholisch）是指羅馬統治者信奉的正統基督教派，以便與其他異端基督教派相區別。

❻關於語言的這部分參閱了R.亨茲歇爾博士（R.Hentzschel）主編：《德國語言》的導言和第六部分：《語言史》，民主德國，萊比錫專著出版社，1957 年德文版。

❼亨利希·海涅：《論德國宗教和哲學的歷史》，北京，商務印書館，1974 年版，第 47 頁。

伊拉斯莫斯・封・鹿特丹(小漢斯・荷爾拜因畫)。

建築家馬梯亞斯‧丹尼爾‧波佩爾曼(1662-1736)約於 1712 年在德累斯頓爲薩克森選侯奧古斯特二世所建的圓亭迴廊一瞥。它表明了巴洛克向已不受歡迎的羅可可式的過渡。

巴黎de Biron旅館的羅可可扶梯建築,約於1730年左右由建築師雅
克－安格・加布里爾(1698-1782)設計。加布里爾努力使法國羅可可式
簡化,使其趨向古典主義。

第③章　中世紀時期的德國文化

　　中世紀這個詞一般說是歐洲歷史上的用語。它的劃分也不盡相同。歐美史學家，尤其是西方史學家把 5 世紀至 15 世紀稱爲中世紀。他們把整個中世紀分爲兩段。從 5 世紀至 11 世紀稱作中世紀早期，從 12 世紀到 15 世紀稱作中世紀晚期。如果說當中還有一個中世紀盛期，那就是 11 世紀到 13 世紀。也有部分歐洲史學家，主要是東歐史學家把 5 世紀至 17 世紀中葉稱爲中世紀。他們把整個中世紀分爲三段；即從 5 世紀至 11 世紀稱爲中世紀初期，從 12 世紀至 15 世紀稱作中世紀中期，從 16 世紀至 17 世紀中葉稱作中世紀後期。前者那樣劃分大概認爲 16 世紀資本主義經濟處於萌芽狀態，已經進入近代。後者的劃分可能認爲中世紀的封建社會到 17 世紀尙未完全消失。自然還有深繁的理由，這且不去管它，我們只把歐洲宗教改革前的中世紀時期的德國文化視爲重點。

　　誠然，中世紀時期的德國文化是古代日耳曼文化的延續。在文學、哲學和藝術領域旣保有傳統的宗教思想，也有人文主義萌芽。它是從古代文化走向近代文化的過渡時期的文化。就是在這個時期，古代的日耳曼文化逐步演變爲德意志文化。

第一節　帝國和皇權的變遷

　　法蘭克王國墨洛溫王朝自 5 世紀建立，至 7 世紀初衰亡，其後是加洛林王朝。加洛林王朝國王不平于 768 年去世。死前，將法蘭克王國分

給他的兩個兒子——查理和查理曼，因查理曼於 771 年去世，避免了兄弟間爭奪土地之戰。查理利用其權勢奪取了本應由查理曼之子承繼的遺產，奪取了倫巴第王國，併入法蘭克王國。查理一生征戰五十餘次，把法蘭克王國建成一個強大的中央集權國家，對統一德意志具有重大意義。公元 800 年，查理受羅馬教皇加冕，稱為「羅馬人的皇帝」，從此需兼顧宗教利益。宗教文化由此也成為德國文化史的一部份。查理為了在法蘭克王國宣傳基督教，最初在北德意志遭到信仰神的薩克森人的抵制。後來他讓傳教士在南德和中德佈道。並在一些地方建起教堂寺院，查理大帝為基督教在德國的傳播作了很大努力。這對鞏固他的統治也是有利的。

814 年，查理去世。他死後給子孫們留下一個強大的帝國。但在政治上再也不能保持統一。不久，由於邊境地區受到異族的侵犯和子孫之間的爭權鬥勢，戰亂頻仍。他的第三個兒子「虔誠的路德維希一世」於 817 年取得繼承權後，由於受再次結婚後皇后威爾芬(Welfin Jüdith)的鼓動，偏愛其幼子查理二世而違背繼承次序遭到他的另外三個兒子的反對。840 年，路德維希一世去世，按理大兒子盧托爾一世具有優先繼承權。但是，盧托爾的兄弟卡爾二世（也稱禿頂查理，按德語稱卡爾)和路德維希二世結盟反對兄長，造成兄弟鬩牆；至 843 年在凡爾登立約，將法蘭克王國一分為三。路德維希二世占有東法蘭克王國（即今日德國），禿頂查理占有西法蘭克王國（即今日法國），盧托爾一世占有義大利和部分法蘭克王國地區(即今日義大利)。這一劃分既是皇帝的子孫們爭奪皇位的結果，也是以語言為界限的結果。

分裂後，東法蘭克王國內部仍不隱定。各邦邦主（即公爵）封建勢力膨脹，削弱了王權。從九世紀到十二世紀，德國皇權一再更迭，教權與皇權不斷發生爭鬥。這期間，只有鄂圖一世(Otto I,912～973)取得較大權力。962 年，他在羅馬加冕，稱「德意志民族的神聖羅馬帝國」。在他的統治下，世俗與教會權力置於一人管轄之下，這時，德國在政治上有所復興。但是由於國家內邦主勢力林立，皇權的變遷更迭，

以及抵禦異族的騷擾都影響了德國文化的進展。11世紀起，由於羅馬教會挑起宗教仇恨，侵略巴勒斯坦，發生十字軍東征。

第二節　騎士文化

　　騎士文化是在十字軍遠征中產生的。騎士文化代表著騎士階層的素養、利益，反映著騎士階層的生活願望和理想。騎士，是大封建主為了進行掠奪戰爭所需要的。

　　騎士制度最初存在於義大利和德國，在德國法蘭克王國時代，政治、社會事務都有騎士等級的標記。中世紀初期，騎士文化引起人們注目。它最初出現在寺院僧侶界，在寺院受過僧侶教育的有騎士等級（低級貴族）的婦女們在傳播騎士文化方面成為媒介，因為除去寺院的僧尼之外，這些婦女也掌握了書法技藝和拉丁文。這裡也表現了中世紀初期羅馬教會對寺院和宗教的影響。

　　騎士為大封建主的利益而存在，早期，他們在戰爭、狩獵和音樂等領域都受到大封建主的訓練。中世紀初期義大利城市受到日耳曼人的侵襲，為了安全，騎士的住宅都在山崗上築起堡壘，有的四周還有水道阻擋。他們占有大量土地，並擁有農奴和寺廟，在騎士占有的土地上耕種的僧侶和農奴需向騎士交納什一稅，是農奴對騎士應盡的義務。騎士本人則隸屬於一個封建主，為封建主服務。

　　騎士和封建諸侯們的利益是一致的，且和諸侯們有相互依賴關係，都維護采邑制。諸侯們為了掠奪土地進行戰爭需要騎士，騎士為大封建諸侯出力獲得土地莊園（即采邑），也過著剝削農民的生活，並逐步變成小封建主。采邑制是中世紀德國的特點，在自然經濟占統治地位的時期，騎士透過獲取采邑（土地）在經濟上得以獨立，並能取得他們所需要的一切。采邑制從上到下都存在。騎士由諸侯那裡取得采邑，諸侯從皇帝那裡取得采邑。皇帝所以願意給諸侯采邑，為的是加強其統治和對他的依賴。但事實上卻適得其反。諸侯們常在自己的

地域擴大後，面對皇帝爭取自己的獨立地位。諸侯取得采邑多少視諸侯等級而定。采邑和等級的劃分是中世紀封建社會的基礎。中世紀的等級是嚴格的，那時等級區別所以未產生矛盾，是由於在宗敎勢力統治下，把所有的等級都解釋爲神的恩賜，所有的人在神的面前都是平等的，神安排了各人的等級，各人就該去完成各自等級內的任務。

在中世紀初期，騎士階層得以興起，是因爲騎士取得采邑可以世襲。但是假如出身於貴族封建主家庭的子弟想成爲騎士，從小就需作爲大封建主的侍童，以後成爲扈從，經過武術騎術的訓練，又經過考試，回答是爲了完成宗敎使命才願成爲騎士，這就有希望取得騎士稱號。

在霍恩斯陶芬王朝時代，騎士制度發展到頂盛期。騎士的地位和尊嚴顯得重要，正是在十字軍遠征時期。遠征時旣要求騎士發揮戰鬥能力，也要求對宗敎持虔誠嚴肅的態度。

爲了表現騎士的戰鬥經歷，也爲了表現遠征中的奇遇和宗敎意識，後來有人把騎士的生活、功勛和作者本人對遠征的幻想寫成文學作品。創作騎士詩歌、騎士傳奇和騎士史詩的中世紀的重要德國抒情詩人和作家有哈特曼·封·奧埃(Hartmann von Aue 12 世紀上半葉～13 世紀初)、沃爾夫朗·封·埃辛巴哈(Wolfram von Eschenbach 1170／80—1220左右)、哥特弗利德·封·斯特拉斯堡(Gottfried von StraBburg 12 世紀末～13 世紀初)、亨利希·封·莫隆根(Heinrich von Morungen 12 世紀末～13 世紀初)、瓦爾特·封·福格爾瓦德(Walther von Vogelweide 大約是1170～1230)、亨利希·封·維爾德克(Heinrich von Veldecke 12 世紀上半葉～13 世紀初) 以及亨利希·封·豪森(Heinrich von Hausen 1150～1190)等。

騎士文學的特點之一是歌頌愛情的抒情詩和具有浪漫主義情調的戀歌。最著名的是出於法國南部普羅旺斯的「破曉歌」，抒寫騎士與貴婦人的愛情，被稱爲騎士戀歌和抒情詩的精華。詩中的表述旣不涉及基督敎，也不源自基督敎，而是以對世俗生活的熱愛破壞了基督敎的

出世思想和禁慾主義。受法國和西班牙騎士文學的影響，並從阿拉伯詩歌中汲取了養料，騎士戀歌和抒情詩約於 1190 年前流行於德國。它是當時公爵或伯爵宮廷文化生活的重要內容。這個時期正是中古高地德語由方言俚語逐步成為書面語言時期，有些詩人或作家摒棄了拉丁語而直接用德語寫作。在這些詩人中，成績卓著的是瓦爾特·封·福格爾瓦德（1170～1230）。瓦爾特出生於奧地利，後來定居於德國的伍爾茲堡。他生活於斯陶芬王朝時期，目睹了這個王朝的由盛而衰。他經歷的現實生活與宗教常常是矛盾的，他要突破這界限。他一方面站在斯陶芬王朝一邊反對教皇，另一方面，他對於宮廷的等級界限也不屑一顧。他所寫的騎士戀歌和抒情詩內容豐富，既寫了騎士和貴婦人之戀，也寫了普通少女的生活與愛情，其中也有具有豪邁氣概的愛國主義的抒情詩，其中《菩提樹下》最為有名。他哀嘆亨利四世（1367～1413）逝世後德國的衰落淪喪，而他的內心深處卻一直把對祖國的愛放在重要位置上。他在一首詩中歌頌著：

> 我到過許多國家，
> 到處尋找最優秀的事物，
> 但德國的禮儀品德卻領先於一切，
> 德國的男子漢善良方正，
> 仕女們如天使般儀態端莊。
> 美德和綺麗的戀歌，
> 誰若尋覓和喜愛它們，
> 只要他來到我們的國家，
> 兩者他都會獲得。❶

　　詩人的感情是細膩的，赤誠的。他曾遊歷過許多國家，可是走到那裡，還是感到祖國最親切，祖國的事物最美好。詩人對祖國的愛，也贏得了人民對他的愛。在文學史和在有關的文學論著中，他始終沒

有被人忘記。而他所抒發的愛國主義感情便成爲騎士抒情詩的特點和本質之一。

　　詩人亨利希・封・維爾德克在1170至1200年間寫的長詩《愛納伊特》也像瓦爾特的騎士抒情詩一樣,具有兩個特點:即旣有浪漫色彩,又具有深刻的民族感情。維爾德克曾受法國抒情詩的影響,也是中世紀德國寫騎士戀情戀歌的能手。他寫的《愛納伊特》是根據希臘傳說特洛伊戰爭中的英雄埃涅亞斯(Äneas)的故事寫成的。在很長時期內,這首長詩備受歡迎。其原因可能由於作者運用英雄傳說轉過來使長詩的主角愛納伊特具有強烈的民族感情,其愛國感情不只表現於內容,且是第一篇用德語寫的長詩。在詩藝方面,表現爲語言純潔、詩韻和音律和諧,說話舉止又與主人公所處的宮廷環境相適應。他寫得成功的另一原因是在他之先法國已出版過小說埃涅亞斯,這使他得以借鑒。

　　此外,在騎士抒情詩中尚可提及的有朗姆普萊希特(Lamprecht)的《亞歷山大之歌》,內容與形式類似法國的《羅蘭之歌》。中世紀晚期,騎士抒情詩的代表作愈來愈少。再往後,14世紀末至15世紀,德國騎士抒情戀歌漸次衰退。

　　二是騎士傳奇。在十字軍遠征的12世紀,德國產生了一些騎士傳說。《公爵恩斯特》是其中較爲優秀的一篇。這是德國萊茵地區一位詩人的作品。它刻劃的是1170～1180之間巴伐利亞貴族圈子裡的生活。

　　故事描述巴伐利亞和奧地利公爵領地的恩斯特公爵父子的故事。老恩斯特逝世後,遺下公爵夫人和兒子恩斯特。那時有一位當了羅馬皇帝的鄂圖一世因喪偶而頗感孤獨,決定向恩斯特公爵夫人求婚。婚後,鄂圖一世對待年輕的公爵小恩斯特尚稱親切,並表示願爲擴大公爵領地而盡力。豈知普法爾茲伯爵亨利希從中挑撥,說公爵恩斯特想害死其繼父謀取皇位,引起皇帝和其繼子恩斯特之間的家族糾紛,甚至動武。皇帝奪取了恩斯特的土地,恩斯特則率領他的騎士出走,並在耶路撒冷逗留較長時期。途中恩斯特還救了一個年輕女郎。此時,

恩斯特的母親努力調解糾紛,並期望他的兒子歸來。最後真相大白,繼父鄂圖一世向兒子恩斯特說明是由於聽信了亨利希的挑撥才對兒子產生憎惡之念。而恩斯特則表示他從來沒有反對過皇帝,但當他知道一切是亨利希的陰謀造成時,他把亨利希殺了。傳奇中充分表現了恩斯特的善良,描述了他的為人忠厚和疾惡如仇。他雖受冤屈,但沒有對繼父產生仇恨。他得知母親欲再婚時,就在母親面前表示支持,消除了母親的顧慮。為了母親的幸福、對繼父也一直很尊敬。這也表現了他的品德和涵養。這篇優秀的傳奇長期來備受稱讚,被視作德國民間的優秀讀物。1817年,德國詩人烏蘭(Uhland)根據此素材寫成詩劇《恩斯特,士瓦本公爵》。

在 12～13 世紀,另一個重要的傳奇作家就是哥特弗里德·封·斯特拉斯堡。他受過較嚴格的學術訓練,學過神學,擔任過斯特拉斯堡的牧師。他和沃爾夫朗都是中世紀德國詩人的優秀代表,並把德國騎士敘事詩推向高潮。那時,不少有才能的年輕詩人,像康拉德·封·伍爾茲堡(Konrad von Würzburg1220／30～1287)等都把哥特弗里德視作模仿的對象。在哥特弗里德的影響下,產生了許多關於愛情的傳說故事和刻劃特洛伊戰爭的詩歌。大約在1205～1210年,哥特弗里德創作的《特利斯坦和綺瑟特》是中世紀優秀古典著作之一。這是作者根據法國凱爾特—布列塔尼地區的傳說寫成的。這部傳奇式的史詩留存下來雖不完整,但是,作品中兩位主人翁的真摯愛情卻是對基督教壓抑人類感情的批判。這與作者本人的感情有關。哥特弗里德關心的不是天上的事,而是生活中的事。他不相信神秘論,相反,他早已萌發的人文主義和啓蒙主義的思想已滲入他的作品。

三是騎士史詩。中世紀盛期的德國產生過一些著名的騎士史詩。騎士史詩的特點不只是表現騎士的愛情,忠誠和冒險,而且也表現了中世紀時期德國人民所受的教育和那時期人的天賦和才能。

沃爾夫朗·封·埃辛巴哈(1170？～1220)是個有才能的德國騎士史詩作家。他出身於安斯巴哈(位於巴伐利亞州)附近埃辛巴哈鎮一

位法蘭克騎士家族。他經歷過弗里德里希一世和二世的統治，也即中世紀盛期。他的作品以理想主義的表現居多，他雖然不太推崇浪漫主義，但他的哲學觀點卻具有浪漫派的神秘論，他信奉基督教。但又時常陷入宗教與世俗關係的矛盾中。他的倫理道德表現為：當人在生活中產生憂慮和懷疑時，可以透過基督教的幫助得以克服。他的倫理觀想使人超越時代，而實際上又不能超越。他的這一觀點在其史詩性著作《帕爾西法爾》中的敍述最為顯著。

　　史詩的主角帕爾西法爾是古老的安紹家族王子格姆列特和出身於格列爾國王家族女王海爾茲奈德的兒子。女王因丈夫早逝而深感悲痛。她教育兒子不要去爭取騎士稱號，更不要像父親那樣為贏得騎士功績而過早死去，而是要他遠離世界到一個名叫蘇爾坦的偏遠地方去。可是幼小的兒子卻背叛母親在外面找到騎士隊伍。母親無法，只好聽由兒子跟隨騎士隊伍遠去。臨行時，母親給兒子穿了一件愚人服，好讓人不以常人待他，兒子碰到難處定會回到她做母親的身邊。豈知兒子走後一路碰到各種離奇古怪的經歷，起初有人把帕爾西法爾當做傻子，後來他到達國王阿爾圖斯的宮廷，他早已知道自己出身名門，一路上他碰到的人與事，他都從善而為。他是幸運的，但他對世俗的幸運不滿足，而願為上帝戰鬥，使自己和人們的痛苦得到解脫。

　　《帕爾西法爾》是一部內容豐富，史詩式的作品。作者表現的特點既有捉摸不定的理想主義，也有生活的愉悅和熱情，更兼帶神秘色彩。而最主要的是作者透過故事的描述想予人以宗教式的生活教訓。帕爾西法爾離家出走時還是個少年，他的整個經歷類似歷險記。史詩《帕爾西法爾》以歷險記表述主人翁的寫法是較早的，其影響和傳統也較深遠。十九世紀美國作者馬克·吐溫寫的《湯姆·沙亞歷險記》(1876) 抒寫的就是少年的歷險。自然，兩者的歷險是迥然不同的，但是，以歷險作為傳奇式的生活經歷和寫作方法卻是互通的。

　　繼《帕爾西法爾》之後，沃爾夫朗還寫過另一篇騎士詩《梯圖列爾》。但在內容上不夠完整，只留下殘篇。綜觀沃爾夫朗的騎士史詩不

同於哥特弗里德的著作。哥特弗里德的作品著重實際生活，比較有人情味，而沃爾夫朗的作品除去附有熾烈的熱情外，卻有較多的神秘感和宗教色彩。

此外，中世紀盛期產生的德國騎士史詩有我國讀者所熟悉的《尼伯龍根之歌》和《古德隆之歌》。其中尼伯龍根之歌既抒寫了愛情，又在愛情中蘊含著深刻的政治內容。它是中世紀封建社會中最具政治意義的一部作品。這部史詩寫於1200年前後，分上下兩部。即西格弗里特之死和克里姆希爾特的復仇。其中勃艮第國王龔特爾依靠西格弗里特之助娶冰島女王布倫希爾特爲妻，是中世紀時期的封建主藉婚姻擴大封建勢力的例証。說明婚姻即政治在中世紀就已通行。恩格斯曾說：「結婚乃是一種政治的行爲，是一種藉新的聯姻以加強自己勢力的機會，起決定作用的是家族的利益，而絕不是個人的情感。❷這在史詩《尼伯龍根之歌》中抒寫得最爲鮮明，也最典型。同樣的情況在世界歷史上也不時出現。歷史是過去的事實的記錄與反映，而史詩汲取了現實中的養料，經過琢磨加工，作出更集中更典型的反映。中世紀時期留存下來的騎士史詩頗爲豐富，有的刻劃婚姻與政治及因婚姻帶來的社會地位的關係，像《尼伯龍根之歌》；有的抒發經過艱苦奮鬥迎來歡樂，歌頌英雄和婦女的美德，像《古德隆之歌》。但自 14 世紀起，德國的騎士史詩和騎士敍事詩逐步走向衰落。

第三節　哲學和神學

哲學和神學在中世紀是並存的。中世紀初期，處於氏族社會的日耳曼各部落及日耳曼文化的起源和發展離不開宗教，信奉基督教是中世紀時期德國文化的思想基礎。代表基督教的神學在整個知識領域占有統治地位。從中世紀早期到 6 世紀，哲學完全服務於宗教，哲學的任務只是爲宗教的和世俗的統治權威施行的等級差異和階級壓迫作無休止的辯護，它告訴人民群衆統治權的權威是上帝創造的，等級差異

和階級壓迫也是神的創造和神的賜予，對神賜予的秩序的反抗就是對神的意志的反抗。因此，德國哲學和神學一樣，為了鞏固中世紀宗教的和皇權的統治，贏得較高地位。但在思想界，哲學不過是神學的奴僕而已。神學在中世紀的歐洲社會裡無孔不入。它是羅馬教會在政治上必不可缺的力量。

基督教教義的基礎是由所謂「宗教之父」制定的。一位最重要的「宗教之父」是奧熱紐·奧古斯丁，或稱聖·奧古斯丁(Aurelius Augustinus 354～430)。他生於阿爾及利亞。小時，母親施予他基督教教育。嗣後，他轉向摩尼教派，又因懷疑異教，再次皈依基督教。但說他褻瀆基督教也不過分，因為他在 385 年與一女子生下一個孩子就離開了她。387 年，他在米蘭接受米蘭主教安布羅修斯的洗禮。由 396 年起，他一直在北非希波任主教。他是個很有才能的人，博學多能，曾在阿爾及利亞、米蘭和羅馬教授過修辭學。他崇奉上帝，上帝對他來說是絕對的真理。人若向絕對的真理要求贖罪，成為自由的人，他認為這不可深究，因為有的人能做到，也有人不能做到，這主要依賴他對上帝的信仰如何。他還認為，人的靈魂只有認識上帝的賢明方可賦予才智。

聖奧古斯丁的重要著作是《神的國家》，寫於 413～426 年。其目的是反對異端捍衛基督教的教義和本質。他在其表述中把人類歷史刻劃為地上的王國與上帝的王國之間的鬥爭。整個歷史充滿上帝的擁護者為鞏固「上帝的國家」，魔鬼的擁護者為維護「地上的國家」之間的鬥爭。那時，正當 5 世紀羅馬帝國走向衰亡，聖奧古斯丁的撰述企圖以「永恆的上帝的國家」用作羅馬帝國的替身，正是維護基督教統治的表現。他認為，只有這樣才能給人們帶來福音。他宣傳教會之外別無福祉，因為福祉只是「萬能的上帝賜予的無涯恩寵」，地上的代表就是教會。人間生活只不過是為天上生活做準備，天上的生活是上帝（神）為人類選擇的永恆福祉。他的論述和教義就是賦予神權以最高的絕對權威，貶低世俗權力。

　　聖奧古斯丁的哲學，在 5～6 世紀成為基督教範圍內占統治地位的哲學。在整個中世紀，其神學哲學對中歐和西歐的思想具有特殊的強烈影響。在他之後，尚有一批年輕的所謂教父，如馬西阿努·卡派拉(M.Capella 430 年左右)，卡西多羅斯(Cassiodorus 約477～570)等繼承了他的教義傳統。大約在公元 800 年前後，一批更年輕的教父制定了經院哲學的基礎。

　　9 世紀起，德國哲學和歐洲各國哲學一樣，進入哲學史的新發展時期，即產生了所謂煩瑣哲學或稱經院哲學。經院哲學最初盛行於修道院和僧侶學校。它的主要任務在於把宗教信條視作無可辯駁的眞理，用所謂合理的方法，即以形式邏輯——推理方法論証，並使其通俗易解。這種方法實際上是試圖從另一角度使哲學又回到教父說教時代。經院哲學如果是無可辯駁，那麼經院哲學家必然是死背教條，必然是旣無生氣，又無創造性。其結果無非是把古代哲學家的思想與各種各樣的宗教迷信雜陳在一起。但經院哲學也有批判上帝的論點。

　　經院哲學從 9 世紀直延續到 15 世紀。它分為早期、中期和晚期三個時期。

　　早期經院哲學從 9 世紀至 12 世紀。其主要代表有約翰尼斯·斯珂佗斯·埃紐格那(Johannes Scotus Eriugena 810～877)、安塞爾姆·封·坎特伯雷(Anselm von Canterbury 1033～1109)和彼得·阿拜拉德(Peter Abälard 1079～1142)。

　　約·斯·埃紐格那是愛爾蘭哲學家，845 年，禿頂查理二世(823～877)邀請他到西法蘭克王國宮廷學校任職，查理二世很欣賞他的才智。851 年，他著書批判宿命論，他認為，自由意志上帝有，人也有。他甚至說上帝不辨惡，因為一旦上帝認識到惡，他自己似乎是罪惡的始祖。❸ 867 年，他撰寫了其著名著作：《論自然的分類》。其中他說到神學和啓示錄應服從於理性，基督教義應與希臘哲學相一致。他不承認聖經的權威，他相信眞正的理性永遠不會由聖經的權威中產生，因為眞正的理性有其內在的力量，因而無需任何權威的幫助。他

也不承認自然界的一切都是上帝所創造。這一理論必然冒犯羅馬教皇，1210年和1225年，其著作兩次被教皇判為有罪之作，應以焚毀。由此也可認識到埃紐格那反對神學的哲學思想早在文藝復興前即已產生。同時，這也是其思想對其後的經院哲學家產生影響的重大原因，特別是對理性與神學的調和思想發生影響。

安·封·坎特伯雷是出生於義大利的經院哲學家和神學家。11世紀末，他在英國坎特伯雷任大主教。與埃紐格那的否認「聖經」權威思想相似的是，安塞爾姆認為，為了使人易於理解基督教，且願意接受基督教信仰，透過「聖經」的威力或教會的權威是不必要的。在他看來，仍應相信基督教的本體力量。

與一些經院哲學家重複教父解釋宗教信條的說教方式不同的是相信辯証法，這是彼得·阿拜拉德的思想。對於哲學本身和哲學與神學的爭論，他持折中調和態度。在一個相信上帝的異教哲學家、一個猶太人和一個基督徒之間的宗教對話中，他認為這三者在信仰上可以協調一致，即可把對上帝和對人類的愛視作自然規律的內容，人類可透過理性經歷這樣的事例❹。這一情況如同德國作家萊辛所寫的《納丹聖人》的內容一樣，而彼得·阿拜拉德卻使自己成為12世紀的啟蒙哲學家。然而他的理論在教派鬥爭中被認為是異端，儘管他只在宗教與理性之間贊同理性，推崇理性。

在同一時期，一位重要的德國經院哲學家是雨果·封·聖克特·維克多(Hugo von Sankt Viktor 1096～1141)。他認為上帝有兩項事業：一是創造事業，二是重建事業。事業經過創造使先前沒有的得以產生，這便是對世界的創造。事業經過重建可使衰亡的重新得以創造，重建事業表現為上帝的顯現。這兩項事業都表現了上帝的永存。❺維克多以尊奉上帝為主的思想對經院哲學和神秘論具有重要影響。他的思想在某種程度上是教父時期說教的回復。維克多晚年生活在巴黎，執教於巴黎聖·維克多神學院。

那時一位著名的德國編年史家和神學家是奧托·封·弗萊辛(Otto

von Freising 1111～1158)。1138年,奧托在巴伐利亞地區弗萊辛任主
教。1143～1146年,他寫了八卷《兩個王國的編年史和歷史》,這兩個
王國即指「上帝的國家」和「世俗的國家」,其著作主題就是描述這兩
個王國的鬥爭。在他筆下,上帝之國是有信仰的國家,那裡歌舞昇平;
而世俗之國是無信仰的國家,那裡充滿暴力。由此可見其神學觀點與
經院哲學的要求相符,他的著述中的一褒一貶既服務於宗教,也爲當
政者所推崇。他是中世紀宗教統治的維護者。

　　盛時(中期)經院哲學從13世紀至14世紀初。其重要代表爲阿爾
貝佗斯・馬格紐斯(Albertus Magnus 1200～1280)、托馬斯・封・阿
奎因(Thomas von Aquin 1225？～1274)和約翰尼斯・董斯・斯珂佗
斯(Johannes Duns Scotus 1265？～1308)。

　　阿・馬格紐斯是德國自然科學家、哲學家和神學家,也是多明我
修會修道士。他也任過主教和十字軍遠征時的牧師。他的學術思想不
僅對上帝不抱絕對觀念,而且贊同對亞里士多德學派的阿拉伯文、猶
太文著作實行開禁和利用。在自然科學和宗教之間,他的態度不偏不
倚,他認爲這兩者應該和諧協調。使科學與宗教和諧,如同使自然與
超自然和諧一樣是中世紀經院哲學的最根本的原則。

　　使兩種對立的思想和諧相處的論點也在馬格紐斯的學生托・封・
阿奎因那裡得到發展。在亞里士多德派的基礎上,阿奎因把信仰與知
識、上帝的啓示和理性、上帝的恩寵和自然創造秩序、自然和超自然
以及神學與哲學的和諧發展爲一個所謂冥思神學體系。其神學觀點以
上帝創造者與上帝的自我存在的一致性爲基礎,即上帝創造者的存在
與上帝的自我存在是有矛盾的,但他認爲上帝創造者的存在與上帝同
在。承認兩個對立事物,對立思想的存在就是經院哲學的表現。他代
表著有節制的溫和的調和哲學。

　　蘇格蘭經院哲學家和神學家約・董・斯珂佗斯是弗朗西斯派修士。
其學說在於把聖奧古斯丁的傳統與亞里士多德派結合起來。他認爲宇
宙萬物的普遍性是在上帝的統治下由物質本身的意志所決定。其理論

後來成為弗朗西斯派學說,在經院哲學領域,他自成一派。

晚期經院哲學由 14 世紀末至 15 世紀。其主要代表有威廉·封·奧克漢姆(Wilhelm von Ockham 1285~1347)。他出生於英國,因遭到異端教派的指控,1328年,他投拜巴伐利亞的路德維希四世,站在國王路德維希四世一邊與教皇鬥爭。14 世紀中葉,當自然科學得到發展後,哲學和神學都發生了變化。此時他也贊同信仰與科學應有區別,以調和知識與迷信的矛盾。其次,當經院哲學引起名字與概念之間的爭論時,他成為唯名論的代表。所謂唯名論即主張名字是第一性的,概念是第二性的;與之相對立的是實在論。唯名論既然認為事物先於概念而存在,便具有唯物主義因素。他的唯名論反對任何實在論,推動了對神學的批判,在中世紀後期有一定進步意義,其經院哲學也成為走向近代哲學的過渡期哲學。

在經院哲學行將結束時,德國出現了一位卓越的哲學家尼古勞斯·封·柯埃斯(Nikolaus von Kues 1401~1464)。他是一位介於經院哲學與神秘論之間的哲學家,同時還是位數學家。他富於思考。他經歷過他那時代的社會政治生活,對當時思想界的動態有較深理解。他曾任特里爾大主教。他的哲學思想不同於經院哲學,他認為,人的思維範疇是從有限到無限,一切知識對象、自然科學、哲學和神學可以和諧綜合。他把上帝、宇宙和人類之間的矛盾都統一起來,比經院哲學只重視科學知識與宗教迷信的和諧又前進了一步。其有限與無限的哲學思想是建立在柏拉圖、蘇格拉底和神秘論認識的基礎之上。他使人的認識有可能接近真實世界,使真理、善良、美德以至宗教都能統一。統一原則經他的闡述顯出特點。其主要著作《俗民》(1450)表明了他的認識論。他贊同自然科學、哲學和神學三者和諧協調,由此他對由中世紀後期向近代思想發展方面起著推動作用。

與此同時,由於生產力和自然科學的發展,如冶金技術和對疾病的治療或多或少地破除了原來神學上的無知解釋。然而這也引起神學的反抗,於是產生了神秘論,與經院哲學在宗教與非宗教方面採取調

和態度相比，神秘論只贊同與上帝保持接觸。

　　神秘論認為，人們對宗教原則的理解無需依靠其它「異端科學」的幫助，比如無需經院哲學的解釋，而只需要對基督進行祈禱，並對神、上帝有虔誠之心，它要求一切生活中之事由人與宗教或與神發生直接關係，人類生存的問題並不能依靠社會解決，只有依靠宗教才能解決，解決的辦法就是面對神實行靜觀和冥思。

　　德國的神秘論的代表不少是婦女。希爾德加德・封・賓根(Hildegard von Bingen 1098～1179)就是其中的一位。她把神秘論視作宗教活動中對上帝表示的虔誠方式，在此方式中，人透過靜觀和冥思與上帝「合一」，以此與上帝互通神韻。1147～1150年間，她在賓根創建了魯佩爾特堡寺院，實施她的神秘論思想。她還為此寫過神秘論著作和宗教詩歌。她在八十餘年的生涯中，把神秘論引入宗教生活的各個方面。

　　此外，德國冥思神秘論的最重要代表是邁斯特・埃克哈特(Meister Eckhart 1260～1327)。他是德國多明我修會修道士。他的哲學思想要求人對上帝保持熱烈與親密的關係。為保持這種熱烈而親密的關係，人首先必須獨身隱居，好比遠離塵世，以便全神注目於神的智慧和神的真理。埃克哈特還認為，精神的內在力量，「靈魂的火花」潛伏著與神靈保持直接接觸的可能性。神秘論因為崇奉神，便與經院哲學相對立。經院哲學以服務於封建統治階級為主，並對宗教進行了批判。而神秘論主要的服務對象是宗教，是神。神秘論在強調相信神，與神保持虔誠之心這一點上破壞了封建統治階級的威信，因為神秘論只認為上帝這個神是永恆的，無限的。反之，它不認為封建統治者是永恆的、無限的。

　　神秘論既要求冥思，也要求實踐。冥思是要求人對上帝祈禱時施行，實踐則要求把追隨基督教的事業推廣到人民群眾中去。也就是要求社會各階層人民對耶穌基督和聖母瑪利亞表示無限的虔誠。它產生於經院哲學之後，是經院哲學向近代哲學發展中的一個插曲。

第四節　城市的發展

　　中世紀城市的形成是社會經濟發展的結果，也是農民成為手工業者和商人聚居一起的要求。德國的城市是在中世紀後期形成的。那時，騎士制度已經衰落，商人們的頻繁交往改變了過去一向以農業經濟為主的德國。商人和手工業者在一些地方集居，形成市場。但是，這些市場集居點時常遭到當地主教的打擊。1073年，窩姆斯市民起來反對主教，並把他趕走了。此後不久，亨利四世把城市法頒予該城貴族和市民，允許他們居住和經商。在市民法中規定：凡在城市中有財產的才算市民，否則，便不享有市民權利。

　　形成城市的地點大都是數世紀前羅馬占領的領地，像科隆、科布倫斯、累根斯堡、桑騰、開普騰等城市都是過去羅馬人留下的名稱。城市形成後仍沿用舊名。城市的管理機構 —— 市議會和市議員也於13世紀組識和建立起來。為增加城市收入，還發展了稅收和關卡管理。大多數城市其居民人數約 2～3 千人，較大的城市約有 5～6 千人。市民的職業，除經商和擔任財政出納人員外，不少人是手工業者，如紡識工、麵包師、裁縫、修錶匠、木工、泥水工和各種金屬工匠以及染衣工等。城市手工業者隊伍擴大，一是由於中世紀後期農村生活的變化，農民不堪忍受封建主和寺院主的壓迫，不得不走向城市，另方面是由於城市建設需要各種勞力。像木工和泥水工就是由於市政建設 —— 市議會、教堂、街道、廣場、橋樑等建築而發展起來。幾乎在所有的城市，各行各業都組織了行會。行會組織既有益於推動本行業的共同工作，也有利於調節本行業生產者之間的經貿關係。行會由行業師傅、師傅助手和學徒組成，在行會中起決定作用的是老師傅。學徒跟隨師傅學習，師傅助手是剛滿師的徒工，需獨立到外省謀生來提高他的技藝和專業知識。

　　在城市經濟迅速發展的情況下，過去物物交換的自然經濟已不敷

城市市場經濟發展的需要。他們需要尋找一個新的交換方法。中世紀的德國商人在與阿拉伯人交易時發現幣制的作用，同時由於波希米亞以及其他地方銀礦的發現，於是製造錢幣，幣制經濟開始通行了。

　　在城市發展中，許多城市爲保護自己的利益而建立了聯盟，1254年，萊茵地區的各城市率先建立了萊茵聯盟。1356年，由於「黃金詔書」的頒布，皇權衰落，諸侯勢力增大，1376年，查理四世爲鞏固自己的王權，反對皇權，以烏爾姆城爲中心建立了士瓦本城市聯盟，最初參加的只有 14 個城市，後來達到 89 個城市。最大和最具重要性的城市聯盟稱做漢莎(Hansa)。漢莎的意思是商人集體共同保護在國外的貿易利益的代表。重要的漢莎城市有科隆、呂貝克、不來梅、漢堡、但澤（今波蘭格但斯克），其中呂貝克影響最大，它是北德最大的貿易城市聯盟。以呂貝克爲首組成了威斯特發里亞、薩克森、溫狄（索爾布）和普魯士四個城市聯盟大區。總共有 70 多個城市在漢莎城市呂貝克城市聯盟的領導之下。漢莎城市召開的漢莎成員會議作爲其領導機構。漢莎的權力伸延很廣，在北方，直抵斯堪地那維亞，在東方，直抵彼得堡和諾夫哥羅德。在那里都設有漢莎事務所。十五世紀末，由於與當地統治者發生利益衝突而終止其事務。

　　城市聯盟之所以出現主要在於經濟繁榮、貿易不斷增漲引起的。從政治上說，它的形成也是對諸侯的抗衡，因爲諸侯們爲削弱皇權增加自己的勢力，而城市聯盟無形中卻是對皇權的支持。這表現於城市聯盟的勢力常常超越各邦諸侯控制的邊界而聯接起來，(只是皇權不願與城市聯盟結合以反對諸侯) 甚至還超越帝國的權力在海外發揮著自己的影響。城市聯盟在海外的事務所不只是城市聯盟的代表，也是德國的代表。由此，城市聯盟在海外增強了民族意識，作爲新興的市民階級的自我意識也隨之增強了。這與中世紀的騎士等級僅爲邦主服務的地域觀念有很大區別。其意義是重大的。

第五節　中世紀的德國大學

　　大學這個字是根據拉丁文「Universitas」的解釋，意思是在早期的教會學校裡來自各國各地信教的師生聚在一起學習。假如說早在近千年前就已產生之中國的高等學府太學算作大學的話，那麼，中國的大學比歐洲的大學產生的時間還早。歐洲的大學最早是由傳授宗教教義形成的。在 12 世紀，義大利、法國、英國和西班牙最先有宗教講課場所。14 世紀中葉，查理四世任波希米亞盧森堡王朝的德國國王和皇帝，他為了使波希米亞成為帝國的中心，於1348年建立了布拉格大學。查理未曾料到，大學的建立竟成為各邦民族和教派鬥爭的焦點。其原因是來自各邦的大學生講著不同的民族語言，既有北德、南德語言，也有捷克語言、波蘭語言和匈牙利語言。最終，大學講課採用拉丁語，拉丁語是中世紀大學的通用語言。

　　布拉格大學是阿爾卑斯山以北的歐洲第一所大學。繼它之後，德國建立了一系列大學，按時間順序，先後有維也納大學(1365)，海德堡大學(1386)，科隆大學(1388)，埃爾福特大學(1397)，伍茲堡大學(1402)，萊比錫大學(1409)，弗萊堡大學(1457)，美茵茲大學和杜平根大學（均在1477)。其中有些大學迄今已有 600 多年的歷史，海德堡大學和科隆大學在法國大革命時曾一度遭毀。

　　在德國還沒有建立大學的時候，宗教界把僧侶和神職人員送到義大利和法國等地學習。自從德國建立了一些大學之後，情況就不同了。中世紀建立大學者都是當地的國王、邦主或有產市民，他們得到教皇的特許，也得到貴族紳士的支持。如當今德國最古老的海得堡大學就是由普法爾茲選候建立的。這是當1356年「黃金詔書」頒布後諸侯們取得獨立地位後才具備這種可能。1388年建立的科隆大學是由科隆紳士和市民們建立的。此前，科隆是德國教派中心。多明我修會很早就在科隆建立了其修士研習總部。弗朗西斯派、聖奧古斯丁派和卡爾梅

涅派修會都在科隆設有培養神職人員的場所。新的德國大學一建立，立即成爲各邦諸侯培養人才之地。

中世紀的德國大學和歐洲古老的大學一樣，大學生們都在稱做「藝人學院」裡學習所謂「七藝」——七種自由藝術，這裡說的藝術並非指繪畫、雕刻，而是「文法、修辭、邏輯、算術、幾何、天文和音樂」。只有少數大學生經過三年左右的學習，取得學士學位，然後進入更高一級的學院學習，所謂高一級的學院就是神學院、法學院和醫學院。神學和法學是學習的主要內容。在法學院主要學習羅馬法。各邦邦主最需要的便是法學家。

傳統的教學方式是「教師首先應精確仔細地宣讀課文，好讓學生們訂正和按段整理他們的教材。然後教師再分段落次序、上下銜接、概括內容，最後作總結講述。在這樣做時，除去做好課文的分段整理、聯接和表述思想內容外，教師無需再做任何口授筆記」❻，1477年建立的杜平根大學的校章中就有如此規定。這種古老的規章只有第一點仍舊在今日聯邦德國大學講壇上沿襲著。其他如使學生深入掌握教材內容，則在講課之外透過各種形式的課堂討論(Seminar)解決。

在14～15世紀，德國的大學名義上向社會上各階級各階層人民開放，實際上首先爲各邦諸侯統治階級的利益和需要服務。在城市發展後，市民階級對大學的影響不僅表現在出身於市民階級的大學生人數的增多，也表現在市民階級和市議會對創立大學的興趣上，因爲大學的建立最足以提高城市的威信和城市的經濟力量。同時中世紀末期以來，大學便成爲擔負文化使命的重要機構。新興的市民階級的知識份子在其中發揮著重大作用。

第六節　市民階級的詩歌

中世紀末期的文學領域顯得蕭條冷寂，不僅沒有驚人之作，就是從數量上說，也不十分豐富。但是卻出現了不少民歌詩作，其作者有

詩人，也有不少是城市手工業者。這是中世紀末期社會情況發生變化而湧現出來的。

這些手工業者的詩歌或稱市民階級的詩歌是由於14～15世紀城市的發展和市民階級的崛起而興旺起來。市民階級在中世紀末期文藝上的作用超過了以往的貴族和騎士。這也代表著中世紀騎士詩歌的衰落。市民階級的詩歌開始時也模仿中世紀貴族階層的敘事詩和抒情詩，以及騎士抒情戀歌，但在後來也涉及到社會問題。先是宗教內容多，以後也寫世俗內容。

市民階級詩歌的最主要的形式稱作「師傅歌唱家之歌」。顧名思義，這些歌都是手工業者師傅歌唱的。手工業者爲了發展他們的歌詠活動，創建了歌詠學校。一個從前歌唱抒情戀歌的歌唱家弗勞恩羅普（Frauenlob 1250?～1318），又名亨利希‧封‧邁仙（Heinrich von Meiβen）14世紀初在美茵茲創建了一所歌詠學校。以後在奧格斯堡、紐倫堡等城市也建立了這樣的歌詠學校。弗勞恩羅普是中世紀的抒情詩人和格言詩人，創作過450多首箴言詩。他最初寫的是騎士戀歌和宗教詩歌，以後改寫師博之歌。他對師博之歌的創作產生較大影響。

師傅之歌歌唱的是日常生活，用的是德語，接近手工業者和市民群衆。它打破了過去貴族和騎士詩歌的程式框架，形成了新的風格、新的形式、新的內容。像這樣由手工業工人自編自唱的歌曲很受手工業同行者的歡迎。其中著名的有紐倫堡的製罐工人漢斯‧羅森普魯德（Hans Rosenplüt 1400～1460?）所作的市民詩歌。比他稍晚的有漢斯‧福爾茨（Hans Folz 1450～1515）他原是個理髮師，但卻熱衷於師傅之歌和諷刺滑稽劇的寫作。他的狂歡節諷刺滑稽劇對另一作者漢斯‧薩克斯（Hans Sachs 1494～1576）有很大影響。薩克斯原是個鞋匠，1520年在紐倫堡成爲師傅。在宗教改革時期，他支持路德。他創作頗豐，寫了4000多首市民歌曲，宗教的和世俗的歌曲都有。其格言詩更包容了宗教的、歷史的、政治的以及嘲諷戲謔的題材。1523年，他寫的「威丁堡的夜鶯」把路德的教義用通俗化的手法表達出來。他

著有85齣狂歡節戲謔劇,並以聖經和歷史素材寫了 100 齣悲喜劇。

　　亨利希·封·莫隆根就是在市民階級詩歌的發展中湧現出來的中世紀著名詩人。亨利希·維騰懷勒 (Heinrich Wittenveiler 1400年前後) 和奧斯瓦爾德·封·沃爾肯斯坦因(Oswald von Wolken-stein 1377~1445)也都是中世紀的重要詩人,尤其是奧·封·沃爾肯斯坦因用德語寫了 130 多首抒情詩歌和飲酒歌。他們的詩歌內容真實,表現了個人經歷,甚至持有對社會的批評和對騎士的批判觀點。對於中世紀的文學作品來說,他們的詩歌具有重要性。

　　市民階級的師傅之歌是中世紀末期德國文化的一個特色。它主要集中在手工業者聚居的城市。此外,民歌也有很大發展。民歌在城市和農村都有廣大愛好者和創作者。最初的宗教民歌是用拉丁語寫的,以後在中世紀末期也有了德語民歌。其內容多為表現自然界的變化,愛情中的幸運與不幸、生離死別之情。其中也有宗教的諷刺貴族騎士的內容,但最多的還是歌頌愛情。也有的把德國歷史上的傳說引入民歌。14 世紀以來是民歌和民歌敘事詩發展的頂盛時期。14 世紀至 15 世紀產生的最著名的民歌敘事詩有刀槍不入的西格弗里特 (因在龍血中沐浴皮膚堅如角質),美麗的瑪格嫩(die schöne Magelone)和梯爾·艾倫斯皮格爾。「艾倫斯皮格爾」作為平民階層的代表人,既刻劃了市民階級的若痴若愚,也表露了平民階層的冒險精神,具有較濃的戲謔意味。這部諷刺讀物的原本早已丟失,在中世紀末期經漢斯·薩克斯整理成篇,19 世紀又經過奧地利詩人兼戲劇家約翰·納斯特魯瓦(Johann Nestroy1801~1862)的加工整理。作曲家理查德·斯特勞斯(Richard Strauβ1864~1949) 還利用它寫成交響詩。

　　戲劇家和作曲家把中世紀末期的民歌、民間小說、敘事詩改編成民間戲劇或詩劇歌劇,都是後來的事。但在當初民間戲劇都具有宗教性質。特別是碰到復活節和聖誕節,人們常在教堂門前演出他們熟悉的耶穌復活劇,中世紀末期則常演耶穌受難劇。十五世紀中葉,市民階級在紐倫堡上演最多的是狂歡節諷刺滑稽劇。

　　由市民階級的師傅之歌到民歌和民間戲劇都是隨著市民階級的需要而發展的。不論其形式如何，由於市民階級所處的地位不同，他們在其作品中反映的思想內容也是矛盾的。一方面由於世俗的和宗教的封建勢力時常壓制他們，他們自然要反映反抗封建勢力的抗爭，另方面，他們對農民和城市平民階層有優越感，因爲他們本身處於城市社會的中、上層。像漢斯·薩克斯本人就是中世紀中產階級的代表。在這種矛盾中，最好的表達方式便是諷刺戲謔題材，這樣的題材往往具有人文主義意味。因此，諷刺戲謔劇便成爲中世紀結束以後人文主義創作的先導。

第七節　羅馬式藝術和哥德式藝術

　　早期德國文化受到希臘羅馬的古代文化影響，到中世紀，德國藝術仍保有羅馬影響的痕跡。就建築藝術來說，中世紀德國的建築風格有羅馬式和哥德式兩種。對德國來說，羅馬式是外來的藝術風格，哥德式是後起的歐洲諸民族的藝術風格。這兩種藝術風格各有特點。

(一)羅馬式藝術

　　羅馬式藝術風行於中世紀的950～1250年。德國早期的羅馬式藝術起始於鄂圖大帝時代(950～1024)。羅馬式藝術在法國達到高潮時期(1000～1150)早於德國(1050～1150)。德國的晚期羅馬式藝術是在斯陶芬王朝時代(1150～1250)。在羅馬式之前，德國建築藝術的典型是查理大帝在古都亞琛建立的普法爾茲教堂，整個建築呈八角形，中心建築依據拜占庭式爲二層回旋式，當中是教堂大廳，四邊的半圓形拱門一個挨一個。吊燈由樓頂垂直至中堂，教堂聖壇在一層正中西廳。

　　德國的羅馬式典型教堂建築是在 10 世紀時建立的。其特點是大教堂內立柱多，又稱柱子大廳。形狀是長、大、高。中間廳堂高於左右兩邊的邊廳堂。邊廳當中也有一排立柱，立柱的牆壁隔壁就是中間高

廳堂。教堂內裝有鍍金吊燈。教堂祭壇左右爲半圓形拱門。窗戶小，窗頂邊呈半圓形。教堂外觀中間廳堂與左右邊廳堂成四角交叉。外觀正面是雙塔頂或是四角對稱塔頂。塔頂樓也是教堂的鐘樓。整個建築是封閉組合式，形狀很像堡壘，大約是便於打仗，或在打仗時作爲信徒的避難所。後來這形式有所改變，大長高的教堂改爲寬大的四方形教堂。木制平面頂改爲小圓拱形。

羅馬式教堂的又一特點是往往在唱詩聖壇下面砌置教堂地下殉葬室，用以安葬主教等級的神職人員或對教會有貢獻的諸侯。羅馬式的教堂建築在德國城鄉都有。今天在德國威斯特發倫州的一些城市仍保有一些古老的羅馬式教堂。

與羅馬式教堂建築發展的同時，羅馬式的裝飾藝術也隨之發展了。裝飾藝術也分兩種；一是大型的，最顯著的是教堂內聖壇左邊裝飾著耶穌被釘在十字架上的像和聖母瑪利亞像。還有其他宗教壁畫。配以這樣的裝飾藝術既增加教堂內部的宗教情緒，更是想顯示教會權力的威儀、神聖和崇高。室外則是紀念碑和雕像。薩克森公爵獅子亨利的誕生地不倫瑞克教堂廣場上就裝飾了一座青銅獅子紀念碑。一是小型的，羅馬式書面裝幀的圖案畫顏色紛雜、鮮明，在「聖經」等書藉中的插圖顯得畫面纖巧，線條微細是其特點。

(二)哥德式藝術

12～13 世紀，當市民階級興起之後，城市政治經濟發生了變化，中世紀歐洲的建築藝術形式也提出了新的要求，以改變原有的建築形式。新的形式稱哥德式建築，是在羅馬式建築藝術的基礎上發展起來的。哥德一詞與歐洲古代哥德族有關，表示哥德日耳曼族對建築藝術的再創造。但對堅持羅馬式建築藝術爲正統派來說，哥德式意味著野蠻。

早期哥德式建築藝術起源於英國，約在 11 世紀。其特點是藝術的裝飾性，建築外形是垂直式。12 世紀中葉，哥德式建築藝術盛行於法

國，在法國影響下，德國也產生並發展了哥德式建築藝術。哥特式教堂外形高，上下垂直，一雙塔樓像雙手向蒼穹祈禱。但從遠處看，高高的雙塔樓像鑽天森林。從正面看，兩座塔頂並列（也有的哥德式教堂只有一個塔樓），塔頂下面連著中層玫瑰形的窗戶，再下面底層是三座大門。塔的底座堅實，從下向上看尖頂拱很筆直，這尖頂拱是哥德式建築風格的特徵。它與羅馬式圓頂拱正好相反。從建築技術來說，尖頂拱在上下垂直的建築體上與邊緣拱和牆柱相連，有著支柱作用。這是哥德式建築的又一特點。它不像羅馬式圓頂拱那樣需要較堅硬的支柱。哥德式教堂建築的窗戶大而長，窗戶上鑲嵌著彩色玻璃。陽光照耀下，教堂內顯出奪目耀眼的七彩，顯示天上人間的光耀美麗。在室內，哥德式教堂保持十字形的基本形式，並由三個基本部份組成：前廳、中堂和聖壇。由前廳進入中堂時，顯見中堂空而高。聖壇在正中央朝東。大門一般是坐西朝東，由西邊進來，當中是做禮拜的座席。1248年建立的有五個大廳的科隆教堂是德國最著名的哥德式大教堂。接著在1287年建立了烏培索拉大教堂，1283年在弗萊堡建立了大主教堂，而1377年在烏爾姆建立的大教堂是世界上最高的哥德式大教堂。紐倫堡城在14～15世紀建立的哥德式大教堂在二戰中被毀，戰後在重建中恢復。紐倫堡是哥德式建築藝術得以發展完滿的一個城市，從1250至1550年的三個世紀裡，這個城市連續建立了一系列宗教的和世俗的哥德式建築。

　　哥德式藝術風格的另一表現是教堂祭壇壁畫。那時盛行宗教藝術繪畫，著名畫家康拉德·維茲(Konrad Witz 1400～1445)畫的宗教人物畫頗有影響。由於氣候關係，不少古畫受損，為保存古畫，需要臨摹原畫的人才。這樣，一大批城市，像漢堡、科隆、紐倫堡、巴塞爾和慕尼黑等地都建立了繪畫學校。

　　十五世紀初，晚期哥德式繪畫風格最重要的是科隆派。畫家斯捷番·洛希納爾(Stefan Lochner1400？～1451)是這一派的最重要的代表。其代表作是「科隆教堂的三個國王祭壇」(約1442)和「玫瑰叢中

的聖母瑪多娜」(1448)。這些畫迄今仍保存於科隆。他的畫藝在15世紀中葉是最突出的，當時很少有人超過他。

　　哥德式和羅馬式這兩種藝術都反映著天神和基督教思想，是宗教思想的表現。羅馬式建築藝術是希臘化建築藝術的再版，教堂內顯得昏黑，外形像堡壘。其宗教思想是把奧林匹司的神與人類發生的戰爭等各種情況相結合，從天上到地上，而以神為主。哥德式建築藝術是革新的藝術。教堂內半明半暗，宗教情緒濃厚。外觀的思想則把基督教從人的視線中引向蒼天，像尖頂直沖雲霄的態勢，既使你覺得有失去重荷的動勢感，又令人覺得上天的虛無飄緲和宗教神秘感。

　　羅馬式藝術，尤其是它的建築藝術風格因其古舊呆板，在12～13世紀已失去其魅力。哥德式藝術風格從12世紀興起，經過14～15世紀的盛期之後，到16世紀中葉在宗教改革之後，當更新的藝術思想出現的時候，它也逐漸衰落。

第八節　古騰堡的活字印刷術

　　在中世紀文化中，占統治地位的一直是宗教。傳播基督教的「聖經」最初都是手抄本。「聖經」和其他書籍的流傳都要透過手抄本既費時間又費精力。甚至有的書終身也不會讓人讀到。書的作者窮途潦倒，他的書無從出版，也談不上有何稿酬。

　　但在中世紀中後期，商業貿易取得發展，大學和一些專業學校興辦之後，對書籍的要求愈益迫切。而印書的先決條件紙張和印刷術那時在歐洲並非垂手可得。雖然木版印刷早於紀元前在中國和日本已被運用，但由於交通閉塞尚未傳到歐洲。中國的造紙術約始於紀元初，至3～4世紀有很大進步，約在8～9世紀，經阿拉伯傳入歐洲。歐洲的第一家紙坊是在10世紀由西班牙摩爾人建立的。造紙技術約在14世紀傳到法國，接著德國也能造紙了。有了紙張，對書的印刷是一大推動。中國的雕版印刷約產生於9世紀。歐洲的第一次活字印刷產生於

荷蘭。那是1430年由勞倫斯・柯斯特・封・哈爾蘭姆(Laurens Coster von Haarlem約1370～1443)用活字印刷了一本宗敎手冊。但不很清晰。

古騰堡的活字印刷是在1450年發明的。約翰尼斯・古騰堡(Johannes Gutenberg 1397?～1468)，原名叫根斯弗萊希・祖爾・拉登。他的活字印刷機是用鉛、鋅、銻和鉍等金屬鑄造的。1450年8月22日，他把他的印刷機以800荷蘭盾的押金抵押給了金匠約翰・富斯特。後來押金提高了一倍。1455年，富斯特起訴要求退還押金，古騰堡因無力退還，只好放棄印刷機。1456年，古騰堡依靠別人的資助又製造出一台新印刷機。隨後，他用這台新印刷機印製了著名的古騰堡聖經。不久在1458年，古騰堡在斯特拉斯堡無力負擔捐稅。翌年，他靠美茵茲一位城市法律顧問的資助備齊了新的印刷設施，印出了「聖經」釋義辭典。

在古騰堡活字印刷術及其印刷機在歐洲問世後不久，15世紀60～70年代直至15世紀末，先後在義大利、法國、荷蘭、匈牙利、西班牙、英國、丹麥、瑞典等國都出現了德國的印刷者在當地創建的印刷所。有的在古騰堡的印刷術基礎上作了創新和改進。印刷術的技術得到迅速發展，是中世紀末期歐洲經濟文化發展的迫切要求。那時的著名學者伊拉斯摩斯說印刷術是所有發明中最偉大的一項。而印刷術的作用在擴展和傳播文化事業中也得到証明。

古騰堡的活字印刷和哥德式建築藝術都是中世紀時期德國文化的重大成就。這裡，我們要對中世紀作一簡要評述。中世紀，作為歐洲史學上劃分時代的名稱，學者們對它一直褒貶不一。一是認為它意味著野蠻、黑暗；一是認為它在歷史上還是取得了進步。前者的觀點常是站在新興資產階級的立場上，為了反對中世紀封建專制主義的統治，反對反動神權的壓迫，譴責中世紀是必然的。後者認為歷史發展從來不是直線的，而是曲折的。歷史發展與自然界關係密切，即歷史發展和自然界的發展是統一的，不可能永遠停留在一個水平上。這是

18～19世紀德國一位學者約翰‧哥特弗里德‧赫爾德(1744～1803)的觀點，恩格斯也認為，對事物的看法應具有歷史觀點，而不應以錮蔽的眼光來看待歷史遺留給中世紀的落後和野蠻。相反，中世紀以來的巨大成就，特別是14和15世紀巨大的技術進步也不容忽視。❼

　　因此，在中世紀的過程中，雖然統治階級在政治上爭權鬥勢，皇權與教權兩雄相爭，諸侯為爭取自身的獨立地位而與皇權發生嚴重矛盾。而城市的平民和鄉村的農民窮苦不堪。這表現了那個時期的反動黑暗。但是就在那時，人類和歐洲的文化還在發展。其中有富有生命力的、閃光的東西。像但丁的「神曲」，古騰堡的活字印刷術、哥德式建築藝術和稍後的哥白尼的天文學等都在當時和以後產生了影響。在文藝和科學技術上的這些進步既是在中世紀宗教環境下取得的，又是在與宗教愚昧和統治階級的壓迫作抗爭中產生的。像「神曲」和哥白尼的「日心說」就是從精神上和從科學上作出他們對統治階級的反抗。由此，人們也會意識到，中世紀作為人類歷史過程的一個部分，光明與黑暗，進步與愚昧，在它那裡，同樣是並存的。

《註釋》

❶約翰尼斯·謝爾：（1817-1866）《插圖德國文化和習俗史》第一卷第196
頁。德國埃森馬格紐斯出版社。

❷《馬克思恩格斯全集》，中文版，人民出版社出版，第21卷，第91頁。

❸參閱杜朗：《人類文化史》18卷本第6卷「早期中世紀」聯邦德國科隆
出版社，1985年德文版，第150-151頁。

❹參閱彼得·拉索夫(Peter Rassov)主編：《德國史》，聯邦德國斯圖加
特J.B.梅茲勒出版社，1987年德文版，第67頁。

❺參閱威廉·葛斯曼（Wilhelm Gössmann）：《德國文化史綱》聯邦德
國慕尼黑馬克斯·胡伯出版社，1970年版，第26頁。

❻G.考夫曼：《德國大學的歷史》，第二卷第355頁。1896年，斯圖加特版。

❼恩格斯：《費爾巴哈與德國古典哲學的終結》，《馬克思恩格斯文選》第
二卷，第372頁。

第4章　人文主義和宗敎改革

第一節　人文主義和宗敎改革的起因

　　15 世紀末，隨著生產力的發展和科學技術的進步，歐洲的精神文明進入了一個新時代。它不同於不重視人只重視宗敎的中世紀，而是要看重人，同時反對被羅馬控制的宗敎，對人和社會的關係產生了新的理解。對人的意識和人的形象的理解也與中世紀有很大區別。這原因除去因新的生產力的發展突破了對簡單商品生產的限制，引發了初起的資產階級的生產方式之外，新的科學技術的發明和地理大發現，更給人們帶來了對世界的新認識，打開了人們的視野。科學家對繞太陽而轉的行星的認識改變了過去宗敎對宇宙的解釋。在探求天文地理等自然科學的奧秘中顯示了人的聰明才智和人的價值。可是，生產力的發展和科學技術的進步卻反襯著社會另一面的反動和落後。那時，德國 1300 萬左右的居民約有 80% 生活在農村。作爲農業國，德國的封建領主不僅在農村阻礙新的生產技術的應用和發展，而且爲發展畜牧業以養肥自己，他們肆無忌憚地奪取農村公地，侵犯農民利益。這些封建領主任意專橫的行爲只有引起農民的憤恨與反抗。農民要求減少徭役地租，要求退回公地得不到滿足，加深了農民群衆的憤懣。1431年，窩姆斯的農民起義後建立了「鞋會」。1476 年，法蘭克地區（今之巴伐利亞和巴登—符騰堡地區）爆發了農民起義。1491 年肯普滕士瓦本寺院的農奴不堪僧侶階級的壓制舉起了要求取消封建特權的義旗。

　　在農村與農民嚴重對立的封建領主，由於在農村擴大地域勢力，又與掌握工商經濟力量的城市貴族發生矛盾，而皇帝與封建領主及城市貴族都保持一定距離。因此，當歐洲其他國家，英國、法國和西班牙在15～16世紀使本國的君主政體得到鞏固時，德國的皇權卻衰落了。哈布斯堡王朝的馬克西米連一世(Maximilian I 1493～1519在位)力圖重整帝國權威，1477年，他透過與勃艮第王室瑪利亞的聯姻，取得勃艮第富饒的遺產。16世紀初，他的兒子菲利普與西班牙國王斐迪南與西班牙皇后伊薩貝拉的女兒胡安娜聯姻，又取得了西班牙王位繼承權，擴大了哈布斯堡王朝的勢力，但他的擴張在東、西方都受到阻礙。

　　馬克西米連一世逝世後，他的孫子查理五世(Karl V 1500～1558)在19歲時成為哈布斯堡王朝的繼承人，同時是西班牙國王。他力圖重建中世紀的日耳曼大帝國，在西方，與法國發生齟齬，在東方，要防止土耳其的侵襲。他統一德國的途徑是企圖透過對基督教舊教的共同信仰達到，對反對他的新教諸侯則進行必要的軍事交鋒。這就使宗教和政治牽連在一起。在中世紀的德國，舊教和新教能否並存是個問題。查理五世作為羅馬教皇最後加冕的一個德國皇帝，在感情上站在舊教一邊，而新教在德國的發展方興未艾。由於騎士已經消失，查理五世無論是面對外部戰爭還是對內以武力壓服，都需要兵源。但在戰爭中最終受難的都是哈布斯堡王朝土地上的農民和平民。他們受盡皇帝的驅使，諸侯的壓迫，他們的苦難不能再繼續下去了。中世紀末，德國的人文主義和宗教改革就是在這種背景之下發生的，這其中既有深刻的社會和經濟原因，也存在著深刻的宗教和政治原因。

第二節　德國人文主義運動及其代表人物

　　人文主義是14～16世紀歐洲文化運動的標誌。它是在中世紀末期

社會思想的激烈抗爭中產生和發展起來的。主要是反對宗教。在反宗教的鬥爭中表現了它的革命銳氣，代表了新興資產階級的思想和力量。它和文藝復興一樣都起源於義大利，但人文主義運動和文藝復興的內容稍有不同，雖然文藝復興納入人文主義的一整套思想體系。在歐洲文化史上，文藝復興這個詞有兩種解釋，據 19 世紀瑞士文化史家雅可布·波克哈特(Jacob Burckhardt 1818～1897)的理解，一是稱它是 15 世紀以來由中世紀宗教的整體觀和宗教的教條主義過渡到新時期的個人主義世俗化的表象、思維和陳述。這之中，與代表神與宗教的希臘、羅馬古代文化的爭論是主要的。另一種解釋是為任何文化革新而對古代文化或對其他文化傳統的反思。❶

　　人文主義的基本原則是以「人」為主，維護人的尊嚴，讓人在社會生活中得到自由發展，並為人的才能的發揮創造必要的條件。人文主義在反宗教的抗爭中，反對神的權威，形成人與神，科學與神學的對立。反對神是人文主義的目的。這是由於中世紀所有社會的、政治的、經濟的，甚至科學的事務都以宗教為轉移。那時教會的和世俗的統治階級為維護宗教的種種行為和思想，像赦罪符買賣和經院哲學神秘論等都企圖愚弄人民。人文主義者反對愚弄人民，要求肯定人的現實生活，人應該追求幸福財富，求得個性解放，提倡理性，提倡發展個人才智，要求富於勇敢進取精神，反對封建制度的壓迫和剝削，鼓吹博愛仁慈，反對等級制度，贊同平等，歌頌友誼。這些思想反映了新興資產階級的要求，表現了人文主義的進步意義和創造性。並為日後的資產階級革命奠定了基礎。

　　德國的人文主義運動受義大利影響。義大利人文主義學者波季奧·布拉契奧列尼(Poggio Bracciolini 1380～1459)和阿納亞斯·敍爾維優斯(Aeneas Sylvius)訪問德國時在德國大學生、教會和社交場合傳播了人文主義思想。1482 年，荷蘭人魯道夫·阿格利柯拉(Rudolf Agricola 1444～1485)在義大利研究了七年古代語言後回到德國海得堡和窩姆斯，在大學從事人文主義教育，推動了人文主義思想的傳播。

一個曾在義大利研究人文主義的德國神學家約翰·蓋勒·封·凱塞爾斯堡(Jahann Geiler von Kaisersberg 1440?～1510)在1486年回到斯特拉斯堡。他是把義大利人文主義的研究活動傳入德國的學者之一。

自15世紀中葉起,德國產生了一批卓越的人文主義學者──伊拉斯摩斯,羅伊希林,塞爾蒂,皮克海姆爾,派伊亭格爾,維姆普弗林,烏利希·封·胡登,梅蘭希通和馬丁·路德等。德國學者們開始時是為研究基督教教義是否有錯,研究聖經教義語言的純潔性,努力使聖經的翻譯忠實於原文。德國人文主義的學術研究是從研究古代語言學開始,以後這種努力在倫理學、歷史學、自然科學和數學研究上也鋪展開。而德國重要的人文主義學者也都是語言學家。這和義大利著名的人文主義學者主要是文學家有所區別。

德國人文主義學者最偉大的先驅是生於荷蘭鹿特丹的德塞德留斯·伊拉斯摩斯(Desiderius Erasmus 1466／69?～1536),以後入籍德國。他從小學荷蘭語,後學拉丁語。雙親逝世後,因父親的遺產被監護人挪用,經濟窘困,只好進人寺院。他在那裡勤奮攻讀,寺院的藏書幾乎不夠他讀。1492年,他被授予僧職。幾年後,他去巴黎學習,學會了法語,並自學了希臘語。1499年,他首次到英國。在倫敦他接觸到的英國人文主義思想予他以深刻影響,他在給巴黎朋友的信中道出對英國禮儀的讚賞。翌年,他回巴黎決心研究「聖經」的希臘文本,同時,寫了一部重要著作:《格言集》。他對每篇格言寫了注解,以諷刺他那時代的社會問題。他在一處寫道:「據聖經說,牧師們吞食了百姓的可赦之罪,但他們無法把赦罪消化掉,他們必須有最佳醇酒,才能把它們吞咽下去。」書的出版使他遭致厄運,不用說無人親近他,甚至連生活也混不下去。儘管他的書在歐洲以六、七種文字出版,但他卻生活困難。他告貸無門,又不願向人阿諛奉承。他本可以以其僧職和才智在宗教界謀得職務,甚至是主教職務,而他只願作一個「自由」的作家。在窮困的生活中,他仍然翻譯了西塞羅的著作和希臘悲

劇家歐里庇得斯的悲劇。1506 年，他在義大利都靈獲神學博士學位。
1509〜1529 年，他先後在英國、荷蘭和瑞士逗留，成爲著名學者和作
家，被視爲歐洲人文主義運動的領袖。這期間，他寫了著名的反宗教
的諷刺小說「愚人頌」(1510)。「愚人」是小說的主人翁，實質是個極
聰明的女子，而那些崇拜愚人的教皇、主教和經院哲學者才是無知之
徒，是一群貪得無厭的懶蟲和迷信者。他諷刺說，這些迷信者做什麼
都有一個章程，鞋帶拴幾個扣，腰帶有多少寬。他甚至在書中否認上
帝是全能，揭露僧侶們渴望的是金錢，而教皇追求的是「金錢、榮譽、
權力和榮華」。他歷數了宗教界的愚蠢和罪行，並指出，假如人類不存
在愚昧以及人們的愚直和輕信更少些，那麼，宗教是存在不下去的。

　　伊拉斯摩斯的愚人頌激起了神學家的憤怒。他們譴責他引起了信
教者的騷亂。羅馬教皇保羅四世視他的書爲禁書，並要對他進行懲罰。
但是，他對宗教辛辣諷刺的影響卻是禁不了的。他對宗教並不完全反
對，只是想追求一個合理的教會。他的宗教觀常表現得很矛盾。他諷
刺宗教，又表示願爲羅馬教會效勞；他渴望宗教改革，但當馬丁·路
德掀起宗教革命時，他又表示馬丁·路德的言論是危險的不安的，說
他與路德沒有什麼聯繫。可是，這並未贏得教會方面對他的賞識。相
反，他死後，羅馬教皇仍判他爲「異端」。他的書籍遭查禁。其原因正
在於他的人文主義思想對教會起了破壞作用。

　　伊拉斯摩斯最大的功績在於對古代語言的研究。還在 16 世紀初，
專心研讀過希臘文本「聖經」。1516 年，他在瑞士找到印書者打算出版
經他校正過的希臘文本「聖經」。同時刊載「聖經」拉丁文翻譯和注解。
他考慮他的希臘文不是無懈可擊，爲避免疏漏，他決定把他的希臘文
聖經第一版放在一批學者 1517 年爲西班牙大主教斟訂的「聖經」版本
之後，在 1522 年才出版。這也表現了人文主義學者對早期基督教文獻
的認眞態度。他出版的「聖經」希臘文本，其注解是用人們易於理解
的拉丁文寫的，文字流暢。這是他對「聖經」認眞研究的結果。爲揭
露宗教的邪惡，在注解中，他特別指出牧師的貪欲和僧侶的僞善。因

此，16 世紀中葉，特棱特宗教會議譴責他的學術活動，並堅持公元
4～5 世紀希羅尼摩斯的拉丁文「聖經」譯本是唯一可信的翻譯。然而，
伊拉斯摩斯的譯本在學術上的成就超越了過去的譯本，並在本文化史
上成爲一個有廣泛意義的事件。伊拉斯摩斯本人也因此在學術上取得
重要位置，成爲有影響力的人文主義學者。

　　伊拉斯摩斯不僅懂得 7～8 種歐洲古代語言和近代語言，對語言學
有深刻研究，而且在哲學、神學、邏輯學、文學和教育學等領域都頗
具造詣，取得卓越的成就，是歐洲人文主義學者的楷模。

　　德國另一個重要的人文主者約翰・羅伊希林(Johann Reuchlin
1455～1522)也是個語言學家。他曾在德國、法國、奧地利和義大利等
國大學學習拉丁語、希伯萊語和希臘語，並在德國杜平根大學取得法
學博士學位。20 歲時，他已編纂過一本拉丁語字典。在對舊約希伯萊
文「聖經」與「宗教之父」希羅尼摩斯譯的拉丁文聖經作比較時，他
發現神學家們一向認爲毫無錯誤的譯文〈希羅尼斯譯本〉中有許多錯
誤。他的語言知識水平很高。1491 年，他在海得堡大學任教。
1520～1522 年，他在因戈爾斯塔特（位於巴伐利亞）和杜平根任希臘
語和希伯萊語教授。他特別偏愛希伯萊語，是德國希伯萊語研究的創
始人。他的語言知識爲他的科研奠定了學術基礎。

　　1508 年，科隆發生反對和抵制猶太書籍的事。皇帝馬克西米連下
令把這些反基督教的猶太書交由牧師、猶太學博士約翰尼斯・普法菲
爾柯恩，大檢查官雅可布・封・霍克斯特拉頓和著名希伯萊語學者羅
伊希林處理。在一片主張焚毀希伯萊語書籍的喧囂聲中，只有羅伊希
林持反對態度。他甚至在一封信中氣憤地稱牧師普法菲爾柯恩是頭
「驢」，根本不懂得他要銷毀的書是什麼。而普法菲爾柯恩則認爲羅伊
希林是被猶太人收買的工具。羅伊希林據理力爭，普法菲爾柯恩及其
支持者卻在宗教法庭上判定羅伊希林是基督教的叛逆者和不信神的
人。但是，包括伊拉斯摩斯在內的一大批人文主義者竭力支持羅伊希
林，甚至一些德國和英國的主教都支持他。1514 年，他把支持者寫給

他的信整理成書信集出版了。這本書是對羅伊希林反對者的嘲諷，嘲諷那些人的無知與愚蠢，而那些人身爲經院哲學的維護者不肯就此罷休。他們求救於羅馬教皇。1520 年，教皇列奧十世下令禁止支持羅伊希林的書，在這之前，羅伊希林的著作在科隆等一些大學已遭焚毀。教皇同時判罰羅伊希林承擔在斯派耶爾（位於上萊茵）的訴訟費用。不久，他被迫害致死。教皇對他的迫害，也就是對整個德國人文主義者的迫害。這也更加堅定了德國人文主義者反對羅馬教皇的決心。

教會方面竭力搜查和焚毀希伯萊語書籍，目的是不讓人得知「聖經」的希伯萊文原本。亨利希·海涅在回顧羅馬天主教搜查焚燒希伯萊語書籍時曾讚揚羅伊希林爲維護希伯萊語書籍所作過的抗爭。抗爭的方向由希伯萊語的命運問題轉向思想自由和人文主義思想應否存在的問題。抗爭的矛頭則指向了羅馬天主教。羅馬教皇因此作出焚書坑儒的舉動，而羅伊希林不僅因此成爲德國人文主義的傑出代表，且爲後人所讚賞。

與羅伊希林同時代的一位重要的德國人文主義者康拉德·塞爾蒂斯(Konrad Celtis　1459～1508)曾在義大利、波蘭和匈牙利學習，任教於科隆、布拉格和維也納大學。他在教授詩藝、古代文化和德國歷史時貫穿了人文主義思想，在大學生中起了很大影響，學生們都願與之交談。他在文、史、哲、神學、醫學和自然科學上都有很高成就。1487 年，弗里德里希三世奉他爲桂冠詩人。在美茵茲，他創建了富有影響的萊茵文學社團。1501，依靠馬克西米連皇帝的資助，他在維也納創立了文學科學院，這個機構後來並入維也納大學。這兩個機構都吸引了社會上許多有名的人文主義學者。他既有功於學術機構的建立，也對人文主義思想作出貢獻。「人死後靈魂能否繼續不滅？」和「果眞有一個上帝？」這些屬於他的言論不僅代表了人文主義者對宗教所持的懷疑態度，甚至動搖了宗教信念，使宗教界頗感震驚。類似的反宗教思想正是所有人文主義者的特點。可惜塞爾蒂斯在其人文主義的學術事業中過早逝世。

　　烏利希・封・胡登(Ulrich von Hutten 1488～1523)也是個多才多藝的人文主義者。他出身於法蘭克地區一個古老的騎士之家,稟賦頗高,能文能武,豪邁倜儻。1499 年,他 11 歲時作為僧徒進入修道院。6 年後,因不願受教會思想的束縛,他逃出寺院,成為一個浪遊人,周遊全德國。但他在浪遊中繼續讀書、寫詩,甚至為生活不得不行乞。他曾在科隆、萊比錫等地學習。大約於 1510 年前後,一個主教帶他去維也納,他在那裡結識了人文主義學者。不久,他與他們發生爭論,1512 年,他去義大利,受到義大利人文主義思想影響。回國後,他在德國人文主義中心美茵茲,因寫頌詩頌贊美茵茲大主教阿爾布萊希特而得到獎勵。在美茵茲,他結識了大學者伊拉斯摩斯。在交往中,他欽佩伊拉斯摩斯的人文主義思想,並為他的學識所鼓舞。1517 年,他再度去義大利,對羅馬教皇極盡諷刺。他諷刺歷來的教皇不是暴君便是壓迫者。馬丁・路德甚為讚賞他對教皇的譴責。同年他回歸德國,在人文主義者康拉德・派伊亭格爾的推動下,皇帝馬克西米連加冕他詩人桂冠。當馬丁・路德於 1517 年掀起宗教改革時,他受命於主教阿爾布萊希特出使巴黎。翌年,他一回國,就為路德的反羅馬教會的論綱吸引。他贊同反對教皇,支持宗教改革,支持馬丁・路德,但馬丁・路德對他的暴力主張持有異議。

　　胡登贊同騎士奪取政權的起義抗爭。1522 年,騎士弗蘭茨・馮・濟金根(Franz von Sickingen 1481～1523)在法蘭克發動騎士起義,他成為濟金根最親密的戰友與助手。起義失敗,遭到敵人炮擊,濟金根死去。數月後,胡登為濟金根之死悲痛不已,加之他身體虛弱,1523 年 8 月 29 日死於瑞士蘇黎世湖畔一個叫烏法勞的小島上。

　　胡登不同於其他德國人文主義者。他是政治家,在反對羅馬教皇方面持激進主張。他也不同於路德。在宗教改革的態度上,路德以言論譴責羅馬教會違反「聖經」,表現溫和。而胡登主長應把對羅馬教會的言論譴責變為行動。他反對德國教會依附於羅馬教皇,反對德國的分離主義。他的人文主義思想富於民族感情。

　　晚期德國人文主義者菲利普・梅蘭希通(Philipp Melanchthon 1497～1560)也是德國語言學家和教育家。他是羅伊希林的侄子。在羅伊希林的故鄉普福爾茨海姆和杜平根大學受到人文主義影響。他鑽研過哲學，對希臘語造詣頗深。1518年，在他年僅21歲時，他任威丁堡大學希臘文教授，和馬丁・路德是同事。路德發動宗教改革後，他積極支持。作爲神學家，他贊同新教，主張德國教會自治。在講課中，他要求大學生豐富世俗的現實生活，名噪一時。這都是他的人文主義精神的表現。

　　在路德宗教改革時期，他從理論上整理了路德教，維護了路德的主張。1522年，當路德翻譯「聖經」時，對於理解「聖經」的希臘文本，他曾予以協助。在路德要求教會民族化的時候，他贊同在大學裡應運用本民族語言。他與路德在人文主義運動和宗教改革中相互影響，相互協助，並取得相得益彰的效果。

　　與義大利人文主義者，如但丁、彼特拉克和薄加丘等偉大詩人、作家用其作品作爲武器諷刺宗教不同，德國的人文主義者大都是語言學家。他們以語言爲武器，研究「聖經」原文，揭露羅馬教會篡改原文，愚弄人民。這是特點一。其次，德國人文主義者要求人的自主權，反對神的權威，對於羅馬教會的欺騙行徑予以辛辣的諷刺。這方面受義大利人文主義影響較深。第三，義大利人文主義者期望教會改惡從善，注重世俗生活，渴望祖國的統一。德國人文主義者則要求擺脫羅馬教皇的統治，表現了強烈的民族感情。並在發展中成爲宗教改革的先導。

第三節　宗教改革與反宗教改革

　　宗教改革和人文主義運動關係緊密。人文主義爲宗教改革作了思想理論上的準備，宗教改革是人文主義運動的繼續。人文主義運動涉及文化學術界，宗教改革的規模比人文主義運動大得多，其影響遍及

德國信奉宗教的 90%以上的人民。德國的宗教改革是歐洲各國宗教改革的楷模，它既在德國歷史上具有重大意義，也是德國文化史上的重要章節。

宗教改革的目的並非不要宗教，而是要回答人世的苦難如何得到宗教的拯救？以往的僧侶宣傳信教者應相信羅馬天主教，由於羅馬教會宣傳人生來有罪，教徒若想贖罪，只有購買赦罪符。為反對羅馬教會的欺騙，反對落後愚昧的中世紀的封建社會，宗教改革家不得不挺身而出，以求建立一個合理的宗教。在對神的信仰方面，他們謀求人對神的關係而無需透過中間人教皇。這也表現了德國宗教改革的民族性質。

宗教改革的最根本原因在於新興民族意識的覺醒，分散的閉鎖的生產方式已無法阻擋新的科學技術的衝擊，具有人文主義思想的知識分子早已不願受教會思想的愚弄和束縛。其爆發點是 1517 年 3 月 15 日教皇列奧十世發佈的赦罪符出售令。早在 1500 年，德國多明我修士約翰·泰采爾(Johann Tetzel 1465～1519)就曾竭力推行赦罪符買賣。其目的是從信徒那裡搜括錢財。教皇的目的在於修繕舊聖彼得大教堂和彌補教會方面的財政匱乏。教皇的敕令一經宣布，立即引起英國、法國、西班牙和德國諸侯們的抗議。他們認為這將損害他們的經濟。德國薩克森選侯智者弗里德里希尤其反對把赦罪符賣得的錢全數交給羅馬教皇。他想用這筆錢擴建威丁堡大學。這反映了薩克森選侯與羅馬教皇之間的矛盾，也反映了羅馬宗教與不接受羅馬教皇管轄的德國民族的宗教之間的矛盾。

薩克森選侯抵制了羅馬教皇的敕令。恰巧，馬丁·路德(Martin Luther 1483～1546)在薩克森選侯管轄下的威丁堡大學任神學教授。針對赦罪符買賣，1517 年 10 月 31 日，路德在威丁堡教堂大門前張貼了他的 95 條論綱。德國的宗教改革便由此而起。95 條論綱具有反抗羅馬教皇的抗爭性質。站在羅馬教皇一邊的泰采爾於 1517 年 12 月寫出 106 條的反對論綱。這 106 條是按照教條主義的神學觀點編寫的。它以

小冊子的形式在威丁堡出售時，大學生們把它們當衆燒毀，泰釆爾本人也遭大學生們的鞭笞。在這場抗爭中，路德得到了人文主義者梅蘭希通、威丁堡大學的教授卡爾斯達特、胡登和濟金根的鼓舞與支持。但是卻觸怒了敎皇。1520 年 6 月 15 日，敎皇頒佈了一道敕令：要焚毀路德的著作，並警告他不要執迷不悟。同時指出他必須在二個月後到羅馬作公開懺悔，否則，他將被革出敎門，並被清除出基督敎。這一威脅並未嚇倒路德。他繼續獲得德國諸侯們的偏護，也得到廣大信敎者的支持。只是德皇查理五世爲爭取敎皇支持他與鄰邦法國相爭，也爲爭取信奉羅馬天主敎的人民反對各邦諸侯擴大他的勢力，站在敎皇一邊。在 1521 年的窩姆斯帝國會議上，查理五世竟然按敎皇的要求，決定焚毀路德著作，判決路德爲「異端」，並下令要逮捕他。但在薩克森選侯的保護下他得以安身。

　　路德的宗敎改革表面上是反對赦罪符買賣，實質上是再一次強烈地表現了德竟志的民族意識。在這個意識之下，必然產生的問題是：爲什麼德國的宗敎要置於異族權力的統治下？爲什麼德國的宗敎要向一個異族統治者經常繳納如此多的貢稅和納金？爲什麼要將赦罪符買賣的錢按比例交給羅馬敎皇？假如回答是否定的，那就證明路德宗敎改革的必要性。路德的宗敎改革在於建立一個獨立於羅馬控制下的德國宗敎。德國的宗敎不該是羅馬的臣屬，德國的牧師、僧侶應有自己的宗敎權利。在路德新敎的影響下，整個德國都激起反羅馬的情緒。信徒們認爲，革出敎門的不應是馬丁・路德，倒該是敎皇。

　　敎皇對路德的宗敎改革極爲厭恨，因爲它不僅引發了歐洲其他國家的宗敎改革，也使羅馬敎會在權力、思想影響和財政收入諸方面蒙受極大損失。由於路德的宗敎改革，在基督敎的派系上已產生了新敎與舊敎。但是，羅馬敎會不甘心它的權威被打破，積極主張召開宗敎會議，以聲斥宗敎改革。

　　爲譴責宗敎改革而召開的特棱特（位於義大利南蒂羅爾）宗敎會議(1545～1563)是歷史上時間最長的宗敎會議。它分三次召開，每次

斷斷續續持續一年左右。會議開始時主持者堅持認爲，希羅尼摩斯翻譯的拉丁文「聖經」是唯一可信的譯文；羅馬天主教是完美無缺的具有絕對權威的信仰；對於新教挑戰的回答是毫不妥協的。此後的會議則是譴責路德派新教爲「異端」。由於新教不止在德國，在英國、法國也存在，迫使會議同意讓新教派遣代表與會。其目的不過是讓新教代表聽取會議對他們的聲討。但真正的目的在於反宗教改革。特棱特宗教會議就是反宗教改革會議。會議在羅馬教會的操縱下，期望維護教皇的專制統治，鼓舞反動落後的君主專制主義勢力，企圖以思想、政治和軍事手段把宗教改革後出現的新形勢倒退回去，尤其想迫使在宗教改革中爲首的德國屈服於教皇的統治。只是最終未能得逞。

反宗教改革和德國頑固的君主勢力阻礙著行將到來的資產階級革命。路德的宗教改革未能貫徹到底，在分裂爲新教和舊教之後，德國皇帝依然信奉羅馬天主教，而有十分之九的諸侯卻信奉路德的新教。這就加深了皇帝與諸侯間的矛盾，他們之間既有教派鬥爭，又有爭奪領地之爭。

路德的宗教改革既不願與以教皇爲首的舊教爲伍，也不同於托馬斯‧閔采爾(Thomas Müntzer 1489?～1525)領導的具有激進民主思想的再洗禮派。它始終屬於溫和派。它既具有政治鬥爭性質，也具有文化性質。它對德國文化發生了影響，這影響首先表現在路德對《聖經》的翻譯上，也表現在後來的藝術、哲學和自然科學等文化思想上。

第四節　馬丁‧路德翻譯《聖經》的貢獻

宗教改革後期引起遍及德國的農民戰爭，農民和城市平民生活困苦，國家分裂破敗。馬丁‧路德是在新教諸侯庇護下得以在文化上從事他的創造性工作的。這項卓有成效的工作就是他投身於宗教改革後的《聖經》翻譯，這既使他在德國宗教史上，又在德國語言和文學史上留下一席位置。

　　路德出身於杜林根的富裕農家，父親當過礦工。青少年時期，他學過拉丁語，拉丁語是上層社會有教養者的交際工具，對他來說，卻爲閱讀《聖經》拉丁文譯本打下基礎。1505 年，他在愛爾福特大學獲法學士後改變了父親要他當律師的意願，進入愛爾福特修道院當了見習僧。1508 年，當他由奧古斯丁修會派往威丁堡大學任敎期間，他還學過希臘文和希伯萊文，這對他日後翻譯《聖經》借鑒原文本極爲有利。

　　1521 年，路德遭到羅馬敎皇敕令的威脅和查理五世的壓制。同年5 月 8 日，當查理五世對路德頒布了帝國放逐勒令時，他在薩克森選侯庇護下安全地居住在瓦德堡，從此，他把以 95 條論綱進行的反羅馬敎會的鬥爭轉爲對《聖經》的翻譯。而路德翻譯《聖經》也是代表了初起的資産階級以宗敎改革爲外衣反對現存的敎會權力爲前提的。同時，他的《聖經》翻譯不僅成爲新敎反對舊敎的一件武器，也爲農民和平民反對敎會壓迫和君主專制的剝削提供了武器。

　　路德的《聖經》翻譯對宗敎的影響是巨大的。如果認爲翻譯《聖經》無非是傳播基督敎文化，那麼這項工作對路德來說並非創舉。在他之前，在 12 世紀，法國南部已出現《聖經》摘譯本。14 世紀，英國也出現了摘譯本。1382 年，英國宗敎改革家約翰・維克里夫(John Wiclif 1320～1384)決心翻譯《聖經》，但這項工作在他死後經過十年由他的弟子完成。這之後，捷克宗敎改革家揚・胡司(Jan Hus，1369～1415)把《聖經》譯成捷克語，其譯文注意選擇普通人易懂的詞彙，這給路德翻譯《聖經》以啓發。此後，在尼德蘭和德國也出現過《聖經》摘譯本。中世紀中期，當中國的印刷術經西亞傳入歐洲後，1450 年，德國古騰堡首創活字印刷術，從此《聖經》新譯本漸趨增多。1521 年，愛爾福特市出版過一種德譯本，那是由奧古斯丁修會僧侶，馬丁・路德之友約翰・朗克翻譯的。他一度是路德的希臘文敎師。直至 1522 年，在整個德國大約有 22 種《聖經》譯本。

　　路德翻譯《聖經》起始於 1522 年，依據的是著名人文主義語言學

家德‧伊拉斯摩斯的拉丁文譯本。在這之前，他在撰寫 95 條論綱時已經認真研讀過《聖經》的拉丁文和希臘文譯本。1522 年 9 月，他在借鑒前人譯作的同時，很快翻譯、出版了《聖經》的最初幾卷，並配有其友人，名畫家盧‧克拉那赫(Lukas Cranach 1472～1553)的 21 幅插圖。後經 12 年，至 1534 年，他才把它全部譯完，出版時附有前言和詮釋。1545 年，即在他逝世前一年，他還精心校閱過當年出版的全譯本。翌年，在他去世時，他翻譯的《聖經》共出版了 430 種不同的版本。按當時的出版率計算，平均每 17 個人就有一本他譯的《聖經》。

路德翻譯《聖經》對基督教和宗教改革的歷史意義是多方面的。

其一促進了宗教改革的深入發展。路德翻譯的《聖經》與宗教改革及當時整個歷史事件關係密切。路德開始投身於宗教改革，最初的信號 95 條論綱就是以《聖經》為武器，後來在窩姆斯帝國會議上，路德表示只有用《聖經》經文說明他的觀點是錯誤的，才肯放棄他在 95 條論綱及其它論戰中闡明的觀點。

路德翻譯《聖經》的目的是把他經過研讀而獲悉的內容傳播到農民和平民中去。使過去由少數人專有的東西變成多數人都知曉的東西。《聖經》經他翻譯成德語後，成為人民大眾的書，成為大學生、商人、僧侶、低級貴族以及城鄉民眾的書。人民大眾在親自讀了《聖經》經文後，就必然拒絕羅馬教會解釋《聖經》的特權。《聖經》成為人民大眾的，尤其是成為平民和農民的武器，是因宗教改革使德國的宗教分裂為新教和舊教後反對羅馬教皇的需要。

在路德翻譯《聖經》期間，哥白尼對天文學的科學見解雖然打破了唯心主義的宗教迷信，然而，歐洲社會仍是宗教思想占統治他位。不久，當德國和歐洲其他國家經濟上產生了資本主義因素，而代表新興資產階級的商人和低級貴族在政治上仍擺脫不了對信奉羅馬天主教的君主專制主義的依附。他們為反對羅馬教會的欺騙和壓榨，取得廣大平民和農民的支持和響應，積極出版和傳播路德翻譯的《聖經》。而《聖經》這一武器一經傳播便不再屬於路德個人，而屬於廣大農民和

平民群衆了。因此，路德翻譯的《聖經》一旦爲農民和平民所掌握，不僅成爲他們反對僧俗統治階級的工具，促進了他們反對羅馬教會和反對專制主義的鬥爭，而且成爲宗教改革的推動力，使德國的社會政治發生變化。

　　其二揭穿了教會方面的謊言，動搖了羅馬教會的統治。《聖經》的原版是希伯萊文。在 4 世紀時（382 年），由所謂「宗教之父」索夫羅紐斯·歐塞比尤斯·希羅尼摩斯(S. E. Hieronymus約 347～420)接受教皇達馬索斯一世的委託，把希伯萊文《聖經》譯成拉丁文。伊拉斯摩斯曾指出該譯文欠佳，羅伊希林甚至指出其中有譯誤。1516～1519年　伊拉斯摩斯根據《聖經》的希臘文本譯成拉丁文。而普通老百姓既不懂希伯萊文，也不懂希臘文和拉丁文，只好聽任教會方面委派的牧師作爲《聖經》的詮釋者和介紹人，這些懂得拉丁文的牧師憑借他們對《聖經》的操縱，在傳經佈道時，可以根據教會方面的意願任意解釋教義，致使《聖經》教義與教會方面的意見不相一致。這個騙局因路德翻譯《聖經》而被打破。

　　在謊言被戳穿之前，人民易於被愚弄和欺騙，既因爲人民不知道正確的《聖經》教義，也因爲教會方面利用「曲解、捏造和謊言使人民心目中的聖書變成了一部奴隸制法典；它把理性囚禁在迷信中，並以上帝的名義施暴政於世界。」❷ 而在路德透過翻譯披露了《聖經》原本教義之後，形勢起了變化。路德翻譯《聖經》一個明顯的目的就是依據《聖經》原文從根本上糾正了原來篡改《聖經》的錯誤，揭露了教會方面賴以兜售赦罪符欺騙信徒贖罪的謊言；引起受教會迫害的農民和平民的憤懣與反抗，甚至損害了僧俗統治階級的社會秩序，動搖了統治階級專制暴政的基礎，有利於新起的處於萌芽狀態的資產階級反對反動宗教和反專制主義的鬥爭，從而反抗和震懾了羅馬教皇的統治。對於反對舊教的新教來說，他們由此掌握了《聖經》原本教義，必然會在反對羅馬教皇壓制的鬥爭中產生巨大的精神力量。

　　其三是加深了德國的民族意識，表現了德國教會的獨立。宗教改

革和人文主義運動一樣強調愛國思想和民族感情。路德翻譯《聖經》也努力加強了德國的民族意識。在路德翻譯《聖經》前,羅馬教會方面因擔心德國學者可能找到原文《聖經》,曾在萊茵河流域搜查希伯萊語書籍。他們尤其憎恨僧俗人士鑽研原本《聖經》,搜查的企圖是反對把原文《聖經》翻譯成民族語言。

路德翻譯《聖經》既得到著名的人文主義者和語言學家的幫助,也受到人文主義倡導的民族感情的影響。象揚・胡司為建立獨立的捷克宗教把《聖經》譯成捷克語一樣,路德把《聖經》譯成德語,既使《聖經》融化於本民族,為本民族服務,也使德國教會走上民族化的道路。因為路德使《聖經》有了德語本,使羅馬教會從此喪失單獨操縱和利用《聖經》的特權,也是反抗羅馬教會壟斷教權的表現。同時,德國新教因獲得《聖經》德語全譯本,就為他們脫離羅馬教會奉行獨立的宗教政策找到依據。因此,路德以翻譯《聖經》發揚了愛國感情,推動了德意志民族意識的覺醒,完成了宗教獨立的壯舉。

路德翻譯《聖經》對德國文學和德國民族語言也作出重大貢獻。

一是創造了優美的文學語言。路德掌握的德語知識,如杜林根方言、低地德語和中東部地區德語都為他發展和創造優美的民族語言開拓了前提。

路德把希伯萊文和拉丁文《聖經》譯成德語幾乎耗費了畢生精力,他翻譯時冥思苦想、斟字酌句,有時為了尋找一個恰當的詞彙要花數周時間,而為了了解不同身份和不同職業的人怎樣講方言土語,則注意路人和市場上的人如何相互談話。他認真地選用詞彙,使德語在他筆下成為比較優美完善的語言,以致具有文學價值。其原因除去他仔細琢磨字義,對譯文作認真修改外,還在於他採用的上薩克森地區的官方語言和杜林根方言是普遍通用的。至今薩克森州漢諾威語言仍是標準德語之一。

由於路德善於從日常用語中採集許多豐富的詞彙,又因他善於運用德語創造文學作品,所以他翻譯《聖經》運用德語時恰切、生動,

以致詩歌、戲劇用語，甚至連教堂的唱詩班都使用他創新的德語。對此，恩格斯曾予以高度評價，認為他「創造了現代德國散文」，並撰作了像馬賽曲那樣「讚美詩的詞和曲」。

路德的語言優美既有力地推動了德國詩歌和文學創作，使文學語言富於文采，也因他具有音樂才能，使詩歌的音調和諧。海涅也很讚賞他「創造了新文學用來表情達意的語言」。路德創新的德語如此被人推崇，以及他翻譯《聖經》對德國文學語言作出如此有成效的貢獻，以致令人驚嘆，假如沒有路德語言，德國古典文學的優秀傑作的產生是不可想像的，這也是他的名字足以被載入文學史冊的原因。

二是使德語具有普及性和穩定性。宗教改革初期，路德在與他的對手論爭時不得不寫作。寫作是對他的語言的錘煉與實踐，透過寫作實踐以及透過《聖經》翻譯，路德進一步純淨美化了德語，並使它通行全德國。海涅也曾肯定路德的語言很快地普及到整個德國，並成為通行全德的共同書面語言。海涅生活在 19 世紀，距路德三個世紀之久。這更反映了路德語言的普及性和穩定性。

普及性表現於路德的《聖經》翻譯出版後所獲得的熱烈反響。1522～1524 年，正值德國宗教改革廣泛展開，居民中十分之九信奉新教。隨著《聖經》譯本的普及，路德的語言也得到普及。不久，在古騰堡印刷術推廣後，甚至在天主教勢力頗強的德國南部，即在路德的敵對者方面也無法拒絕使用路德的語言。足見路德創新的德語達到普及化，普及化與路德語言的規範化、標準化有關。假如沒有路德語言的規範化、標準化，那麼，普及化也不可能。

穩定性表現在路德創新的德語通行至今。這與路德確定的德語定形化有關。字的定形和字意須經認真選擇。通常有兩個或三個甚至更多的不同形的字，而意義一樣，這就要選擇一個或兩個常用的標準化的字，使形、意俱定。其次要注意字音，選擇易於琅琅上口的字，這個字的字音讀時或圓潤順口，或鏗鏘有力，在元音和輔音上吐音清晰。這方面因路德的音樂素養而獲益匪淺。

　　三是在於宗教上分歧的德意志民族和諸侯各霸一方的德國在使用他創新的民族語言方面取得統一，促進了經濟的發展。

　　語言的統一既是路德搜集、總結、加工方言並由此經他創新的德語得到普遍運用的結果，也是一個民族歷史和語言發展的結果。語言的統一對分裂的德國意義重大。16世紀，德國仍處於諸侯割據狀態，政治上的分裂阻礙著社會經濟和文化的發展。可是，自從路德的《聖經》翻譯促進了德國民族語言的統一以來，隨著統一的民族語言的運用和發展，既推動了德國民族文化的發展，也推動了德意志各邦的社交和經濟貿易的發展。因為有了統一的民族語言，就為在各邦之間開創廣泛的貿易交流和建立統一的民族經濟創造了前提，奠定了基礎。

　　語言的統一對統一的民族經濟市場的出現和資本主義經濟因素的增長起著促進作用。新興資本主義經濟和經濟流通正需要在一個國家內語言的統一。路德時代的德國經濟因國家分裂和農民戰爭在整個工農業生產上發展遲緩，它後來的發展得以加速，部分原因不能不歸功於路德翻譯「聖經」使德國民族語言取得統一的結果。

第五節　藝術家丟勒、荷爾拜因、格呂瓦爾德和克拉那赫

　　與馬丁‧路德生活在同一時代，在繪畫、雕刻等藝術領域，德國也產生了一批著名藝術家：如阿爾布萊希特‧丟勒(Albrecht Dürer 1471～1528)、漢斯‧荷爾拜因(Hans Holbein 1497～1543)、馬梯亞斯‧格呂瓦爾德(Mattias Grünewald 1475～1528)、盧卡斯‧克拉那赫(Lukas Cranach 1472～1553)、漢斯‧波克邁耶(Hans Burgkmair 1473～1531)、阿爾布萊希特‧阿爾多爾弗(Albrecht Altdorfer 1480～1538)和漢斯‧巴爾東‧格里安(Hans Baldung Grien 1475～1545)等。丟勒與荷爾拜因是其中最卓越的藝術家。他們對德國人文主義運動和宗教改革都採取了積極態度。他們中不少人是伊拉斯

摩斯、梅蘭希通和路德的朋友。

在人文主義思想影響下，他們重視對被侮辱被奴役的人民的關注與研究，加深了對現實的觀察和反映。他們攝取於人民生活的繪畫和版畫藝術表現了中世紀後期的思想特色，刻劃了那時人民對君主專制的束縛和宗教壓榨的反抗，抒發了藝術家對陳腐社會的鞭斥，表現了他們對現實的深刻認識，甚至對自然風景的描繪也表現了對生活的熱愛。他們在藝術上敢於創新，不僅學習了義大利的風格，而且首創了木刻版畫，如丟勒。魯迅曾指出丟勒是後世木版畫的始祖。❸

丟勒生於紐倫堡，父親是煉金工。從小他就在父親的工場裡畫鉛筆畫、鋼筆畫和炭畫。父親希望他繼承父業，他卻喜歡畫畫。14歲時，他拜紐倫堡名畫家米哈伊爾・沃爾格摩特(Michael Wolgemut 1434～1519)為師。老師善作木版畫，他受作版畫的啟發和影響就從那時開始。因受馬丁・宣高埃爾(Martin Schöngauer 1445?～1491)銅版畫的吸引，他前往畫家故鄉柯爾瑪求師，不料畫師已逝。1492年，他到巴塞爾，觸及格呂瓦爾德的畫藝。那時丟勒業已成為藝術家。一些印刷者願意承印他的畫。1494年，他前往義大利，正值義大利文藝復興人文主義思想繁榮時期，他直接領略了義大利卓絕的繪畫、雕刻和詩藝，這也引發了他日後藝術創作的火花。1507年，在德國人文主義者維・皮克海姆爾的資助下，他再次往訪義大利。在巴都，他研究著在一年前剛逝去的義大利畫家和銅雕家安・曼泰那(Andrea Mantegna 1431～1506)的作品，貪婪地臨摹和複製傑出畫家貝里尼繪畫家族和其他威尼斯藝術家的繪畫。他畫的「十字架佛珠」和「宗教婦女」得到義大利人的賞識。

儘管丟勒在義大利研習了義大利的藝術風格和藝術理論，但他的繪畫仍保持著德國的傳統。他不僅善於油畫，也善於木版畫和銅雕。宗教改革前，1504年，他的銅雕「亞當和夏娃」便是他多年研究比例勻稱學的結果。這幅銅雕既表現了人體健康的美，也表現了幾何學的比例對稱之美。1501～1510年，丟勒完成的木版組畫《馬利亞的生活》

也是著名作品。1509 年，他成爲紐倫堡市的顧問，爲侯爵和皇帝畫肖像。1513～1514 年，他的銅雕《騎士、死亡和魔鬼》問世。畫中騎士是被諷刺的對象，面容慍怒，死亡和魔鬼形象可怕。這幅畫表現了人文主義對黑暗的中世紀的厭惡思想。1517 年，當路德發動宗教改革時，他的態度是積極的。1521 年 5 月，他在安特衛普聽到謠傳說路德因叛教被捕。在他不知實情時，他寫信給伊拉斯摩斯呼籲援救。以後他回到紐倫堡，便熱情地以新教思想畫了《四使徒像》。表現了德國人民對眞理的熱愛，也表現了人文主義思想與中世紀宗教觀的鬥爭。

丟勒大約創作了 250 幅木版畫和 100 幅左右銅版畫，其素描畫大約超過 1000 幅。正是這些內容進步，感染力強的遺產使他作爲歐洲最優秀的畫家聞名於世。

漢斯・荷爾拜因與丟勒齊名。父親老漢斯・荷爾拜因是奧格斯堡有影響的藝術家。弟弟安布羅修斯也是畫家，兄弟倆從小跟隨父親學畫。畫家漢斯・波克邁耶也曾指點他義大利畫藝。15 歲時，他的畫便令人感到驚異。1514 年，兄弟倆爲學畫前往巴塞爾。漢斯・荷爾拜因由此開闊了眼界，同時爲許多書籍畫插圖。伊拉斯摩斯「愚人頌」的插圖就出自他的手筆。三年後，他爲巴塞爾市長及其夫人畫的兩張肖像畫使他一舉成名。那時他爲本篤士修會修士赫爾騰斯坦因(B.Hertenstein)畫的肖像至今仍陳列在紐約大都會藝術博物館。他的肖像畫藝術很高，幾乎可以亂眞，而且也很豐富多采。他的人物肖像畫既有基督教的聖母像，也有現實生活中的人物，伊拉斯摩斯的肖像他畫過數幅，此外，他畫過著名出版家約翰・弗羅本的肖像和亨利八世肖像。其繪畫風格融匯了德國藝術和義大利文藝復興的影響，達到歐洲現實主義繪畫的高峰。在內容上他緊追時代，表現了人文主義思想。他作於 1525 年的木版畫《死神之舞》以諷刺筆調嘲諷了宗教宣傳人死後得以超生的幻想，相反，死神無所不在，他給農夫或其他人帶來的並非安寧幸福。這裡暴露了羅馬教會的欺惘，而對宗教改革寄予同情與希望。❹

　　1526 年後，荷爾拜因先後數次前往英國。1533 年他畫的《使徒們》至今仍存於倫敦國家畫廊。1537 年他成為英國宮廷畫師，亨利希於次年派他去布魯塞爾為丹麥女王畫像。1543 年倫敦流行瘟疫，偉大的畫家不幸染病辭世。

　　馬梯亞斯·格呂瓦爾德是與丟勒同時代的偉大畫家。他在畫師宣高埃爾的指導下承繼了過去歷代畫家的藝術遺產，探討過形式與色彩的奧秘。其首次重要作品是菲利普二世·封·哈諾——利希騰貝格及其夫人的雙人肖像畫，這幅畫的風格和畫藝的細膩幾乎超越了丟勒的肖像畫。他曾在巴塞爾和紐倫堡與丟勒一起工作。1503 年，其作品的色調風格已趨成熟，此時他的畫多取材於聖經故事。當丟勒的作品含有中世紀的神秘色彩時，而在色彩、光線和對線條、形式的感應方面，格呂瓦爾德以其熱情豪放和幾乎是對舞台形象力量的突破手段使他的作品達到德國哥特式繪畫的最高水平。

　　除去繪畫藝術水平很高之外，格呂瓦爾德的繪畫思想也與人文主義和宗教改革相結合。1509 年，美茵茲大主教阿爾布萊希特·封·勃蘭登堡任命他為主教宮廷畫家。但在後來他畫的基督耶穌在十字架上的痛苦神情令人難忘，還有他畫的「神聖的伊拉斯摩斯與毛里求斯的邂逅」(1520) 都表現了人文主義思想，特別是路德在宗教改革中受挫，他因同情路德，他的宮廷畫家的稱號便被取消。

　　盧卡斯·克拉那赫也是宗教改革時期不可多得的一位重要畫家。他生於上法蘭克地區的克羅那赫，其姓名即取自出生地地名。28 歲前後他在維也納成為畫家，其早期作品屬於多瑙河畫派。1505 年，他應薩克森選侯智者弗里德里希之召來到威丁堡。從此，他在威丁堡和魏瑪一待就近半個世紀。他和路德的友誼非同一般，路德是他女兒的教父，他是路德大兒子洗禮時的教父。他既是油畫家，也是版畫家（木版畫和銅版畫）。

　　在克拉那赫時代，威丁堡的繪畫藝術受到義大利的影響，也是以宗教畫為風雅。1518 年，克拉那赫創作的木版畫《聖家族》，線條精細，

畫面人物豐滿。內容涉及家庭、夫婦和新教關於洗禮、兒童教育的教義。比如，畫面上的兒童在長輩指點下讀《聖經》；或在版畫上顯示新教的主張，對兒童施洗禮恩賜。在宗教改革時期，他為路德的文章和《聖經》翻譯畫插圖，其中多數是針對教皇的諷刺畫。

克拉那赫的版畫《威丁堡的工場》表現了十個伙計從事著大量的艱苦勞動。被剝削被壓迫的勞動者成為畫中的主角，這無疑是對專制主義和對教會的抗議，表現了畫家對專制主義和教會的不義的鬥爭。他的宗教人物畫令人覺到不只是畫面孔，而是在畫面孔中畫出人們的心靈和心態。這也包括他為路德畫的肖像。在義大利文藝復興的影響下，他的畫風既有理想主義情調，也有人文主義思想。這表現於他的非宗教人物畫中，他畫的「維納斯」就是對宗教思想的反抗。

在贊同人文主義和支持宗教改革方面，克拉那赫和丟勒、荷爾拜因等的觀點是一致的。他也是伊拉斯摩斯和馬丁·路德的密友。他和丟勒、荷爾拜因、格呂瓦爾德是人文主義和宗教改革時期以繪畫藝術反映德國文化的最重要的代表，他們樹立了中世紀末期以來德國繪畫藝術的一個重要里程碑。這其中，克拉那赫生活的時間最長，達到 81 歲高齡。但隨著他的逝世，德國繪畫藝術的盛世便告結束。

第六節　天文學家開普勒

在宗教改革之後，16 世紀中葉的德國也產生了一批重要的自然科學家。像著名醫學家菲立克斯·白拉特(1536～1614)和安德烈·維沙爾(1514～1564)首次作人體解剖，為研究病理醫學開創了新路。但是，天文學家約翰尼斯·開普勒❺(Johannes Kepler 1571～1630)卻是具有世界影響的最卓越的德國科學家。

開普勒於 1571 年生於斯圖加特附近的維伊爾鎮的一個貴族之家，到他父親時家道中落。父親在從軍多年後回到家鄉開了一間酒鋪，常酗酒賭博。開普勒從小體弱多病。符騰堡公爵想把他培養成一位牧

師,最初他被送入拉丁語學校,13 歲時入修道院學習。1586~1591 年,他在杜平根大學獲文科碩士學位,接著專攻神學,接受了宗教思想的影響。但在大學時代,他酷愛天文學和數學。天文學教授M.麥斯特林對他影響頗大,麥斯特林傳播哥白尼學說,開普勒常用哥白尼學說與同學辯論。從此,他對宇宙發生很大興趣。

1594 年,開普勒取得博士學位後,在奧地利格拉茨中學任數學教師,同時教天文學、修辭學和拉丁語。

1594~1596 年,他對天文學的研究和發現與他對科研結果的解釋是矛盾的。他發現天上的行星有數字和位置的對稱等規律,整個宇宙處在神秘的和諧狀態中。而他在解釋時卻說,宇宙是上帝按照數學規律創造的。他認為,他發現了上帝賦予宇宙的合理次序與和諧。而這合理次序與和諧正是上帝用數學語言告訴人們的。因此,在他的研究中雜陳著自然科學與宗教思想的衝突。

1596 年,開普勒首次發表重要著作:《神秘的宇宙》,假設太陽居於星球的中心,包括地球在內的其他星球,由上帝按它們大小不同的比例,確定了它們與太陽的關係,即日心說。他以此捍衛了哥白尼的體系,並得到丹麥著名天文學家蒂柯·布拉(1546~1601)的鼓勵和支持。這個假設是初步的,它有待於向更完善的宇宙理論發展。但在次年,因他是新教徒,他被趕出格拉茨。他不得不向蒂柯求助。蒂柯那時正作為波希米亞皇帝魯道夫二世的客人逗留在布拉格。1600 年,開普勒應蒂柯之邀,到布拉格天文台工作。蒂柯對天文學有深刻研究,並積累了大量資料。1601 年,蒂柯去世,開普勒得到魯道夫二世的保護,成為皇室天文學家。隨後,他整理出版了蒂柯的天文學遺著,同時寫出了他的重要著作:《天文學更可靠的基礎》。書中否定了星相決定人的命運的觀點,但仍保持著宇宙與人的和諧說。

開普勒喜作遐想,常對天體作出許多假設。對於行星軌道,幾年內他曾作 70 次假設,終於在 1604 年他作出了劃時代的重要發現:行星沿橢圓軌道繞太陽運行,太陽處於兩焦點之一的位置。他發展了日

心說理論。這是他的第一定律。1609 年，他在一篇論文裡論述了行星的運動。其中述及他的第二定律：面積定律。指出行星運行的不勻速度，距太陽近速度快，距太陽遠速度慢，但不論從近遠距離點出發，由太陽中心到行星中心之間的連線在相等的時間掃過的面積是相等的。相隔 10 年，開普勒發表著作：《宇宙的和諧》（1619 年）。他在書中創立了第三定律：諧和定律。即行星繞太陽公轉運動的周期的平方與它們橢圓軌道的半長軸的立方成正比。開普勒在這裡把行星的公轉運動的速度都視作是一種和諧。

1618 年，三十年戰爭開始在德國土地上爆發，他由奧地利林茨到義大利波倫亞大學從事天文學教學，發表《哥白尼天文學概要》，論及日蝕月蝕現象，並以他的定律支持和維護了哥白尼學說。

開普勒對光學也有高深造詣，並有重大貢獻。1609～1611 年，他先後發表《天文學中的光學》和《光學》兩本著作。他研讀過中世紀著名波蘭物理學家威蒂略（1220～1270）的光學著作，在前人的基礎上，他解釋了視覺的形成，揭開了視網膜的作用，指出近視遠視的原因。矯正視力的眼鏡雖然在 13 世紀即已發明，只是到開普勒才解釋了凹凸鏡玻璃片的作用。開普勒對望遠鏡也有創造。伽利略曾發明倍數很大的望遠鏡，由於以凹鏡作目鏡，視場面小。開普勒研究了望遠鏡的原理，改進了折射望遠鏡，以凸透鏡作目鏡，效果更佳。科學的發明往往也是反其道而行之，走前人沒有走過的道路才作出突破。1613 年，第一架開普勒望遠鏡製成。他稱得上是德國光學的始祖。1630 年初，他回到林茨，11 月，逝於德國累根斯堡。

開普勒一生貢獻很多。他的三大定律為牛頓發現萬有引力定律打下基礎。在幾何學上，他創造了求體積、面積的新方法。在天體方面，他最先宣布大氣有重量，確證潮汐與月球活動有聯繫，宣布地球以外也有行星，晚年編製行星表，此表直到 18 世紀中葉仍被天文學家視作標準行星表。

作為近代自然科學的創始人之一，開普勒是世界重要的天文學

家，也是由中世紀過渡到近代史時期的一位重要文化人物。他初期的
科學見解含有宗教色彩，但科學見解與宗教觀念終歸有矛盾，他對宇
宙的解釋破壞了封建宗教觀念。正是像開普勒這樣偉大的科學家對自
然科學的發明和發現，破除了宗教迷信，推動了人類歷史的過程。其
功績是偉大的。因此，馬克思和恩格斯對開普勒評價很高。馬克思稱
他是英雄。恩格斯在提到中世紀的德國文化時指出文學和語言的衰
落，神學的僵化，而把開普勒視作是「發出些閃光」的人物。❻在德
國科學文化史上，開普勒所具有的重要地位，使他成為中世紀德國最
有成就的科學家。

第七節　哲學家伯麥

在中世紀以前和中世紀時期，哲學的任務一直是解釋神學，唯心
主義占上風。宗教改革後，隨著自然科學的發展，哲學和神學間的矛
盾愈益明顯，但這時的哲學仍未否定宗教，而是力圖以新的方式解釋
宗教。因而產生早期哲學上的二元論──「上帝」和「自然」兩個神。
這矛盾在 16～17 世紀仍然存在。於是，哲學家追求「合理」的有神論，
即自然神論，因為他們既擺脫不了封建的宗教觀，又不能蔑視科學的
自然現象。他們有唯物主義萌芽，但他們認為真理只有從經驗中及合
理的神學中取得。其中一位偉大代表就是德國大哲學家雅可布·伯麥
(Jokob Böhme 1575～1624)。

伯麥生於德累斯登地區的葛爾列茲鎮。父親是手工業者。他原本
是個鞋匠師傅，但自幼勤奮好學。他的哲學成就全靠努力自學。他對
神和自然的觀點是神秘主義的。他認為，在整個宇宙都有神的三位一
體（指聖父耶和華，聖子耶穌及聖父聖子共有的神性聖靈）存在，且
認為，自然界到處都有三位一體的痕跡。在他看來，也有一個自然神，
這就形成「上帝」神與「自然」神的共存。

為了在現存的信仰與宗教立場發生矛盾時尋找一個思想上觀念上

的出路，他還認爲自然界有善、惡之分，神也有善、惡，以此證明他的辯證法觀點，因而他也不絕對相信神，甚至認爲神也有虛僞面。他的神秘哲學觀認爲神（上帝）本身是善、惡之源，但在神那裡，這兩者（善與惡）是隱藏著的，在世俗界，這兩者卻經歷著痛苦的發展。正是由於他說神也是善、惡之源，1624 年，他遭教會迫害致死。

　　伯麥以其二元論奠定了他的哲學基礎，他的辯證法觀點出現在 17 世紀是令人驚異的。其哲學理論雖然沒有擺脫宗教迷信，但他的二元論被視爲通向後來德國古典哲學的橋梁。在文化思想上，他的以兩種對立的思想產生的辯證觀，或者說兩種對立的思想融合於一人一事的表現，被認爲是巴洛克思想。

《註釋》

❶ 參閱《邁耶袖珍辭典》10 卷本第 8 卷，聯邦德國曼海姆 1985 年德文版，第 116 頁。

❷ 威廉·戚美爾曼：《偉大的德國農民戰爭》，商務印書館，1982 年版，第 166 頁。

❸ 參見魯迅：《近代木刻選集》（一）小引。

❹ 參閱杜朗：《人類文化史》18 卷本第 10 卷聯邦德國科隆出版社 1985 年版，第 213—216 頁。

❺ 本節參閱杜朗：《人類文化史》18 卷本第 11 卷，第 399—402 頁。

❻ 恩格斯：《關於德國的札記》，《馬克思恩格斯全集》第 18 卷，第 651 頁。

鑲嵌在羅可可式裝飾架上的列氏(R′eaumur)水銀溫度計，1768 年
維也納設計師比安奇(Bianchÿ)設計和製作。

哥特荷德・埃夫拉姆・萊辛，（安東・格拉夫 1736-1813 作畫）。

約翰‧沃爾夫岡‧封‧歌德(亨利希‧克利斯朵夫‧柯爾貝油畫 1822)

第5章　巴洛克風格

第一節　巴洛克的起源

　　巴洛克是 16～18 世紀遍及歐洲以至拉丁美洲的一種藝術風格,從 1550 年到 1770 年,大約歷經二個世紀之久,包括羅可可。「巴洛克」這個字大約是從葡萄牙文「baroca」演變而來。它首要的本意是異乎尋常,不合常規。就歐洲來說,它是宗教改革和反宗教改革之後的產物,就德國來說,是在三十年戰爭前後(1648 年)發展起來的。

　　它的產生即有宗教原因,也有社會思想原因。在 16 世紀中葉以前,人們一直虔誠地信奉宗教,似乎人生的痛苦磨難是必然的,一切幸運只有寄托於未來。在那以後,經過文藝復興,當自然科學發展之後,宗教觀也隨之發生變化,人們求的是現世享受,不相信所謂來世幸福。或者說,中世紀前期,人們追求的是來世的幸福,即天上的幸福。這可謂中世紀的時代思想特徵。任何時代精神都會因兩種對立的思想衝突而猶豫彷徨,並力求得到解決。巴洛克就處於來世幸福與今世幸福之間,它即不願捨棄前者也不願拒絕後者,而是在這兩者之間搖擺不定。這是繼義大利人文主義者即承認宗教又諷刺宗教的矛盾思想的發展。在搖擺不定之餘,它表現為對兩種思想的折衷調和。從社會思想來說,它代表的正是中世紀末期新的自然科學的宇宙觀與宗教思想的調和妥協,隨著歐洲資本主義因素在 17 世紀的增長發展,自然科學也得到發展,宗教思想謀求與自然科學的妥協。妥協的結果,在

新的自然科學世界觀中也滲透著宗教思想,造成宗教思想與人文主義,自然科學與唯心主義的混雜與混合。巴洛克風格就具有所謂混合與矯飾的特點。

義大利是巴洛克的發源地。羅馬作為歐洲藝術的搖籃,曾吸引過許多歐洲著名藝術家。像荷蘭的偉大畫家魯本斯和倫勃朗都曾受到義大利文藝復興的薰陶,更不用說義大利著名畫家斐爾和米開朗基羅為文藝復興所作的偉大貢獻了。就藝術思想而言,古典藝術像公元前5世紀希臘雕刻家梅隆(Myron)的雕刻,拉斐爾和米開朗基羅的繪畫等意味著由雜亂到井井有序,由多樣到統一,由運動到平衡,由感覺到思想,由複雜、混沌到單純、清晰。巴洛克藝術不同於古典藝術。文藝復興把哥德式視作蠻族藝術趕出義大利,但在羅馬的偉大藝術時代過去之後,約在1550~1600期間,許多義大利畫家仍然熱衷於模仿文藝復興盛期的藝術,他們被稱作「矯飾派藝術家」。以後矯飾派就被視作巴洛克首創時期的藝術。它既有文藝復興高潮時期的因素,也有自然主義的纖巧與嚴謹的哥德式藝術的綜合。此派在義大利傳大古典派藝術家米開朗基羅逝世 (1564) 後占有優勢。在16世紀末17世紀初起,早期巴洛克藝術家著重教堂建設的裝飾,如聖壇要顯得莊嚴,圓拱頂要光線充足,室內繪畫要求光彩奪目。那時義大利最負盛名的巴洛克藝術家是喬萬尼·洛倫佐·貝爾尼尼(Gi ovanni Lorenzo Bernini 1598~1680)。他善於繪畫雕刻,還是個有成就的建築家。

貝爾尼尼從小隨父學畫。他的人物雕刻造型具有特色,其中所表現的感傷成為巴洛克時期的範本。由於他享有盛名,1665 年,當路易十四想要重新設計和擴建羅浮皇宮時,貝爾尼尼應邀前往巴黎,對羅浮宮作了精致而華美的設計。然而,法國的巴洛克藝術也並非由貝爾尼尼開始引入。在他之前,一些在義大利留學的法國藝術家早已受巴洛克藝術影響。當 1630 年巴洛克盛行於義大利時,法國的藝術家一反過去追求希臘羅馬的古典藝術風格,轉而模仿義大利的優雅的裝飾風格。他們回國後就在巴洛克藝術領域發揮了影響,並從事創作,凡爾

賽宮就完全是按巴洛克式建造的。

　　在法國影響下，特別是在三十年戰爭之後，德國的社會、政治和文化都發生了變化。法國的專制君主主義已在政治上影響了德國諸侯，其中霍恩索倫王朝的勃蘭登堡選侯弗里德里希‧威廉(1620～1688)在德國建立了專制主義統治。以後由其子威廉一世(1657～1713)承繼普魯士國王稱號。巴洛克由法國傳到德國，在德國約於 1680 年達到高潮。在整個歐洲，從 16 世紀中葉到 18 世紀中葉也稱作巴洛克時代，以表示這一時期生活的藝術的特徵。

　　在巴洛克時代，人們的生活方式與往昔不同。往昔人們由於受各種條件的制約，不太講求享受。而巴洛克時代從宮廷開始喜歡奢華鋪張，法國的路易十四就偏好於此。這就增大了開支負擔。而且越是上層社會，奢華講究便越嚴重。上層社會的人們衣著華麗，喜好虛飾，最典型的莫過於使用假髮假辮。在社交場合講虛榮講排場也很突出。人們常用的生活器皿是中國的磁器、珐琅製品，其中精製磁器餐具俱多。由此產生的優點是發展了磁器工業。由於崇尚擺設，人們在家庭中喜用立式支架燈。椅子把手上綴有雕花，被褥墊座上帶有刺繡。櫃櫥門上鑲有金屬花紋或嵌著寶石。甚至從殖民地輸入的咖啡、茶葉和烟草也成為生活嗜好品。追求摩登、虛飾似乎是巴洛克的生活風尚。生活的奢侈和過分的豪華無疑地表現了巴洛克時代的弊端，但也是對中世紀前期苦行僧的反抗，是要求求得現世享受的反映。巴洛克風格不僅表現於生活中的藝術用品，其影響波及文學、哲學、音樂、雕刻和建築形式等諸方面。

第二節　德國巴洛克文學、哲學

　　巴洛克時代延續著中世紀末期宗教勢力與世俗力量之間的鬥爭，即宗教對世俗力量的蔑視，而世俗力量則反對宗教的禁慾主義。新教與舊教的鬥爭、人文主義與宗教迷信的鬥爭仍然存在著。巴洛克文學

就具有上述各種矛盾的因素。即人文主義思想、基督教世界觀和神學
理論都相互貫穿於融合於巴洛克文學之中。那時多數詩人和作家追求
的是語言詞匯的堆砌，表現爲詞藻優美而內容空洞的形式主義。只有
部分有作爲的詩人如馬丁·奧匹茲(Martin Opitz 1597~1639)倡議
模仿源自希臘的亞歷山大體詩作和有格律的十四行詩。1624 年在其
「德國詩論」中他說詩藝的固定不變的規則是重音節與非重音節（即
揚聲與抑聲）有規律的相互交替。這一理論被視作詩藝的唯一意義和
目的。正是由於他在「詩論」中闡述的詩韻的抑揚交錯理論，並把其
理論貫徹於其詩作中。他所作出的劃時代貢獻成爲同時代詩人學習的
榜樣。

大致說，巴洛克詩藝是把一個客觀的不憑借經歷的世界觀與一種
熱烈的激情溶合在一起，內容類似寓言，或者很像警句。在德國巴洛
克詩歌中，詩人表達的是反對宗教禁慾主義的鬥爭，歌頌人類的愛情。
詩中滲透著笛卡兒的自由意志和理性主義。在反對宗教的出世思想和
接近人民的現實要求的情況下，巴洛克詩歌也含有啓蒙主義因素。巴
洛克重要詩人有保羅·蓋哈爾特(Paul Gerhardt 1607~1676)、保羅·
弗萊明(Paul Fleming 1609~1640)和弗里德里希·斯派(Friedrich
Spee 1591~1635)等。蓋哈爾特和弗萊明都接受了奧匹茲的的詩藝理
論。前者的詩作達到宗教詩歌的頂峰，他的詩至今仍屬於德國詩歌的
遺產。後者的詩作內容廣泛，眼界開闊。他寫過諸如十四行詩，愛情
詩、飲酒詩、宗教詩和歌頌節日、祖國的詩作以及即席賦詩等感人詩
篇。他的成就使他成爲巴洛克詩作的傑出代表。斯派則是早期巴洛克
最重要的抒情詩人。其詩作反映了他的生活經歷，也反映了他的內心
深處對自然的摯愛和對宗教的沒落情緒間的矛盾。他信奉天主教，因
此，在其詩作中還表現著作爲一個牧師和一個詩人之間的調和安協。

安德列亞斯·格呂菲烏斯(Andreas Gryphius 1616~1664)是德
國巴洛克詩人兼劇作家。他也運用奧匹茲理論作十四行詩和頌詩。他
寫的「祖國之淚」抒情詩體會人間的苦難痛苦，比較富有意義。但他

有時也表現得喪氣消沉，比如在一首十四行詩中他這樣寫道：

> 你注目所向，你只見到地球上的虛榮。
> 今日此君所建的，明天爲另一位所毀。
> 今天城市的所在，明天將成爲一片草原，
> 草原上一牧童與羊群逗趣。

> 如今繁花似錦不久將遭踐踏；
> 今天如此矜持自負者明天就成爲灰塵與骨髓。
> 沒有任何永恆的事物，無論礦物也無論大理石。
> 眼下幸運朝我們笑視，不久苦難之聲如雷。

> 崇高的事業的榮譽像夢一樣消逝。
> 時間的運轉，無憂無慮的人類是否會永存？
> 呵，這一切所云，我們都視之爲精緻可貴。

> 如同無謂的虛妄，如同陰影，灰土和風塵，
> 如同一朵草原之花，人們再不會發現它們。
> 什麼是永恆的，願意注視者哪還有幾人！ ❶

　　感傷的情緒在詩中表現明顯。詩本應催人以志，而這首詩敎誨人的並非孜孜以求，卻令人感到一切都是白費勁。因爲建設、繁榮、事業、幸運、榮譽……都不會永存，不久都會化成灰燼而散。也許這反映了三十年戰爭之後德國政治經濟上的困境，也反映了建設與毀滅、繁花與塵土、幸福與苦難的矛盾，這後者是巴洛克詩歌的特點。

　　格呂菲烏斯的劇作卻比詩更爲深刻。他寫過六、七部悲喜劇。其悲劇反映了在戰爭政治混亂中人的偉大和人處於困境中所表現的決斷。1657年，他寫《卡爾德尼奧和塞琳黛》悲劇被視作德國第一個市

民悲劇。其喜劇反映了人的崇高思想與現實生活的苦難之間的矛盾，筆法詼諧、戲謔。

　　晚期德國巴洛克重要作家漢斯・雅可布・克利斯朵弗・封・格里姆豪森(H. J. C. von Grimmelshausen約1622~1676)，其主要作品《西姆卜里歇西木斯奇遇記》(1669)是巴洛克時代的重要文學作品。其中描寫了三十年戰爭和那時宗教與人類的關係，內容接近人民，是有現實主義傾向的作品。

　　在哲學領域，自然哲學神祕主義者雅可布・伯麥稱得上是一位巴洛克哲學家。其神秘論是使泛神論和與神的直接聯系的通神論相結合。他的在上帝神與自然神那裡都有善惡之分的理論，與在一個事物中貫穿著兩種對立的思想的巴洛克要求是相符的。這在上一章中已提及。

　　被視作德國巴洛克哲學的另一重要代表是哥特弗里德・威廉・萊布尼茨(Gottfried Wilhelm Leibnitz 1646~1716)。他在哲學上創立的單子論是巴洛克哲學的依據。這一學說認爲任何存在的事物，無論物質的精神的，抑或人或神都具有表現自身力量的單子地位。對他來說，不存在精神與物質的二元論。據此，其理論認爲，雖然一切事物都有相對的獨立性，但它們相互之間卻是和諧一致的，協調的。他的哲學被被稱爲神預先確定的靈肉一致的和諧哲學。這也就是對立統一的巴洛克精神。

第三節　德國巴洛克音樂

　　巴洛克的音樂時代由16世紀末至18世紀中葉。巴洛克音樂藝術不同於中世紀晚期和文藝復興時期的音樂。中世紀時期的聲樂和器樂比較簡單，文藝復興時期由於產生了新的樂器，大、小調音階、長、短音階和多聲音樂也應運而生。在威尼斯派的多聲音合唱興起時，由器樂伴奏的獨唱也在1600年前後誕生於佛羅倫斯。伴奏獨唱的通奏低

音和協奏原則是巴洛克音樂的標誌。巴洛克音樂的搖籃也是義大利。那時最重的音樂家是義大利的喬萬尼・皮爾盧奇・巴列斯特林那(G. P. Palestrina　約1525～1594)和荷蘭人奧蘭多・迪拉索(O. di Lasso約1532～1594)。他們都是複調音樂的大師。

　　由中世紀後期和文藝復興時期的音樂發展到巴洛克時代產生了彌撒樂，由器樂伴奏的聲樂，多聲部聖樂，祈禱樂和全部由器樂演奏的奏鳴曲、賦格曲、協奏曲等。由器樂伴奏的聲樂常是教堂禮拜時演奏的彌撒曲和嚴肅的宗教音樂。祈禱樂即有器樂伴奏又有聲樂，內容豐富，表現豪華壯觀。16世紀後期的歌劇是在有器樂伴奏的獨唱聲樂的基礎上發展起來的。歌劇起始於義大利，波及法國和德國。在德國，歌成為諸侯宮廷的時尚，豐富了宮廷的藝術生活。歌劇音樂和歌劇本身都最突出地表現了巴洛克風格所要求的華麗傾向。

　　早期德國巴洛克音樂的重要代表如漢斯・列奧・哈斯勒(Hans Leo Hassler 1564～1612)，在無伴奏的合唱曲、牧歌和由器樂伴奏的世俗歌曲中成績顯著；亨利希・薛茲(Heinrich Schütz 1585～1672)，早年在義大利學習，1617年在德累斯頓任薩克森選侯宮廷樂師。其作曲甚多。他即作有田園抒情牧歌，也作有器樂伴奏曲、歌劇和交響樂。他的風格揉和了義大利的無伴奏牧歌和傳統的對位法的協奏樂。在他們之後，作曲作家狄德里希・布克斯特胡德(Dietrich Bux-tehude　1637～1707)和格奧爾格・菲利普・泰列曼(Georg Philipp Telemann 1681～1767)也是德國巴洛克音樂的重要代表。前者寫過100多首多聲部（由獨唱重唱合唱組成）曲、鋼琴曲和風琴曲。自1668年起他在呂貝克任風琴帥，他的風琴夜樂最為著名。後者的聲譽更為偉大。他的作曲更為豐富。他大約寫過50齣歌劇，46首基督受難曲，約1400首多聲部曲，120首奏樂組曲，120首各種器樂、室內組曲、鋼琴和風琴曲等。他是一位與亨德爾齊名的著名作曲家。

　　德國巴洛克盛期的音樂代表現是兩位著名作曲家約翰・塞巴斯蒂安・巴哈(Johann Sebastian Bach 1685～1750)和格奧爾格・弗里德

里希‧韓德爾(Georg Friedrich Händel 1685～1759)。這兩位音樂
大師的作品都滲透著巴洛克藝術風格。巴哈的宗敎樂中反映了對新敎
和神秘論的認識。但他的作品常從社會和宗敎的公眾生活出發。對世
俗和宗敎兩方面的要求,他能在作曲中兩相兼顧。韓德爾的巴洛克風
格更爲顯著。他作曲很多,除奏鳴樂和宗敎祈禱樂外,他最著名的是
歌劇。僅此他寫了 30 多齣。其音樂反映了巴洛克時代的宇宙觀。他筆
下的音符旣像數學那樣嚴謹,也如同開普勒對天體的理解,而在他那
裡卻是音樂的和諧。其音樂成就極高,是德國第一位享有世界聲譽的
作曲家。關於這兩位音樂大師的詳情在第八章中著重評介。

第四節　德國巴洛克建築

　　17 世紀中葉至 18 世紀是德國建築藝術碩果纍纍的時期,也是德
國巴洛克建築風格繁榮的時期。這個時期,在德國的一些城市,如曼
海姆、德累斯頓、卡爾斯盧埃都有新建築問世。這是歷經三十年戰爭
之後德國對建築的需要。由此產生了一批著名建築師像安德列亞斯‧
許雷特爾(Andreas Schlüter 約 1660～1714),約翰‧貝恩哈特‧斐希
爾‧封‧埃爾拉赫(Johann Bernhard Fischer von Erlach
1656～1723),雅可布‧普蘭道爾(Jakob Prandtauer 1660～1726)和
約翰‧狄恩臣荷弗(Johann Dientzenhofer 1663～1726)等。狄恩臣荷
弗一家好多人都是建築師。著名的薩爾茨堡敎區敎堂是於 1696～1707
年由斐希爾所建,是巴洛克風格之一。
　　安‧許雷特爾是當時德國最有影響的雕刻家和建築家。1698 年,
他爲柏林夏綠蒂宮庭院前面創作了一座雕像,這是表現普魯士大選侯
弗里德里希‧威廉的騎士雕像,是德國巴洛克最著名的藝術品。在這
同時,他設計建築了柏林皇宮。
　　德國的建築風格與歐洲各國的建築風格不可分。歐洲的建築風格
大約經歷了四個時期:即羅馬式、哥德式、文藝復興式和巴洛克式。

巴洛克建築風格步文藝復興式的後塵，是文藝復興的演變和進一步發展。它最初興起於義大利，17世紀傳至法國、西班牙和德國。

從外觀上看，巴洛克建築風格具有裝飾、華貴的特點。從前的建築顯得靜謐肅默，而巴洛克建築卻顯得挺拔有力。但在發展中它也由裝飾性轉變爲明朗、輕巧。建築的正面仍有雕刻裝飾。三十年戰爭後德國的建築主要是寺院、敎堂、宮廷，也表現於音樂廳和劇院。其形成都表現了中世紀結束以來世俗的和宗敎的建築風格的融合。並以這種融合說明了巴洛克的建築美學原則。巴洛克式的敎堂外都有一個橢圓形的圓拱頂，它處於中堂和翼部的四角交叉線上。其內部的聖壇建築的窗上鑲嵌著彩色玻璃，牆壁和立柱上都飾有閃著金光的圖案，頂板畫富於蒼天的神異幻覺。在敎堂唱詩班的位置旁放著一架風琴，這也是自巴洛克風格時代起一直置備的。

德國的巴洛克式的宮廷和寺院建築，如柏林的皇宮，德累斯頓的圓亭迴廊(1712)，上法蘭克的邦茨敎堂(1710～13)和在斯圖加特附近的路德維希堡皇宮(1704)都是有名的輝煌的建築。其中柏林皇宮和路德堡皇宮是仿凡爾賽宮的形式建造的。宮堡前面建有內部庭院，後面設置的是花園。園內樹木扶疏、水榭噴泉俱全。皇宮的主建築的中間建築是梯樓，梯樓上陳列著各種名貴的藝術品。

巴洛克式的寺院、敎堂在德國和奧地利很多。至今在南德和農村仍可看到。

後期巴洛克藝術稱爲羅可可藝術。羅可可藝術被認爲是介於巴洛克和古典主義之間的一種藝術風格。它從1720年延續至1780年。它初起於法國貴族社會。它是把巴洛克風格的激情和宏偉的表現轉向深沉細緻精巧的反映。然而它仍是宮廷或貴族社會中少數富有者貪圖享受、耗資頗多的一種裝飾藝術，只是表現在各種精細的藝術品，如家具、磁器、地毯、餐具和鐘錶、燭台等擺設上。

羅可可的藝術風格色調柔和、鮮明、不拘線條。主題不喜悲愴，卻傾向於喜悅，這與巴洛克反對宗敎來世享福的思想是一致的。在藝

術思想上，它顯示了幻想對現實的反抗，自由對紀律和秩序的反抗。因此，它視自己是獨特的無拘無束的藝術。事實上，它的精雕細琢，優雅纖巧，費工費時完全迎合了宮廷的趣味。盡管如此，羅可可藝術在內容與形式上自成體系，並有它自己的邏輯規格。其藝術特點是桌椅、床、櫃櫥上都綴有雕花，一些木制家具，如衣櫃、食品櫥都在外框上鑲以金屬圖案，顯得光彩奪目。地毯、磁器外觀精細，花色圖案完全不同，鐘錶托架、鏡架、書架的工藝都很講究，銀制燭台和銀制餐具等都綴滿花紋。

在建築藝術上，羅可可風格的雕刻比巴洛克雕刻更多。羅哥哥建築的梯樓裝飾比巴洛克的梯樓裝飾豐富。在羅可可式的梯樓上下都擺滿藝術品。靠梯樓的牆壁上配有色澤艷麗的壁畫。梯樓旁的扶手欄也配以雕花圖案。這一切都顯示了宮廷主人和貴族社會的雍容華貴。

在文學領域，羅可可與巴洛克風格也不同。巴洛克文學表現在宗教與世俗、生與死、愛情與友誼的矛盾中發生錯綜複雜的衝突，表現了生活中的對立傾向。像義大利最著名的巴洛克文學代表托爾夸多·托索(Torquato Tasso 1544～1595)和齊亞姆巴蒂斯托·馬林諾(Giombattista Marino 1569～1625)的作品，成爲歐洲巴洛克文學的榜樣。或是表現勇猛剽悍、冒險奇遇，留有騎士文學的痕跡。同時以諷刺詼諧膾炙人口，這在德國和西班牙文學中都有反映。而羅可可文學則似一幅平展恬淡的風景，在它那裡，人和自然的一切，湖泊、河流、城市、農村、原野、森林都找到各自的位置。❷它以友誼、愛情、聚歡、歌唱、自然環境和生活愉悅爲其主題。其美學原則就是作品的「優雅」。

和矯飾主義有關，羅可可文學藝術比較著重於形式。它雖然和巴洛克文學一樣，具有啓蒙主義的萌芽，但其作用和影響遠不及巴洛克文學和其後的啓蒙主義文學，在德國文學中尤其如此。

《註釋》

❶譯自威廉。葛斯曼(Wilhelm Gössmann)：《德國文化史綱要》，慕尼黑馬克斯·胡伯出版社，1970 年德文版，第 69 頁。

❷參閱埃米爾·埃爾瑪亭格爾：《德國詩歌中的巴洛克和羅可可》，民主德國中央古書店據 1928 年版複印，萊比錫，1972 年，德文版，第 124 頁。

畫家阿爾布萊希特．丟勒刻畫的農民戰爭時期的一個德國旗手。旗手
身上佩劍通常表示是那時的年輕貴族。

第❻章　啓蒙運動

第一節　啓蒙運動時期德國的政治發展

在德國土地上發生的歐洲戰爭（三十年戰爭）之後，根據威斯特發里亞和約，荷蘭和瑞士由德國分裂出去，成爲獨立國家。這之後，德意志各邦更加四分五裂，形成三百六十多個小邦，其中兩個最大的邦是普魯士和奧地利。德意志各邦愈益分裂的結果，旣不利於國家民族的統一，也阻礙著經濟文化的發展。

在英、法資本主義工商業不斷發展以至形成工業革命時，德國各邦諸侯卻在爭權奪利，並爲此繼續陷於戰禍。1700 年，西班牙國王查理二世無嗣而逝，具有繼承權的是奧地利哈布斯堡王朝和法國波旁王朝。德皇站在英國和奧地利一邊，參加了西班牙王位繼承戰爭（1701～1714）。普魯士選侯弗里德里希三世因在戰爭中支持皇帝參戰，換取了國王稱號，稱威廉一世，普魯士國家也就由此開始。

戰爭結束後，獲勝者英國取得直布羅陀海峽，普魯士取得奧得河以東直至上波美拉尼亞（現屬波蘭）、東普魯士等地區，奧地利獲得東南歐貝爾格萊德和塞爾維亞北部廣大地區。

隨後，英國和法國發生海上利益衝突，在歐洲大陸上，普魯士和奧地利的矛盾激化，1740～1748 年普、奧之間發生奧地利帝位繼承戰爭，奧地利女皇瑪利亞・鐵列西亞失敗，割讓西里西亞給普魯士。1756～1763 年，兩國又爲爭奪普魯士和西里西亞之間的土地發生七年

戰爭。普、奧之戰也反映了英、法矛盾。英國站在普魯士一邊,法國
和俄國則支持奧地利。但是,英國和法國在爭奪北美殖民地的戰爭中,
由於英國奪取了法屬加拿大,並於 1763 年在巴黎簽署了兩國和約,英
國成為北美統治者之後,他就放棄了對普魯士的支援。法國這時也因
經濟困難無力繼續幫助奧地利,於是,普、奧也於同年在德國土地上
簽訂和約。

　　1764 年,由於普王弗里德里希·威廉二世(1740～1786 年在位)
與俄國女皇葉卡捷琳娜二世結盟,普魯士的專制主義統治又漸漸增強
了。由此,普魯士支持俄國反對波蘭和土耳其,1772 年,俄、普、奧
共同聯合起來首次瓜分波蘭。

　　在這期間,普魯士建立了較強大的軍隊。七年戰爭後,普魯士為
強化中央集權,兵員愈益擴大,與歐洲其他國家相比,法國每 140 人中
有一名士兵,而普魯士每 32 人中就有一名士兵,奧地利是每 64 人才有
一名士兵。❶ 由於軍事機器的愈益龐大,普魯士的軍費開支超過國家
收入的二分之一。自 18 世紀以來,普魯士早已是一個名符其實的軍事
官僚專制主義國家。

　　普魯士軍事官僚專制主義的統治和德國其他各中、小邦國的諸侯
為鞏固各自的小邦朝廷,毫不顧及國家民族的利益,造成國家分裂,
戰亂頻仍,經濟凋敝、社會腐朽。18 世紀的德國充滿黑暗,貧窮與落
後景象,不滿情緒籠罩全國。但在世界範圍內,由於新的世界貿易通
道的開闢,現代世界貿易往來擴展了。在一些國家推進工業化的時候,
舊的專制主義體制發生了動搖。1760 年,英國開始走上「工業革命」
的道路,荷蘭─東印度公司的建立,俄國印度的貿易都是在此時發生
的。1775 年,北美發生反英的獨立戰爭。18 世紀下半葉,歐美的社會
和經濟因素發生了變化,自然科學有了新的發展。啓蒙主義思想已在
英、法等國產生,歷史已處在推翻舊的專制主義政體建立資產階級政
權的轉折關頭。

第二節　啟蒙運動的含義

在 17 世紀末宗敎思想與新的自然科學發生矛盾的基礎上,產生了新的啟蒙思想。隨著新的自然科學的發展和反宗敎思想的繼續深入,自然科學家創立的理性主義,百科全書派首創的批判精神和啟蒙思想家維護人的尊嚴的思想成爲啟蒙思想的核心。在舊時代行將結束,新時代行將到來的時候,以啟蒙思想批判過去占統治地位的宗敎思想、追求理性和肯定人的尊嚴的思想成爲 18 世紀歐洲文化的偉大課題。啟蒙思想對歐洲來說也成爲時代的特徵。

作爲社會變革時期的一種認識論,啟蒙思想要求解脫以基督敎敎義爲基礎建立的神學和形而上學世界觀,要求一切事物從過去傳統的道德觀念中,從傳統的衡量事物的標準中獲得解放,並透過人類取得的新知識修正過去的謬誤,以求進步。啟蒙運動即是貫穿於 17～18 世紀歐洲的一次思想運動,也是歐洲社會精神文化領域的一次批判運動。它在理性主義指導下導致歐洲各國的世俗化過程,以理性主義對一切事物,包括對政治、社會和文化的認識作出合理的準確的裁決是啟蒙思想的根本目的。理性主義的工具就是批判。因此,啟蒙思想要求發表意見和意見爭論的自由,要求擺脫對人的思想和人的權利的束縛。在批判中,它要求對社會進行政治的敎育和人文主義的改革,只是由於啟蒙思想家理論上的爭論多於行動,以及宗敎勢力的強大,其代表新興資產階級的願望未能實現。儘管如此,啟蒙思想比人文主義前進了一步。啟蒙運動的批判推動了學術的發展,甚至給所有學術領域帶來新的涵義和新的內容。

歐洲的啟蒙運動最初起始於英、法。英國重要的啟蒙思想家是約翰・洛克(John Locke 1632～1704),他曾闡述自由、平等和人所應享有的權利。法國重要的啟蒙思想家是笛卡兒(René Descarteo 1596～1650),他從數學和自然科學中獲取了理性認識,並爲平等理論

作出貢獻。伏爾泰和百科全書派也是法國啓蒙思想的卓越代表。英、法的啓蒙思想傳到德國，對德國文化起著巨大的推動作用。萊布尼茨和康德就是德國最重要的啓蒙思想家。

1784 年，哲學家伊曼紐爾·康德 (Immanuel Kant 1724～1804) 曾就啓蒙下過一個著名定義：「啓蒙是人們由其自我負咎的未成年期的出發點。未成年表示無力在無他人引導下運用自己的理智。自我負咎就是未及成年。其原因並非缺乏理智，而是缺少決心和勇氣在無他人引導時利用自己的理智。Sapere aude！❷鼓起你的勇氣，運用你自己的理智就是啓蒙的格言。」❸

康德關於啓蒙的定義的最根本內容在於鼓起個人的或集體的勇氣獨立地運用自己的理智，無需畏懼任何權威。因為一個有能力運用自己理智的人，對客觀事物的合理與否會作出自己的判斷。而客觀事物，無論是世俗的或宗敎的觀念，也無論它有多高的權威都應接受理性的批判。

啓蒙思想就是要對過去的宗敎迷信和專制主義的倒行逆施從思想上予上以排斥和鞭笞。啓蒙思想家期望在舊的專制主義社會被推倒的廢墟上建立一個新的「理性的王國」。在這個王國裡，他們為爭取新興資產階級的自由、平等的權利而奮鬥。但是他們的奮鬥，尤其在德國，與英、法相比，並未採取激烈的方式。這與德國工業經濟的發展落後於英、法有關，也與德國的宗敎勢力比歐洲其他國家更為強大有關。在自然科學發展和工業化開始後，英、法啓蒙思想家更多地強調自由平等和人的尊嚴，而德國則主要受到巴洛克調和哲學的影響，這也成為德國啓蒙思想與在宗敎思想鬥爭中不那麼尖銳的又一因素。

德國啓蒙運動是整個歐洲啓蒙運動的一個側面。啓蒙運動精神貫穿著 18 世紀整個德國社會，啓蒙運動在德國思想界的標誌就是敎育、哲學和文學的發展。它在德國經歷的時間由 18 世紀 20 年代起到 70 年代末，約半個多世紀。

第三節　德國啓蒙教育家巴塞多夫

在很長時期，德國教育主要由教會操縱。15世紀以來，當德國建立了大學之後，國家開始經辦教育，大學教授都由國家政府任命。神學教育一度在學校裏占據統治地位，但自17世紀以來，在法國啓蒙思想影響，尤其在盧梭著作的影響下，德國也產生了啓蒙教育。反映在大學教育方面，人們主張開展學術自由討論，講課時運用本民族語言。自然科學和哲學的講課逐漸增多。

德國啓蒙教育家約翰・貝恩哈特・巴塞多夫(Johann Bernhard Basedov 1724～1790)受盧梭思想鼓舞，於1763～1764年間發表《對真理之愛》的著作，書中他否認任何神的訓誡，只承認自然本身的啓示，對於三位一體的神學論他不屑一顧。他主張對人和自然都應具有博愛精神。同樣受盧梭教育理論的啓發，1774年，他發表了四卷論教育的基本著作，闡述他制定的對兒童教育的計劃是想透過兒童們與自然的直接接觸來認識世界。他主張，青少年應透過遊戲和體育鍛鍊加強體魄和達到健康，他們大部分時間應該在戶外受到教育，而不是待在沉悶的教室裡。學習語言也不應只透過語法和枯燥的習題，而應透過日常實踐。青少年在建立和管理自己的組織時，應有道德規範，並為未來的生活學會一種職業技能。他們也應學習宗教，但宗教卻不應像以往那樣蓋於其他學科之上。

在發表教育論著的同一年，巴塞多夫在德紹❹建立了一個「慈善」教育機構，目的在於培養青少年具有全面知識和大膽勇敢精神，並使他們成為有用之才。他的實踐在19世紀和20世紀在世界一些國家得到迴響，而他自己則堪稱啓蒙時代加強青少年教育的楷模。但在當時，巴塞多夫在教育學方面的開創性進步措施卻遭到持保守觀點的人的抵制，然而卻符合啓蒙思想的要求：蔑視常規，摒除對人的思想的束縛。康德對他的熱心辦學，尤其對他的於社會有益的教育表示讚賞。巴塞

多夫的啓蒙教育思想確實對於後來德國教育發揮了重大作用，特別在加強體格和體操教育以及重視實際技能和實踐本領的培養與提高方面具有重大意義。

第四節　早期德國啓蒙哲學家——托馬修斯、萊布尼茨和沃爾夫

當啓蒙思想及其理論在英國和法國廣爲流傳時，德國的啓蒙學說也隨之產生。德國的啓蒙運動常具有民族性質，這在德國啓蒙哲學中可窺見其足跡。被稱作早期德國啓蒙哲學家的是托馬修斯，萊布尼茨和沃爾夫等。

(一)托馬修斯

克里斯蒂安・托馬修斯(Christian Thomasius 1655～1728)生於萊比錫，逝於哈雷。早年他鑽研過倫理學和邏輯學，對自然科學極有興趣。他的學術思想是激進的，具有革命傾向，被稱作「啓蒙運動之父」。他曾在萊比錫大學任教，但由於大學占統治地位的經院哲學派和正統神學派發生矛盾，被迫離開萊比錫，前往哈雷。

在哈雷大學，他透過講受邏輯學和倫理學傳播了他的進步思想。他倡導理性，反對偏執思維，教育人對國家和他人應取的態度。他指出與舊的占統治地位的神學不同的是 18 世紀的新科學——數學和自然科學。因爲數學和自然科學被視作現代科學的基礎。他對科學和人類的精神成果抱有樂觀主義精神。

托馬修斯的進步思想和創新精神表現在多種學術領域內。在哲學上，他認爲，哲學應擺脫經院哲學的束縛，並從亞里斯多德的重壓下解放出來，但這種思想激起正統神學派的憤怒。1688 年，他創辦德文學術月刊，在月刊上撰文反對教會迫害，但不久，1690 年，他的教學和寫作遭當局禁止。這是啓蒙思想家爲傳播進步思想所付的代價。在醫學上，他認爲，醫學應透過解剖學和化學而得到提高；在法學上，

他主張法律應減少窮人受無謂的訴訟的痛苦，假如不是這樣，無論在現行的基督教教義中還是在倫理學中都找不到合乎道德規範的標準。法律如果得以繁榮，也必須迅速地從亞里斯多德道德觀的束縛中解脫出來。其法學理論是以荷蘭法學家雨果‧格羅蒂烏斯 (Hugo Grotius 1583～1645) 爲基礎，並在研究了德國法學家沙摩埃爾‧馮‧波芬多爾夫 (Samuel von Pufindorf 1632～1694) 的理論之後，形成了自己的天賦人權論（自然人權）。格羅蒂烏斯的功績在於使人和神分離，波芬多爾夫的理論是把自然人權從與神學相聯繫的經院哲學中解放出來，以理性爲原理。托馬修斯贊同他倆的理論，並且爲反對偏見和自認爲應有的權威進行鬥爭。

在反對偏執意見的鬥爭中，托馬修斯成爲法國啓蒙思想家皮埃爾‧巴萊 (Pierre Bayle 1647～1706) 的戰友。在懷疑亞里斯多德的法學哲學中他們是一致的。1687 年，他在大學課堂上勇敢地用德語代替拉丁語講課。以此顯示了啓蒙思想家的民族意識。他在哈雷大學講授法學。在講課中，他強調實際知識和現實生活，重視對生活有用的科學的運用，蔑視無用的形而上學的說教。他認爲，理論是需要的，但不要作過高估價。他希望他的學生日後在國家法學界成爲有用的，有才幹的，面向世界的人才。他把啓蒙思想貫穿於法學教學是有歷史意義的。

1690 年後，由於他的啓蒙思想教育遭到當局阻止，此後幾乎有十年，他陷入宗教的虔誠思維中。直至 1699 年，英國啓蒙思想家洛克《關於人的理智的論述》發表後，托馬修斯才再度燃起啓蒙思想的熱情。他讚賞洛克說的：「理性在任何事物中都是我們的最高裁判和導師。」❺ 洛克使他回到啓蒙思想的思路。後來，他在自己的論著「倫理學導言」中說「假如沒有其他的人類社會，一個人也似乎並非有理性的人。」這表明他的思想是開明的，並不固步自封，是客觀的，並未無視他人的存在，也不應忽視整個世界的存在。這無疑促使德國人民不應坐井觀天，而應對本國的生活和歐洲其他國家的生活及精神世界作理性的

探討。

(二)萊布尼茨

　　哥 特 弗 里 德·威 廉·萊 布 尼 茨(Gottfried Wilhelm Leib-
nitz 1646～1716)生於萊比錫，逝於漢諾威。他是托馬修斯的同時代
人，但卻比托馬修斯更重要，影響更大。他和英國的洛克、牛頓、荷
蘭的斯賓諾莎，義大利的維柯都是同時代的著名哲學家和學者。也和
他們一樣，享有世界聲譽。

　　萊布尼茨眼界開闊，博學多才。他不僅對古代哲學和中世紀的神
學有深切了解，而且在數學、物理學、法學、史學、詩學、語言學、
邏輯學以至政治學等人文科學和自然科學諸領域，他都有獨到建樹。
他是康德、歌德和黑格爾出現前的最偉大最重要的德國天才學者。萊
布尼茨的出現，引起了德國人研究哲學的熱情與興趣。他在學術領域
的貢獻具有重大意義。

　　在數學上，萊布尼茨於 1675 年創立了微積分學理論，這是他透過
研究幾何學曲線的切線和面積問題取得的成果。那時，他的思想仍離
不開神論，他企圖把他的數學知識與神學結合起來以解決辯神論。他
認爲，神創造了一切，數字也是神，在數字結構中隱藏著宇宙的和諧。
他把巴洛克思想引入啓蒙時代。即他既不願放棄數學研究，也不否認
神的存在。

　　具有現實意義的是他在數學上創立的「二進位制」，奠定了後世控
制論和計算機原理的基礎。據說這是他研究中國「易經」的獲益。

　　在哲學上，萊布尼茨是由於機械論的時興而鑽研數學，並進而研
究形而上學。他的哲學具有形而上學性質，即對具体事物進行抽象思
維。然而 1714 年他的「單子論」著述卻成爲著名學說。所謂單子論，
即世上任何一個實體都是一個單子，一個普通的不可分的單位，它以
各種各樣方式反映了宇宙，而宇宙本身就由這些普通的單子所組成。
單子論是萊布尼茨用來解釋自然界規律的表述。其優點是爲未來在哲

學上解釋自然現象的規律起了開路作用，只是不能把自然界的各種各樣的現象綜合起來考察，而是孤立地對單一物體的認識。儘管在認識上尚有局限性，但這畢竟是哲學家的卓越創見。由於他的單子論包括了物質的精神的一致因素，因而遭到篤信宗教者的反對。德國的農民稱之為「不信教的人」，英國的「克拉克和牛頓斥之為無神論者」。❻其實，萊布尼茨是承認有一個創造世界的上帝的。

與此有關的是他對神學的認識。他認為，神所創造的世界應與世俗界的事物融合，即精神與物質的融合，兩者應和諧相存。因此，他主張舊教與新教聯合，合二而一。但他創造的調和哲學，(巴洛克觀點)却遭到正統神學的反對，因為這實際上破壞了對神的絕對信念。

在認識論中，萊布尼茨還讚同先驗論。他認為客觀世界上存在的時空觀念不是人的意識的反映，而是人類理智所固有。此外，萊布尼茨和歌德一樣，熱衷於古生物學研究。他堪稱為啓蒙時代德國的學術首腦。他與英國、法國和義大利的學者交往。晚年，他熱心了解俄國和中國文化。1689 年，他在羅馬認識了到過中國的義大利神父，請他們再次去中國時幫他了解中國的火藥製造、養蠶、造紙、航海、天文、歷史以至中國的語言文字。他還研究過中國的老子、孔子、尤其推崇中國的實用哲學。1697 年，他在其《來自中國的最新報導》一書中談到歐洲的自然科學、思辨哲學和邏輯學對東方有啓發，而中國的實用哲學和道德觀念同樣具有它的魅力。他甚至說，「以往有誰相信，一個民族竟以其普通的(市民的)生活準則超過我們？儘管如此，今天我們已從中國人的情況中得知這些……以我看，當前我們的處境是道德敗壞、漫無止境，這似乎使我覺得，像我們派遣傳教士前往中國傳授上帝啓示的神學一樣，有必要就自然神學的目的和實用請中國派遣人員來指導我們。因為我想，倘若請哲學家來擔任裁判，並非裁判女神之美，而是裁判人民善良的美德，那他定會將金蘋果獎給中國人……。」❼

萊布尼茨在與各國學者通訊的 15000 封信中，其中有 200 多封議

及中國。由此表現了他的遠見卓識，也表現了著名學者的胸懷。這在以希臘、羅馬文化爲典範的時代，做到這一點是不易的。幾乎可以說，他是第一個使其影響超出歐洲的德國哲學家。恩格斯在論及1648～1789年的德國學術界時稱萊布尼茨是那時代光輝的代表。❽作爲三十年戰爭之後的德國著名學者，萊布尼茨繼承了16世紀的人文主義運動和巴洛克思想，並把人文主義和巴洛克思想精神導入啓蒙時代的18世紀。

(三)沃爾夫

克利斯蒂安・封・沃爾夫(Christian von Wolff 1679～1754)生於布萊斯勞 (今日波蘭弗羅茨瓦夫市)，卒於哈雷。受笛卡兒和萊布尼茨影響，他在學術上講求理性。他的啓蒙哲學大師的名聲並不亞於萊布尼茨。他是普魯士科學院和巴黎科學院院士，英國皇家協會會員。

他在馬爾堡、萊比錫和哈雷等大學講授自然科學和哲學。講課時，他突破用拉丁語的舊傳統，而是用德語講，用德語思維。1710年，他首次發表四卷本著作《完整的數學科學》。他對數學研究表示出很大興趣。爲加深數學研究，1716年，他還編了一部數學字典。在1712～1725年的14年時間裡，他連續就邏輯學、數學、倫理學、政治學、物理學、神學和生物學等寫了7本論著。而且每篇論著都以「理性的思想」作開端，以此證明他是資產階級解放思想的學術代表。其著作贏得一大批讀者，影響頗深，甚至直至今天，他的論著仍具有重要性。

在認識論上，沃爾夫不贊同洛克的感覺論，卻承繼了萊布尼茨的觀點，即精神與物質的調和哲學。他認爲，精神與物質、行爲與概念是兩種並行不悖的現象，它們之間互無影響。他在本體論、宇宙論和心理學等領域接受了萊布尼茨的某些概念，並把這些概念同他的思想結合起來，形成所謂「萊布尼茨—沃爾夫哲學」。沃爾夫在哈雷大學宣傳萊布尼茨的靈肉一致的和諧論，卻遭到神學系系主任D.尤阿希姆・朗格(D. Joachim Lange)和虔誠派的重要代表，神學教授奧古斯特・

赫爾曼・弗朗克(August Hermann Francke 1663～1727)的反對。
學生們被阻止去聽他的課。他被迫離開哈雷前往馬爾堡,馬爾堡的大
學生們歡迎他的到來,並把他視作理性的使徒和理性的殉道者。

　　1719 年,沃爾夫發表《神、世界和人的靈魂的理性思想》,書中他
以理性思想爲主題表述了形而上學觀。在內容上他使萊布尼茨的哲學
思想系統化,並再次闡述了萊布尼茨的和諧論。他運用數理實證法,
使哲學原理以數理方法證實,這就要求哲學上每用一個字都極嚴格,
所有的原理或相混或相爭都有緊密聯繫,任何主張都無可辯駁。用幾
何學方式證明哲學原理是沃爾夫的主張。從前的哲學家並未這樣徹底
做過。盡管他早年也受過經院哲學的影響,但是,他以數學方式證實
哲學原理正是以清晰的邏輯演繹概念代替了經院哲學的不清晰概念。
康德在純粹理性批判的前言中曾說,在形而上學的未來體系中,必須
遵循沃爾夫的嚴格方法,康德譽他具有數理才能,概念清晰。海涅卻
認爲沃爾夫繼承了祖師笛卡兒和斯賓諾莎的方法,這種用數學形式證
明哲學原理的方法是圖解式的,不可忍受的❾。這裡可以看到哲學家
和文學家對沃爾夫哲學的不同理解,哲學家看到沃爾夫哲學的未來而
文學家則把沃爾夫哲學視爲洪水猛獸遺害未來。公正地說,沃爾夫的
形而上學論仍係於唯心主義體系,然而,他在闡述萊布尼茨哲學時卻
成爲通向康德理性批判的橋樑。

　　作爲啓蒙哲學家,沃爾夫和托馬修斯一樣,他寫作和講課都用德
語。他的部分著作,像《完整的數學科學》,先以德語寫成,然後譯成
拉丁語。萊布尼茨的著作卻是用拉丁文寫的。而沃爾夫用德語寫作講
課既是促進了德國民族語言的發展,也是德語語言風格上的一次革
命,加深了後來者用本國語言從事寫作和講課的熱情。也表現了啓蒙
學者的民族感情。

　　在大學講課時,沃爾夫還把哲學科學分爲理論哲學（本體論、宇
宙論和自然神學）和實踐哲學（倫理學、經濟學和政治學）。其理論哲
學接受了萊布尼茨觀點,已在上面提到。他認爲,倫理學應依據道德

概念獨立於宗教信仰；只要人畏懼倫理道德，倫理學便無需依賴上帝。他認為，應該特別讚賞孔子的倫理學，因為孔子的倫理學並非建立在超自然的啟示基礎上，而是建立在人的理性的基礎上。這表明沃爾夫對理性的推崇，他處處高舉理性的旗幟，在歐洲許多國家引起迴響，法國科學院任命他為名譽院士，俄國聖彼得堡皇家科學院聘他為名譽教授。英國和義大利則積極翻譯其著作。在德國，他對年輕一代也發生莫大影響。儘管他是個虔誠的基督教徒，學術思維中離不開宿命論思想，但他的出現和他的 67 本著作卻是理性的勝利的標誌。

第五節　啓蒙文學家萊辛

德國啓蒙文學既有反專制反宗教特點，更具有強烈的民族意識。但在初期，由於普魯士國王弗・威廉一世無視德國作家和德國文學，也由於德國初起的資產階級在政治上依附於容克貴族，德國啓蒙文學對專制主義的批判精神和民族意識的表現是軟弱的。

18 世紀以貴族為首的德國上層社會和國王都以講法語為時麾。那時，一位頗為有影響的德國作家約翰・克利斯托弗・高特舍特(Johann Christoph Gottsched 1700～1766) 發起啓蒙文學運動。他周圍集聚了一批文學家以講法語用德語為榮。他們要求詩歌應生發感情和具有突出理性的的熱情。1730 年，高特舍特在其主要著作《給德國人寫的批判詩學試論》中，力圖推動德國文學和戲劇的改革。雖然他倡導理性，但由於讚同模仿高仍依和拉辛的法國古典主義文學，並給文學制定一些死板框框，到 18 世紀 40 年代他的理論就不為人重視了。

德國啓蒙文學的傑出代表當推高特荷德・埃夫拉姆・萊辛(Gotthold Ephraim Lessing 1729～1781)。他生於卡門茨（今民主德國德累斯頓地區），卒於布倫瑞克。祖父任卡門茨市市長，父親是當地牧師，母親是牧師之女。少年時代，他學過拉丁語，17 歲時，在萊比錫大學學習。因愛好戲劇，19 歲時他寫了一個劇本上演了。雙親對此很不滿

意。父親切望他在萊比錫學哲學，日後成爲敎授。但他覺得哲學枯燥無味，1748 年，他到柏林去了。

翌年，他寫了劇本《自由精神》，刻劃了一個年輕的僧侶所渴望的眞正自由思想。不久，他寫了《猶太人》，劇中提出猶太人與基督徒聯姻的問題。一個富有的猶太人救了篤信基督的貴族及其女兒的性命，貴族願把女兒嫁給他，但當貴族得知他是猶太人時，婚姻告吹，而猶太人也認爲這椿婚事不會帶來幸福。這些作品可說是他早年的習作。1755 年，《薩拉・薩拉遜小姐》是他寫的第一個重要作品，被稱爲德國市民悲劇。劇中描寫一年輕人，實際是個小無賴與薩拉遜小姐戀愛，並答應與她結婚，但這個年輕人的早年戀人想把他從薩拉遜小姐那裡奪回來，沒有成功，毒死了薩拉遜，年輕人也自殺身亡，釀成悲劇。相隔十多年，1767 年，他發表喜劇《明娜・封・巴爾赫姆》，又名《軍人之福》。該劇描寫七年戰爭中的一則故事。主角台爾海姆 —— 普魯士軍官與敵國薩克森貴族小姐明娜相愛成親。作者透過台爾海姆因普魯士偏狹的軍官選用辦法而遭排斥一事表明了啓蒙思想，也斥責了普魯士專制政體的反動。1771 年，他發表悲劇《愛米麗亞・迦綠蒂》，1779 年，發表詩體劇《納丹聖人》。

在創作戲劇的同時，萊辛也很重視戲劇理論的研究。1767 年 4 月22 日，正當漢堡民族劇院開幕的一天，他發表了《漢堡劇評》。他認爲，戲劇是文藝創作的最高形式，並尊重亞里斯多德論述文藝創作的規律。他告誡德國的作家不應做法國高乃伊、拉辛和伏爾泰的奴隸，而應學習莎士比亞的戲劇藝術。他要求建立德國的民族戲劇，演出充滿德國民族感情的作品，而不要摹仿法國戲劇的呆板的程式。在堅持民族內容、民族感情的基礎上，他特別推崇像莎士比亞那樣，透過戲劇行動的強度，透過語言的力量和美感，也即透過實際形象達到感情的純淨。他忠告優秀的戲劇家不要依賴偶然性和次要性的東西，要使劇情從參演人物的性格中得到發展。他的戲劇信念是：

　　　我之所以從未誤解戲劇創作的本質在於我認爲它本身的完善，如同亞里斯多德把它從希臘戲劇無數傑作中抽象化出來一樣，……因此我毫不猶豫地相信，我所認爲的亞里斯多德的創作論就像歐幾里德的原理一樣是一項如此不可或缺的事業。❿

　　在他看來，希臘的古典戲劇與莎士比亞戲劇具有內在聯係，而德國戲劇應向莎士比亞學習。戲劇理論是萊辛的巨大成就之一，此外，在藝術理論和神學 —— 哲學領域，他也作出重大貢獻。

　　關於藝術理論，主要是以《拉奧孔》這一雕刻藝術作品來評述詩與畫的區別和界限。拉奧孔是特洛伊的祭師，他懷疑「特洛伊木馬」中有希臘人，並投之以長矛；施恩惠於希臘人的女神雅典娜勸說海神波賽東遣派兩條巨大的海蟒死死纏住祭師和他的兩個兒子。就這幅雕刻藝術，萊辛與德國著名藝術理論家，啓蒙運動領袖之一約翰·尤阿希姆·溫克爾曼(Johann Joachim Winckelmann 1717～1768)在雕刻藝術與文學上表示了不同見解。溫克爾曼認爲像《拉奧孔》這樣的雕刻藝術，面部表現痛苦，而心靈卻是偉大而平靜的。即所謂「高貴的單純，靜穆的偉大」。對於古典藝術，溫克爾曼也是這樣理解。這種把詩畫藝術混同的理論自古如此。古希臘詩人西摩尼德斯 (Simonides 公元前 556～469) 說過「畫是無聲的詩，詩是有聲的畫」。這詩畫一致說流傳千年，時至今天，假如人們沒有讀過萊辛的「拉奧孔」，仍會這樣認識。

　　萊辛完全突破了上述陳規。他說「我用『畫』這個詞來指一般的造型藝術，我也無須否認，我用『詩』這個詞也多少考慮到其它藝術，只要它們的摹仿是承續性的。」⓫所謂其它藝術，即包括詩在內的語言藝術。萊辛認爲造形藝術（雕刻繪畫）和語言藝術（詩和戲劇）是有區別的。畫描繪物體靜態，詩敍述人物動態，畫表現靜穆的美，詩需要眞實表情。繪畫的理想不能移植到詩裡。因爲詩不能代替畫，畫也不能代替詩。一些描寫深刻、形象鮮明的詩超過同樣題材的畫。同

樣,一些動人心弦的畫超過同樣題材的詩。在表現物體美時,繪畫比詩優越,因爲繪畫可以具體地描寫物體的細節,並使所繪的各個部分同時並列。而詩如果把物體各個部分加以並列描述,這詩絕對好不了。詩在描述具體物體時,必須透過對某一典型描寫引起人們想像的效果,以達到效果美。

萊辛還認爲,詩和畫都是摹仿藝術,各有各的規律。繪畫運用空間中的形狀和顏色,詩運用時間中明確發出的聲音。因此,繪畫是運用形狀和顏色藝術,比起運用文字的藝術效果遠爲生動。而詩爲了使物體栩栩如生,它寧可透過文字而不訴諸形狀和顏色。這詩與畫的特有規律。也是萊辛對詩與畫立下的界限,使造形藝術和語言藝術一目了然。歌德在《詩與畫》中說,萊辛的《拉奧孔》對他影響至深,把他「從貧乏的直觀之域吸引到思想的自由自在的田野了」。

對詩的表現要求動態,而非靜穆,從另一角度說,這也表明萊辛要求實踐的人生觀,是因爲啓蒙時代新興資產階級的代表肩負反專制反宗教的使命。他們在爲文化革新和爭取理性的鬥爭中需要做實事,需要把事物變得有生氣有希望,這就要反對守舊、反對靜觀,因爲靜觀只能滿足現狀而不能改變現狀。所以,萊辛以表情動態要求詩,既說明詩與靜態的畫不同,也爲德意志民族文學開創了新天地,具有反專制反宗教意義。由此,也說明了藝術與史學的關係。假如不了解歷史,不了解人文主義和啓蒙運動所擔負的歷史使命,就很難理解藝術理論的出發點。而萊辛提出的詩的動態要求正與時代要求相適應。他的這一美學思想不僅得到歌德,還得到赫爾德和俄國文藝家車爾尼雪夫斯基的讚賞。

關於神學 —— 哲學。萊辛是個熱誠的自然神論者,也是個宗教調和論者。海涅說萊辛繼承了路德,這只是就打破傳統宗教觀念而言。假如從整個宗教觀上說,萊辛超越了路德,因爲路德只是開創了新教;假如從宗教的調和論而言,萊辛超越了萊布尼茨,因爲萊布尼茨只主張新教與舊教的和諧。而萊辛透過劇本《智者納旦》(或譯「納旦

聖人」）宣傳了各種不同宗教之間的和平共處。該劇寫十字軍東征時一位年輕騎士被耶路撒冷蘇丹薩拉丁處死前，蘇丹見他和他失去的哥哥阿薩特相似，赦免了他。後來騎士救了失火的猶太商納旦及其養女萊霞，萊霞與騎士發生愛情，但騎士是基督人，萊霞是猶太教徒，蘇丹信回教。蘇丹終於弄清騎士和萊霞都是他哥哥阿薩特的孩子。雖然三人信仰不同，但都是一家人。蘇丹弄不清哪個宗教是真正的宗教？納旦乘蘇丹向他借錢時講了三個戒指的故事：一家人家有三個戒指，父逝後將這三個戒指傳給三個兒子，其中一真二假，每個人都說自己是真的。最終法官裁決說，戒指能否顯示力量，關鍵在於每人應把自己的戒指視作真的。蘇丹聽其言，只要相信自己的信仰是真誠的，三個宗教就可以共存。萊辛以此主張反對了宗教間的不睦，比「在誰的國家，信誰的教」的主張開明、民主。這是人文主義思想的繼續與發展，是啓蒙運動的理想，由此，也可把萊辛視作理想主義者。事實上，在萊辛逝世二個世紀以後，教派鬥爭有增無減。在一種宗教不可能消滅另一種宗教的情況下，宗教反對異端，宗教反對科學和宗教反對理性都是應該遭到斥責的。這裡也反映了萊辛論述神學——哲學的社會意義和政治意義。

在歐洲文化史上，萊辛是與伏爾泰、狄德羅和英國哲學家夏夫德斯貝里（安東尼·阿斯利·柯伯爾·夏夫德斯貝里家族三世伯爵1671～1713）❷等著名學者享有同樣盛名。他在德國啓蒙運動中具有重要地位。海涅曾說，「在路德之後，德國還沒有產生過比萊辛更偉大，更卓越的人物。」❸他是德國民族文學的奠基人，也是18世紀德國古典主義創始人之一。他的出現「結束了德國著作界的貧弱」。❹是德國學術界的驕傲。

第六節　　啓蒙盛期哲學家康德

伊曼紐爾·康德(Immanuel Kant 1724～1804)是啓蒙時代科學、

哲學和藝術領域的偉大學者，其啓蒙哲學思想滲入人文科學和自然科學的許多學科。他在哲學、自然科學和人類歷史方面的成就和名聲遠遠超出國界，也遠遠超出他那時代。他也是德國古典主義哲學的開山祖師。

1724 年 4 月 22 日，康德生於東普魯士的哥尼斯堡❶，他幾乎沒有出過省城，1804 年 2 月 12 日在他的出生地去世。祖父是蘇格蘭人，父母是虔誠派教徒。8 歲至 16 歲時，他在故鄉教會學校讀書。每天早晨六點開始半小時祈禱，一小時宗教課。緊張的學習連星期天都搭上了。後來他想起那種學習實在令人驚懼。1740 年，他上哥尼斯堡大學。導師馬丁·克努城(Martin Knützen)指點他學習沃爾夫的理性主義哲學。六年後，康德被任命爲路德派牧師。他拒絕後任家庭教師，在九年的貧困生活中他繼續學習。1755 年，康德獲博士學位，以講師身份邊教邊學。此後他繼續奮鬥 15 年，15 年中他兩度申請教授均遭拒絕。他生活貧困、無錢結婚，直至 59 歲沒有固定住地。

1747 年，他首次發表的論文是《眞正評價生命力的思想》，這是一篇論述一種處於運動中的物體力量能否透過mv即量乘速度的辦法加以衡量的論文。七年後，他發表了關於地球每日運轉的持續性是否因潮汐而變化的論文。同年，他發表了世界是否變老（老化）的問題。康德爲學術事業每天兢兢業業，生活、學習和科學研究都極有規律，都有一定時間。海涅說，城裡教堂的大時鐘都不會像康德那樣按時完成每日的工作。康德休息時一出來，鄰居們都知道是幾點鐘，以致有人拿他對錶。❶深居簡出使他善於思考，他以理性批判爲基礎思考的內容使世人驚異。而他的著述成就卻導致了德國哲學上的一次革命。

康德的學術成果主要表現在：

⑴在形而上學的思維方式上打開一個缺口。1793 年 5 月 4 日，康德在給友人斯陶德林(Stäudlin)的一封信中就概括了哲學上的三大任務：即形而上學、倫理學和宗教觀。他對形而上學的新思維是透過對天文學的研究而達到的。歷來神學家認爲天體的推動是上帝的意旨，

形而上學則認爲太陽系的推動有一定限度,而康德卻在 1754 年,提出地球自轉速度因潮汐摩擦而延緩的假說。康德指出,由於月球引力的作用,使海水粒子高漲,因而發生潮水的漲落,而地球的運轉又影響月球,潮汐是朝著地球旋轉的相反方向發生的,這種摩擦造成地球自轉的遲緩。這是他的第一個假說。接著在 1755 年,康德在《自然通史與天體論》中提出關於太陽系起源的原始星雲假說。稱作第二個假說。其理論認爲星際間不是空的,是充滿雲霧狀的彌漫物質,由於引力和反引力作用,這些彌漫物質凝聚成行星和恒星。恒星是行星體系的中心,恒星也有中心。他認爲宇宙是在生生息息的運動中。萬物的創造是永遠不會停止的。他認爲,所有的物質,即由這些物質形成的所有星球都屬於太陽系。

假如「沒有這兩個假說,……今天的理論自然科學便不能前進一步。」**⓱**恩格斯對康德的假說作了高度評價。康德假說的意義在於告訴人們,他並不崇奉神秘主義的形而上學,相反,他早期的學術論著證明具有唯物主義因素。只是他對天體的解釋予宗敎神學思想以打擊的同時,卻與開普勒及萊布尼茨一樣,認爲自然界與神的事業有著普遍的和諧關係。這種世界觀矛盾不僅存在於康德,也存在於中世紀以來其他德國學者身上。

(2)純粹理性批判。康德的批判哲學使他在哲學史上占有重要地位。批判哲學就是要以「批判」的眼光來研究人的認識能力,或者說研究理性的認識能力究竟有多大。

1781 年,康德發表了《純粹理性批判》。關於這本書,海涅說,「從這本書的出現起,德國開始了一次精神革命,這次精神革命和法國發生的物質革命,有著最令人奇異的類似點,並且對一個深刻的思想家來說這次革命肯定是和法國的物質革命同樣重要。這次革命……如同在法國推翻了舊社會制度基礎的王權一樣,在德國推翻了精神統治基礎的自然神論。」**⓲**

自然神論是在康德之前哲學家與神學家的鬥爭中產生的。過去的

哲學家以理性爲武器反對了視上帝是唯一的永恒的神學,但在信仰方面又產生了對自然神的崇拜。對於啓蒙哲學家的理性認識,英國哲學家大衛・休謨(David Hume 1711～1776)提出了懷疑。康德比休謨更進一步,對理性提出批判。所謂純粹理性,即理性知識無需依賴任何現存經驗,就像 1+1＝2 一樣是無需經驗證明的先驗知識。所謂純粹理性批判就是把理性解爲對不依賴於經驗的某些事物的批判性的檢驗與判斷。康德在其表述中說,「人們可以把這個由先驗原則認識的能力稱做純粹理性,並把檢驗這種認識能力的可能性和界限稱做純粹理性批判。」

　　批判哲學研討的對象在於區別知性和理性,現象和「物自體」。敎條主義認爲一切科學、哲學和神學等知識無需經過理性批判檢驗,而康德認爲未經理性批判檢驗便不能證實這些知識的眞理,因爲知性(知識)是經驗的東西,是透過感覺經驗而來的感性知識。理性的超驗的,它超越了感性,是超出經驗範圍的對事物總體的認識,是對知性認識的整理、集中和統一。其立論是不依賴於經驗,而是憑人的固有本性對事物的天然認識,即純粹理性。理由是事物的存在與否不能以經驗爲依據,比如,太陽每天從東方升起,1+1＝2,這是不依賴於經驗的先天存在。即康德的先驗論。他的「人的理性爲自然立法」也是說明理性知識是科學的,把感性知識和理性知識割裂開來。在現象和「物自體」方面,康德一面認爲現象是憑人的感覺經驗取得的感性認識,另方面又認爲作用於感性認識的「物自體」不可能被人認識,成爲不可知論。康德即承認感性知識,又肯定超驗的理性,即承認現象透過感覺可知,又肯定「物自體」的不可知。這反映了康德哲學的唯物主義與唯心主義因素,即二元論,但康德的思想更多地是傾向於唯心主義方向。

　　(3)實踐理性批判。在純粹理性批判中碰到可知與不可知的矛盾。爲解決這樣的矛盾,康德就在《實踐理性批判》中提出了可知與不可知的見解。他認爲,任何人在碰到任何矛盾時都能夠採取倫理方面的

正確決斷。對於可知的，靠人的天智作進一步的深刻認識，對於不可知的，依靠的是信仰，譬如對上帝。這種信仰具有絕對性，也可說是絕對的決斷，絕對的命令。絕對命令的形式之一就是：「你的行動致使你的意志的原理在任何時候同時能適用於一種普遍的立法原則。」❶(Handle so, daß die Maxime deines Willens jederzeit zugleich als Prinzip einer allgemeinen Gesetzgebung gelten könne.)這意味著人的自由意志應與道德規範相符。在人表達自己意志時不應是自私自利的，而應該是按道德決斷崇奉理性。譬如人對幸福的追求就應與道德意識相結合，就應與假設上帝的存在，靈魂的超生思想相結合。對此，要完全出於內心的自我直覺。假如你認為應該如此，那麼你也就能夠如此。因為「能夠」出自於「應該」。這就是「實踐理性」的基本法則。

在「純粹理性批判」中，康德批判了自然神論；而在「實踐理性批判」，他又使自然神論復活了。儘管這樣，他對不可知的上帝和靈魂以道德觀念——即信仰加以承認，仍不能得到宗教界的滿意。因為康德除去以他的先驗論和以道德意識約束人的信仰表明了主觀唯心主義之外，他的哲學思想所以被稱做是一次革命，就在於他突破了前人以理性為基礎的思想；在於他哲學的叛逆精神和批判精神，以致導入德國哲學界和思想界的一次理論革命。

(4)《判斷力批判》。這是涉及康德的美學論著。康德 1790 年出版的這部著述中論述了關於美、崇高、天才和藝術的問題。

康德美學與教條主義哲學家的美學觀點不同。教條主義哲學家的美學強調客觀因素，康德美學著重主觀因素。

關於美學的分析，康德提出四個特點：(a)不以利害關係判斷美。譬如你認為一朵花或一座新型建築是美的，而無需問其價值或使用價值。這取決於你主觀上對美的獨立性的理解，而不顧客觀上對一樣美的東西有無需求。(b)美的普遍性，有主觀與客觀之分。主觀普遍性來自於「普遍贊同」，你認為美的，也要求別人這樣認為，以達到「人同

此心，心同此理」。客觀的普遍性來自於概念，人們一提到花便認爲是美的，是由於花透過概念活動抽象化了。(c)審美判斷的有無目的。康德對此表現了雙重性，却判斷美的對象可以合乎目的，又可無目的。前一種是即以認識美的對象是花，也知道花香，與內容有關，稱爲附庸美；後一種只涉及花的形式，稱爲純粹美或形式美。(d)美的必然性。這是人人具有的對美的「共通感」的發展，即美是不依賴概念是否存在而有其必然性。譬如人們看到花，即使沒有花的概念也必然認爲花是美的。它是以人人具有的「共通感」爲主觀的贊同基礎。康德認爲，這種必然性是理想的規範。

　　上述四點充分說明了康德的主觀唯心主義哲學在美學上的反映，其在美的分析領域所表現的主觀意志既成爲後來純藝術觀點的理論依據，也影響了18～19世紀唯美主義藝術的發展。其主要根源是強調主觀的審美判斷，忽視或者是背離了人類認識起始於實踐的結果。

　　關於崇高的分析。康德認爲，美多表現於質，崇高多表現於量。美的對象涉及的是形式，崇高感沒有形式。它是由對象引起的數量的崇高和力量的崇高。與美相比，它更具主觀性。它是人的精神在外部事物中所顯示的偉大力量。它表現在：當人遇到危難，戰勝恐怖驚懼，最終取勝時，顯示了理性力量。崇高所顯示的力量發自人的心靈深處，這猶如狄德羅所說，「如果天才感到最高度的英雄激情，例如感到自己具有一顆偉大的心靈而藐視一切危險的信心，例如發展到忘我境地的愛國心，它就產生崇高。❷」康德在此強調理性的力量和理性的作用代表了啓蒙時期資產階級的利益，以表示對專制主義統治蔑視人權的反抗。只是康德透過分析崇高顯示的理性力量的反抗，一如既往停留在理論上。

　　關於藝術的論述，康德認爲，藝術即不同於自然，也不同於科學。藝術是「人們透過自由，即透過以理性爲基礎的意志活動所產生的成品。」藝術含有藝術家的預想目的。自然界的生物的活動是爲了生存，是出於本能。科學可透過模仿而學會，並非創造。康德認爲，藝術也

不同於手工藝，因為藝術是自由的，而手工藝是不自由的，不愉快的，只是為得到報酬而勞動。康德否認科學與藝術，手工藝與藝術具有同樣創造性的觀點，即不能為他的同時代人、文藝理論家赫爾德所接受，也不為馬克思所苟同。

　　關於天才的論述。康德對藝術的論述實際上是與他的天才論有關。他認為，天才是藝術的才能，並非科學的才能。「天才在科學中是沒有什麼可以創造的，它的效力是在藝術的領域。」**㉑**藝術是有天才的人才能創造。天才要有想像力，想像力與理解力必須達到和諧，並具有規律性。這也反映了康德美學的唯心主義先驗論。儘管有藝術創造才能的人在任何時候都是少數，但是，其理論的最大缺陷仍是脫離實踐。天才只有與勤奮的藝術實踐相結合才能取得碩果。

　　康德對哲學和美學在他那時代作出劃時代的貢獻，以致他被尊為重要的德國古典唯心主義哲學的創造人。早年，他思想上有較多的唯物主義因素，中年以後，他思想上的唯心主義因素占了上風。他所處的 18 世紀的德國，社會政治是黑暗的。但他不主張採用暴力來改變黑暗社會，而主張懷抱善良願望。反映在其哲學觀點上就是折中調和，即二元論。這種折中主義的妥協表現即反映了德國經濟發展的落後和德國資產階級的軟弱，也反映了德國各邦專制主義力量的強大。然而，康德的批判哲學在追求人的思想的自由和藝術創造的自由方面也有要求打破政治束縛的一面，即要求生活的宗教的以至政治的自由。這一要求由於當時德國資產階級的軟弱未能實現，但卻為 19 世紀德國革命作了理論上的準備。

《註釋》

❶參閱漢斯·尤阿欣·巴爾的摩斯等主編：《德國史》三卷集第 1 卷，柏林科學出版社，1974 年，德文版，第 3 版，第 735 頁。

❷Sapere aude（義文）：大膽，鼓起勇氣。

❸瓦爾特·蒙奇(Walter Mönch)：《德國文化》，聯邦德國慕尼黑，馬克斯·胡伯出版社，1971 年第 2 版，德文版，第 25 頁。

❹Dessau德紹，位於今日民主德國哈勒地區。

❺瓦爾特·蒙奇：《德國文化》，德文版，第 29 頁。

❻參閱馬克思：《第 179 號科倫日報社論》，《馬克思恩格斯全集》第 2 卷，中文版，第 115 頁。

❼參閱阿道夫·利奇溫(Adolf Reichwein)：《十八世紀中國與歐洲文化的接觸》商務中文版，第 71 頁和杜朗編：《人類文化史》18 卷本第 14 卷，1985 年科隆德文版，第 265～266 頁。

❽參閱恩格斯：《關於德國的札記》，載《馬克思恩格斯全集》，中文版，第 18 卷，第 650 頁。

❾參閱亨利希·海涅：《論德國宗教和哲學的歷史》，海安譯，商務印書館，1974 年版，第 79 頁。

❿瓦爾特·蒙奇：《德國文化》，德文版，第 52 頁。

⓫萊辛：《拉奧孔》，朱光潛譯，人民文學出版社，1979 年第 1 版，第 4 頁。

⓬夏夫德斯貝里(Anthony Ashley Cooper 3. Earl of Shaftesbury 1671－1713)是英國啓蒙運動最重要的代表之一，受到洛克和柏拉圖主義的影響。

⓭見海涅：《論德國宗教和哲學的歷史》，中文版第 91 頁。

⓮馬克思：《第六屆萊茵省議會的辯論》，《馬克思恩格斯全集》第一卷，第 91 頁。

⓯今蘇聯加里寧格勒。

⓰參閱海涅：《論德國宗教和哲學的歷史》，第 102 頁。

❼ 恩格斯：《自然辯證法》，《馬克思恩格斯全集》第 20 卷，中文版，第 386 頁。

❽ 海涅：《論德國宗教和哲學的歷史》，第 97 頁。

❾ 康德：《實踐理性批判》第 4 卷，第 140 頁，德文版。

⓴ 狄德羅：《天才》，載《古典文藝理論譯叢》，1963 年第 6 期。

㉑ 參閱康德：《判斷力批判》上卷，第一部，商務印書館 1964 年中文版第 152 頁及海涅：《論德國宗教與哲學的歷史》，商務中文版，1974 年出版，第 104～105 頁。

坐在鋼琴一側的莫札特一家，（德・拉・克羅齊繪）。

格奧爾格：弗里德里希·韓德爾

第 7 章　狂飆突進

第一節　狂飆突進的起因和最初的發展

　　在歐洲歷史上，英國和法國的資產階級革命發生較早，而德國在19世紀以前，雖然經過宗教改革和偉大的農民戰爭，但長期來它仍受著封建的軍事官僚專制主義的黑暗統治。自從18世紀以來，德國各邦的分裂所造成的貧困落後，早已激起了受英、法資產階級啓蒙思想影響的被壓迫的市民和手工業者的不滿，更激起了代表新興資產階級的知識分子的憤恨。

　　從16世紀下半葉到18世紀，德國的知識分子就不斷地掀起反專制、反封建、反神權的文化運動。狂飆突進運動是繼人文主義運動和啓蒙運動之後德國文化史上的第三個運動。18世紀二、三年代，在詩人高特舍特發起啓蒙文學運動之後不久，四十年代，詩人弗里德里希‧哥特里普‧克魯普斯托克（Friedrich Gottlieb Klopstock 1724～1803）反對高特舍特在文學創作上的清規戒律，反對理性束縛，主張抒發友誼、愛情、自然和對祖國的感情。克魯普斯托克的抒情詩很受當時年輕人的歡迎。他既是個熱情的愛國者，同時也是社會進步的擁護者。他歡呼法國革命，成爲法蘭西斯共和國的公民，歡呼北美的獨立宣言。他的熱情的抒情詩活躍了德國的文化生活，代表了德國新興資產階級對於舊的理性主義的反抗，並使他成爲感性詩歌（抒情詩）和狂飆突進的開路人之一。

　　在非理性主義的反抗運動的推動下，赫爾德和歌德開創了狂飆突進運動。這一運動頗令德國社會振奮。它具有反抗暴虐、反對封建專制主義統治、反對反動宗教權威的革命性質。不過，狂飆突進從來不是直接推翻專制統治階級的政治變革，而是一次富有政治意義的文學運動。

　　這一文學運動興起於 18 世紀 60 年代和 70 年代之交的德意志，作為這一運動興起的歷史背景和產生的原因是不容忽視的。日耳曼民族自從公元 5 世紀建立了自己的國家以來，仍然不斷地延續著分裂與戰爭。為製造和堅持分裂而進行戰爭的諸侯，也有王孫貴族。自從 16 世紀宗敎改革和偉大的農民戰爭以來的歷次戰爭，都曾給予皇帝、諸侯和貴族以沉重打擊。然而在歷次戰後，這些大大小小的王公貴族總是想方設法與諸侯們相勾結，以對抗國王或皇帝，並在本邦稱王稱霸，巧取豪奪。各邦諸侯為擴展本邦權勢，經常與鄰邦發生爭奪領地的糾紛，亂世徵兵出征，諸侯們都需仰賴於王公貴族。正是由於各邦對土地的爭奪、分割，諸侯們與王公貴族相勾結以對抗國王或皇帝，以及經歷三十年戰爭和七年戰爭等幾度戰爭，造成霍恩索倫王朝時代普魯士和德意志各邦政治上嚴重分裂，反動腐朽，經濟上貧窮落後、蕭條衰微，人民生命財產損失慘重，到處是一片貧困、饑饉，而上層社會仍保持貴族化的生活。

　　長年累月的戰爭，使普魯士國王威廉二世無法實現強化中央集權、掠奪鄰邦疆土的夢想。相反，整個德意志民族依然是四分五裂。政治上的反動也與經濟景況凋敝有關。此時雖然德國已經產生資本主義萌芽，但是，與英國法國相比，普魯士初起的資本主義工商業是微不足道的。造成經濟落後的原因是多方面的：

　　一、是因戰爭和民族的分裂，軍事機器的膨脹和軍事耗資巨大、而各邦在政治上的分裂造成幣制不一，關卡眾多，物資流通受阻。

　　二、是普魯士和德意志各邦的經濟命脈仍然為封建的王公貴族所左右。這些王公貴族繼續迫使農民服徭役、付重捐、納雜稅，農民們

被迫當炮灰、遭蹂躪，過著非人的生活，而王公貴族自己則在諸侯們的卵翼下，驕奢淫逸，花天酒地、揮霍無度。

三、是諸侯與騎士——貴族相互依賴。在王公貴族當中有不少是從前的騎士。諸侯們倚靠騎士發動掠奪戰爭，騎士則依附於諸侯對農民的剝削和劫掠而生活，實際上他們都是以維護封建勢力的利益爲轉移。待到一部分騎士發展爲封建莊園主，仍然過著舒適豪華的寄生生活，爲使自己永遠享樂，他們就竭力牽制住本邦郡主保持分裂。這一態勢，從中世紀末期以來，直到 18 世紀依然存在，只不過當年的騎士階層已由大大小小的王公貴族所取代。這些閉關自守的王公貴族就成爲破壞德意志民族統一的贅疣，阻礙著德意志民族經濟和文化的發展。

這些王公貴族和各邦諸侯一起，在政治上、經濟上壓迫剝削平民和農民，同時，還以所謂「君權神授」、「上帝的旨意」來愚弄和蒙蔽人民，使宗教迷信和宗教權勢依然顯得神聖不可褻瀆。

在這個小邦林立、諸侯割據、宗教勢力頗強的情況下，面對專橫跋扈、尙稱強大的封建專制主義勢力，在政治上和經濟上軟弱無能的德國資產階級，不像英國和法國的資產階級那樣，能夠完全覺悟到自己所肩負的歷史使命。初起的德國資產階級所以沒有這種覺悟，因爲他們常常是貴族的化身，在經濟上依附、從屬於專制統治階級。他們遇事膽怯、妥協退讓。這樣，在威廉二世和各邦諸侯專制主義黑暗勢力的分割統治下，軟弱的德國資產階級不可能，也不打算在政治上發動一次推翻封建制主義統治的革命。

普魯士國王和各邦諸侯不顧國家的分裂，民族的前途，他們只知擴充軍力，掠奪鄰邦，以戰火兵燹造成民族的浩劫。面對貧困，威廉二世雖然對貧困地區的手工業者和農民給予減稅和免稅等優惠，但是，由於諸侯、貴族長期壓榨窮苦人民，那些分配給貧困地區的糧食等生活資料和因戰禍減免戰災地區半年稅收的優惠也不過是杯水車薪。國家的腐敗，人民生活的苦難，不僅激起普通德國人的不滿，也

必然激起德國資產階級知識分子的切齒痛恨。

　　但在國家處於不幸的時期，知識分子因憤恨產生的想法也不盡相同：

　　一是夢想回到過去，退回到古希臘、古羅馬時代，以爲那是他們的歸宿；

　　一是虔誠的宗教人士，他們嚮往未來，但把希望的天堂寄托在基督教的信仰上，認爲那裡有永恒的幸福；

　　一是有一批人勇敢地站出來爲反對當前腐朽的社會而鬥爭，他們是一批年輕人。

　　介於復古派和虔誠派教徒之間的這批年輕的知識分子，常爲18世紀不合理的、四分五裂的德國社會而憤憤不平。他們大多是立意要爲時代吶喊，敢於向專制黑暗制度宣戰，敢於冒犯前輩的故步自封的詩人、作家、哲學家和文藝理論家。他們堪稱德國社會的中堅，一代民族文化的先驅，且具有熱烈的愛國思想。

　　作爲知識分子，他們透過各種渠道，尤其是透過工業革命和文化技術知識的傳播，獲悉資本主義工商業在英國，法國的發展，了解到那裡洋溢著資本主義上升時期的進步思想，欽佩與羨慕那裡的人民生活不同於被專制主義枷鎖嚴重束縛下的德國人民。他們深受英國和法國早期啓蒙思想家的影響，眼看整個德國因封建割據而分崩離析，因王公貴族的腐化生活而民窮財盡，因持續不斷的掠奪戰爭而令田地荒蕪，農民依然如牛馬任人宰割，這一切都無法壓抑他們內心的憤怒，也無法遏制他們與吃人的專制主義社會鬥爭的決心。他們反對貴族領主控制社會經濟，蔑視反動宗教權勢，他們反對暴虐，標榜「人權、自由、天才」，倡導理性與感情的融合、歌頌德意志民族的兄弟友愛之情，反對空洞的說教等新興資產階級的激進思想，其中有些內容，像諷刺宗教、反對奴役而爭人權、爭自由……，固然在人文主義運動和啓蒙運動時期就已提出過，但是，在18世紀下半葉德意志軍事官僚主義社會，仍具有其積極意義。

於是，這批充滿激情的知識分子，主要是一批文學家肩負著時代賦予他們的使命，以他們的筆作投槍，發出他們的心聲，抒發他們熱愛祖國的思想，表達了新興資產階級的要求和願望。他們代表新興資產階級在文藝思想上掀起一次運動，以此推動社會變革，在德國文學史上，它被稱做《狂飆突進》。

狂飆突進的產生，旣可以說是由於啓蒙運動時期反專制、反暴虐和反宗教的任務未能徹底解決，民族覺醒的鐘聲還有待於進一步敲響而再次發出的民族的吶喊，也可以說由於啓蒙文學的開創者固守陳規俗套引起文學後輩反對他們的先輩，是靑年人的自由精神反對衰老的老年人的思想的一次運動、類似狂飆突進思想在法國、英國和西班牙的文藝思潮中都曾產生過，只是在德國，它以「狂飆突進」爲標誌。

如同歷史上許多促使社會變革的政治思想或文藝思潮多半是由富有理想的年輕人開創的一樣，狂飆突進的出現也是如此。這一文學運動產生於 1770 年前後，在 18 世紀 70 年代中期達到高潮，80 年代進入尾聲。

1770～1771 年，靑年時代的歌德在斯特拉斯堡❶學習時期，與約翰・高特弗里德・赫爾德(Johann Gottfried Herder 1744～1803)相識，赫爾德被奉爲狂飆突進運動的理論家。他倆的相識與合作標誌著狂飆突進運動的開端。此外，歌德和赫爾德還結識了一批酷愛文學的靑年，如梅爾克、棱茨、克林格爾和萊翁帕特、瓦格納等。這些靑年思想敏捷、才華橫溢。他們在英國和法國早期啓蒙思想家，特別是法國盧梭思想的影響下，作品的鋒芒不是指向腐朽、罪惡的普魯士軍事官僚專制主義、騙人的宗敎，便是旨在喚醒德意志民族熱愛自由和愛國主義精神。他們爲發展新的民族文學，旣反對本國的粉飾專制主義的舊文化，也反對對外國的已經過時的文學的庸俗模仿。他們要求富有生氣的驚俗駭世的民族文學出現於新的文學之林。

數年後，參加這一新文學運動的一位年輕作家，名叫弗里德里希・馬克西米連・克林格爾(Friedrich Maximilian Klinger 1752～1831)

在其劇作中對舊世界發出控訴，他於 1752 年 2 月 17 日生於美茵河畔法蘭克福的一個軍官之家，父親早逝，母親是洗衣女工，他與母親一起過著貧窮困苦的生活。克林格爾自幼愛好文學，很早即在故鄉法蘭克福與歌德相識，過從甚密。此後他在奧地利和俄國軍隊中任職，1831年 3 月 9 日逝於愛沙尼亞的多爾帕特 (Dorpat)。1774 年，克林格爾在吉森❷大學學習法律時就已創作了兩部劇作。兩年後，當他 24 歲時，他發表了劇作《狂飆突進》，但最初的劇名叫「混沌」。克林格爾的文學才能在這部劇中表現出來。

此劇刻畫了一個具有反抗精神的英國人威爾特 (意譯為「粗野」，是劇中主人翁)，逃亡到英屬北美洲，英勇地參加了北美獨立戰爭。❸在那裡，威爾特遇見了早年的戀人竟是父親的仇人之女，這使他內心頓感惶恐。然而，他暫時拋開私情，直到戰爭結束才與戀人取得諒解。該劇突出表現了資產階級的爭自由、反壓迫的革命思想，頗受人民的稱頌讚許，譬如，主人翁身為英國公民，竟然願為美洲的獨立、自由而戰，這既表現了作者反對封建專制主義的思想傾向，也表達了他反壓迫、爭自由，反對封建特權，爭取社會幸福的資產階級知識分子的感情。作者在劇中還借助於主人翁與兩位友人 (「火」與「怠惰」) 的交誼，既喚醒生活在德意志土地上的人民，不要因迫於軍事官僚專制主義的黑暗統治而無所事事，因為一個人怠惰，就不可能有所作為；也透過「火」這個友人表述了德國人的熱情幻想。此外，作者還在劇中表達了對田園生活的憧憬，鞭撻了封建專制主義社會的腐朽黑暗，呵斥德意志人民的生活失去民族性，以此表現出作者的叛逆精神，其意義是巨大的。

由赫爾德和歌德倡導的文學運動就以克林格爾的劇本「狂飆突進」而得名。狂飆突進這一名稱鏗鏘自力，聽來令人覺得不同尋常，給人的印象彷彿是為擺脫一個時代的羈絆，突破封建制度的羅網，砸爛軍事官僚專制主義的枷鎖一樣。同時，也令人覺到，由於普魯士和德意志各邦分割統治的勢力是那樣強大，封建專制主義的影響又是那樣根

深蒂固，要想衝決堵塞歷史前進的障礙，打碎束縛人們自由思想的專制牢籠，如果沒有像「狂飆」似的從天而降的雷電轟擊，沒有像戰士衝鋒陷陣似的迅猛「突進」，那是不可能的。

　　這個時期，以歌德、席勒為首的一批詩人、作家的創作都滲透著狂飆突進精神。他們的作品標榜「自由、平等、天才」，都是為了反對封建專制主義的壓迫和奴役而寫，為了促進德意志民族的相互友愛，爭取民族的統一，提倡理性與感情的融合而發，因而具有時代意義，贏得世人讚賞。這批詩人、作家、像彼爾格爾(Gottfried August Bürger 1747～1794)、弗·繆勒(Friedrich Müller 1749～1825)、稜茨、克林格爾和舒伯特(Christian Eriedrich Daniel Schubart 1739～1791)等成了當時初起的資產階級反封建反專制反宗教的文化戰士，而他們用以推動狂飆突進運動的精心創作則好像是封建社會混濁天空中的驚雷閃電。

第二節　狂飆突進的宗旨

　　18世紀的德國在政治和社會方面是可恥的，落後的，可是「這個時代的每一個傑作都滲透了反抗當時整個德國社會的叛逆的精神。」❹這也正是狂飆突進的精神。

　　這種叛逆精神的產生，不是孤立的偶然的，而是與作者們所處的時代和社會有關，既是因為在國內外啟蒙思想的影響下，也是在專制主義的壓制下形成和發展起來。狂飆突進的宗旨，一般說，有以下四個方面：

(一)推崇盧梭的民主主義思想

　　在資本主義經濟迅速發展的情況下，歐洲啟蒙思想發展也很快。18世紀中葉，英國發生工業革命，反封建反專制的啟蒙思想已經廣泛流傳。英國的啟蒙思想波及法國，在1789年以前，法國的啟蒙思想家

不僅關注文學的發展，要求突破文學創作上的陳規陋習，出現了浪漫派文學，而且關注社會問題，推崇英國剛建立的資本主義社會，反對專制主義制度和教會的壓迫，倡導理性，維護私有制，表達了資產階級的願望和要求。法國啓蒙思想家查理·德·斯貢達·孟德斯鳩(Charles de Secondat, Montesquieu 1689～1755)、伏爾泰(Voltaire 1694～1778)和若望—雅克·盧梭(Jean-Jacques Rousseau 1712～1778)等對德國的狂飆突進文學運動起了重大影響，其中盧梭倡導的民主主義精神，不僅對推動法國的資產階級革命發揮了作用，而且也對德國狂飆突進運動的詩人，作家有較大的影響。

　　那時，在封建專制主義的統治下，德意志各邦的普通百姓蒙受著諸侯和貴族肆無忌憚的壓制和奴役。貴族莊園的農民生活與城市平民相比，更加艱難困苦。當威廉二世爲擴張疆土需要兵源時，貴族就用強迫手段把農奴召來，有的是被抓來穿上軍服，成爲普魯士軍官嚴酷管教下的士兵。只有身爲軍官的貴族子弟命令這些農奴士兵回莊園幫助收獲莊稼，他們才能回去，否則，沒有一點自由。受到法國啓蒙思想感染的德國詩人、作家意識到要改變這種落後、腐朽的局面，就必須把黑暗的專制主義制度砸碎。因此，盧梭的資產階級民主主義思想很易於被德國狂飆突進運動的作家所接受。

　　盧梭在青年時期就認爲人生來是善良的。道德敗壞確具有社會因素。以後他寫的《論人類不平等的起源和基礎》（1755 年）和《社會契約論》（1762 年）被恩格斯稱讚爲辯證法傑作。❺

　　在談及人類不平等的原因時，盧梭闡述人類生來在體魄、精神和氣質方面是健康的，政治、經濟和社會等方面的不平等的根源歸因於人脫離了「自然狀態」和私有制及國家的出現。社會的病態就是由於財富和現存的社會體制而產生的。❻但是，他並不主張取消私有制。爲反對不平等，他提出了「回歸自然」的口號。這個口號的意思並非完全主張回到原始社會，回到大森林自然界，事實上那也是不可能的。他承認，理想的自然狀態也許從未存在過。但他認爲現存的封建專制

制度違背了自然,違背了私有制產生前的人類平等。「回歸自然」就意味著摒除私有制、均貧富、結束現存的封建專制主義的束縛,人類生活在和平的自然環境中,社會力量才得以發展,才合乎理性。而回歸自然這個口號也表示忽略了人類已取得的進步。但是爲反抗封建專制主義,在當時「回歸自然」口號具有其進步意義。對於啓蒙思想家來說,要求有一個自然的有理性的社會,因爲合乎理性與合乎「自然」是一致的,合乎自然,客觀上便不合乎宗教。因此,盧梭的民主主義精神既反對封建專制主義,又隱晦地反對反動的宗教神權,這就與狂飆突進運動思想家的願望相符合。

在《社會契約論中》,盧梭反對君主立憲制,主張任何一個國家都應該是一個民主共和國,再次闡述了他的民主主義思想。他認爲,在這個共和國裡,領袖是人民選舉的,「主權在民」,人民有權監督共和國的工作,如果共和國損害了人民的利益,人民也可以反對它。法律也應該由人民在公衆會議上制定,這樣的會議有權撤銷被推舉的官員。這些激進的政治思想,貫穿於盧梭的哲學政治論著裡,也反映在他的文學作品中,他寫的小說《新愛洛伊斯》(1761)和《愛彌爾」(1762),前者刻畫了對貴族階級的憎恨,抒發了對專制主義社會等級和門第觀念的反抗;後者表述了啓蒙教育家熱愛自由,反對按圖索驥的課堂教育思想。

盧梭的民主主義思想猛烈地衝擊了法國的封建專制主義統治,很快地越出國界,在德國發生深刻回響,狂飆突進運動的詩人和作家對盧梭頗爲推崇。他們感到,盧梭的反對專制、要求民主自由、個性解放等資產階級思想像一股洪流蕩滌著德意志的污泥濁水,使沉悶而閉塞的德國在禁錮的專制主義思想領域產生了新的活力,使狂飆突進時期的德國文藝作品成爲反專制、反神權和反暴虐統治的有力武器。

(二)繼承德意志的民族意識

在狂飆突進運動之前,即在 17 世紀和 18 世紀之交,在哲學和文學

領域，德國湧現的一批啓蒙思想家也是以強烈的民族意識和民族感情爲其特點。

　　德國啓蒙運動的前期哲學家，如托馬修斯、萊布尼茨及其弟子沃爾夫，不僅倡導理性，倡導「人權」，而且以精神與物質的和諧論駁斥了「絕對神權」的謬論。沃爾夫甚至說，「我發現，我們的語言用於科學比拉丁語好得多，而且用純粹的德語所作的表述，若用拉丁語聽起來其聲音便極粗野。」❼

　　啓蒙哲學家的民族意識在啓蒙文學家中的表現更爲強烈。在同一時期，啓蒙文學家的代表高特舍特非常重視沃爾夫的唯理主義哲學。在 18 世紀 40 年代以前，他作爲德國文壇權威，要求文學創作應具有敎育作用，培養人的道德修養，要求合乎理性。但他要求德國作家學習法國古典主義作家的陳舊的創作規律卻遭他同代人和後輩的反對。

　　啓蒙文學後期的重要作家萊辛就與高特舍特不同。在開創德意志的民族文學和民族文化方面，萊辛具有特殊功績。在《拉奧孔》（1766年）這一重要美學論著中，萊辛不僅明確了詩與畫的界限，而且認爲詩應該表現資產階級的人的精神和感情，以反抗封建專制主義意識。在《漢堡劇評》（1767 年）中，萊辛反對法國高乃伊和拉辛戲劇的呆板程式（如死板的「三一律」），抨擊他的前輩和同時代的某些作家對法國古典主義的戲劇庸俗的模仿。他認爲，要使德國人民眞正了解本國的社會生活，就要使戲劇具有民族風格、民族內容，而德國戲劇舞台上很少上演描寫德國人民生活的作品，正是由於缺少具有民族內容的劇本，這使他頗感憂慮。因此，他要求創造和發展具有德意志民族風格的現實主義戲劇，演出充滿德意志民族感情的劇作。

　　萊辛在文學理論上強調德意志民族意識、民族覺醒，在實踐上也創作了許多優秀的戲劇作品，這不僅豐富了德意志民族文學，而且透過創作抨擊了反動腐朽的封建專制主義的統治階級，傳播啓蒙思想，反對德國分裂，爭取德意志民族的統一，在這方面，他尤其成了民族文化的先驅。他在促進德國民族文學的道路上獨闢蹊徑，後人稱他爲

德國民族文學的奠基人。

　　萊辛既為德國文學奠定了民族文學的方向，也以他為代表的啟蒙文學所強調的民族意識和民族覺醒給予狂飆突進文學以深刻的啟發和影響。18 世紀 70 年代，當威廉二世醉心於法國宮庭文化、詆毀和蔑視本國文學時，狂飆突進運動的詩人、作家繼承並發展了啟蒙文學優秀傳統。他們發揚愛國主義精神，要求振興德國民族意識，鞭笞封建割據造成國家、民族的分裂，要求把整個德意志民族視作統一體。同時，他們反對生活的異化，要求根據生活習俗創造具有民族風格、民族特點和民族內容的文化。因而，他們特別關注刻畫德國人民的自由、友誼、愛情、祖國及自然而恬靜的田園生活。他們主張繼承和維護德國文化的民族性，厭惡盲目崇拜風格古板的外國文化。但是，他們並不因此排斥一切有利於民族文化健康發展的外國文化。在這方面，他們和萊辛一樣，讚賞英國莎士比亞的優秀戲劇，並向本國人民推薦。

　　啟蒙運動時期興起的德意志民族意識的覺醒和對專制主義腐朽統治的反抗，到狂飆突進時期又有了新的發展，並被推向一個新的高潮。

(三)宣揚「天才」論

　　所謂「天才」，就是指英雄人物突出的才能、智慧和膽識，或是指有特殊天賦的英雄人物。這些詞彙基本上是適應資產階級衝擊封建專制主義的需要，也是上升的資產階級爭取人民的權利和自由的需要。

　　狂飆突進運動所以推崇天才，是基於德國這樣一種社會環境：在封建專制主義統治時期，由於反動宗教勢力的鉗制和封建專制主義奴役的雙重束縛、德國人民的生活是不自由，無人道可言的，像詩人克里斯蒂安・弗里德里希・丹尼爾・舒伯特(Christian Friedrich Daniel Schubart 1739～1791)因反對封建專制被符騰堡公爵卡爾・歐根逮捕，不經審判被關禁監獄十年之久。❽在那種惡劣情況下，要想自由而又合乎人道也不可能，因為騎在人民頭上作威作福的諸侯貴族，為維護其暴虐統治，需要其臣屬俯首貼耳，唯命是聽；其臣屬愈是沒有

理想，沒有意志，沒有個性，甚至如牛馬似的沒有思想，便愈易於成為他們馴服而又順從的駕馭對象，他們便愈認為是天經地義。他們需要的不是天才，而是奴才。

狂飆突進運動反對宗教和封建專制主義的壓制，都需要天才，因為具有天才的人物有膽略敢於被披荊斬棘向罪惡的封建專制制度發出衝擊，有智慧能夠判明造成民族分裂的原因，有能力足以果斷地掌握自己的命運。這樣的英雄、天才，對一切事物敢於當機立斷，他是符合理性的，自由而又不受束縛的。而這樣的天才人物只有在社會環境不受封建專制主義的遏制、自由自在的形勢下才能成長發展，才符合自然。

在封建勢力頑固統治時期，主張發展天才的思想頗受新興資產階級的鼓勵。由於新興資產階級在取得一定的經濟地位之後，要想爭得政治地位，就要反對奴役和壓制「人權」的封建專制主義和依附於它們的宗教勢力。

可是，軟弱而妥協的德國資產階級在政治上無力推翻專制主義的統治，只有代表資產階級的狂飆突進運動繼承著啟發文學反封建反專制主義的傳統。狂飆突進運動的先進人物為反對普魯士和各邦諸侯對人民愈想瘋狂的壓制和奴役，便愈益宣揚「天才」論，以便使具有「天才」的英雄人物愈益有更大發展，愈益相信自己的才智和力量，足以衝破德意志各邦諸侯與宗教勢力的舊樊籬。

狂飆突進運動宣揚英雄、天才，還在於英雄和天才具有不同凡響的創造力，具有超群卓絕的才智。狂飆突進派的詩人、作家又都是風華正茂、智勇雙全、剛正不阿的人物。他們肩負著民族賦予的使命，努力創造表現民族感情與民族風格的作品。因此，這些天才藝術家創造的藝術與文學傑作，如歌德的《少年維持之煩惱》、《葛茲‧封‧柏利欣根》，席勒的《強盜》等並非無病呻吟，虛無縹緲，而是植根於人民，密切與人民相聯繫，為人民所理解和喜聞樂見的作品。

「天才」是狂飆突進倡導的口號。儘管投入這一運動的並非人人

是天才,但是,他們提倡「天才」論,鼓勵人們在鬥爭中發揮天才。他們認為,天才是本民族固有的原始力量,有天才的人應是懂得追求個性自由、個人意志和個人理想的人。不用說,這些思想仍屬於資產階級思想範疇。狂飆突進運動的理論家赫爾德曾說,「天才是與生俱來的,它既非靠兜售,也非靠乞討;既不是靠相爭,也不是靠摹擬而成,它是自然形成的,是其自身,由天生的力量,並以天生的愉悅輕易地天才地發揮著作用……」,「天才要創造,…」❾

　　「天才」論並非狂飆突進運動固有的理論,而是根源於 18 世紀 70 年代以來的法國形而上學的唯物主義和德國的主觀唯心主義哲學。法國形而上學唯物主義否定神的存在,相信人的自身力量,它和德國康德主張的「絕對精神」都對狂飆突進運動的「天才」論發生過影響。他們認為,凡相信個人自身力量的「天才」,決心幹某件事,要攻無不克,堅無不摧。

　　在普魯士和德意志各邦統治下,為反對德意志民族的分裂,反對封建諸侯與宗教勢力的勾結,狂飆突進運動倡導「天才」論便具有積極意義。它鼓舞著人民奮發上進,喚醒人民爭取擺脫被壓迫被奴役的地位,增強自己的意志和決心,運用主觀力量,去與封建專制主義制度抗爭。這思想在當時代表著上升的資產階級的利益,但是,在資產階級取得統治地位之後,「天才」論者便對人民群眾不屑於一顧,甚至把人民群眾視為「群氓」,使推崇天才的意義失去光彩。

(四)理性與感情的融合

　　理性與感情的融合也與天才論有關。狂飆突進運動要求天才人物應具有對感情與理性統一的認識能力,因為感情作用可以使認識深化。

　　啟蒙運動以理性要求為中心,狂飆突進運動則強調感情。但是,狂飆突進運動在強調感情的力量的時候,並不排斥理性,而是要求感情與理性的統一。感情與理性的統一或融合可稱為啟蒙運動發展到狂

颮突進時期的要求。這在理論認識上是一個進步。

　　然而，感情與理性的融合不是只有理論意義，而且有實際意義。在反抗德意志各邦專制主義和反宗教的鬥爭中，深入到各個領域的感情力量是不可忽視的。因爲只要在某一活動中有感情力量的協助，其中所產生的作用也是強烈的。對於狂颮突進運動來說，理性與感情的融合正成爲文學創造的強大推動力。這也正是狂颮突進運動的倡導者推崇感情與理性融合的原因。

　　狂颮突進運動推崇上述四點在於啓蒙運動之後從事反專制、反神權的新的文學創作，在於喚醒德意志民族對封建專制主義分裂德國的強烈憎恨，歌頌祖國的美好自然，鞭撻綿延千年之久的專制主義，掃除阻礙國家前進的各邦專制主義勢力。只有這樣，才能不斷地促使德意志民族認識到國家的分裂、落後，覺悟到民族的困苦與沒有自由。

第三節　狂颮突進運動的代表人物——赫爾德、歌德和席勒

　　在狂颮突進的旗幟下，滙聚了一批傑出的代表人物，而在這批傑出人物展露鋒芒之前，一批卓越的先驅思想家已經對狂颮突進文學起過推動作用。成爲狂颮突進運動先驅的有約翰·格奧爾格·哈曼 (Johann Georg Hamann 1730～1788)，他享有「北方智者」的雅稱。和法國的盧梭一樣，哈曼鄙視爲少數封建王侯服務的宮廷文藝，讚賞具有人文主義思想的荷馬、莎士比亞。

　　哈曼 1730 年 8 月 27 日生於哥尼斯堡一個外科醫生家庭，他自幼好學，曾入哥尼斯堡大學就讀。哈曼青年時期生活貧苦，以擔任家庭教師糊口。雖然他對哲學、神學和經濟學有濃厚的興趣，但是，生活迫使他無法專心於某一學科的研究，相反，卻使他與普通市民較有接觸，對人民群衆懷有深切的同情。他認爲，「人民群衆中蘊藏著一切文化取之不盡的源泉。」❿哈曼是個非理性主義者，在他看來，理性只

是人的一部分思想，並非根本的東西；而人的本能（天性）、直觀和感情才是更深刻的內容。⓫但是，他在學術上仍擺脫不了宗教意識的羈絆，譬如，他把語言看作是神與人之間的媒介，是神賦予感情表達的饋贈。

與哈曼一樣，起過先驅作用的還有約翰・卡斯派爾・拉瓦特(Johann Caspar Lavater 1741～1801)和約翰・亨利希・梅爾克(Johann Heinrich Merck 1741～1791)。拉瓦特一生讚頌人與人之間的友愛，主張爭取自由和權利，以反抗君主、諸侯對人民的壓迫與奴役，其鋒芒所向直指德意志各邦封建專制主義的統治。梅爾克既與赫爾德，也與歌德相識，他們反對專制主義的思想是一致的，而且梅爾克和歌德志趣相投，兩人合作編纂的《法蘭克福學者指南》（1772 年）成爲狂飆突進文學運動的理論指導之一。

積極投入狂飆突進文學運動的作家有亨利希・封・格爾斯騰貝格(Heinrich von Gerstenberg 1737～1823)、雅客布・米哈伊爾・賴因哈特・棱茨(Jokob Michael Reinhard Lenz 1751～1792)、亨利希・萊翁帕特・瓦格納(Heinrich Leopold Wagner 1747～1779)和上文已提及的克林格爾，以及哥亨根林苑派詩人約翰・亨利希・伏斯(Johann Heinrich Voβ 1751～1826)，和這個時期的浪漫作家約翰・卡爾・威澤爾(Johann Karl Wezel 1747～1819)等人。他們在青年時期發表的文學作品都具有狂飆突進風格。

但是，他們當中對促進狂飆突進文學起重大作用、功勛卓著、蜚聲文壇、影響超越國界的當推著名詩人兼劇作家約翰・沃爾夫岡・歌德(Johann Wolfgang Goethe 1749～1832)、弗里德里希・封・席勒(Friedrich von Schiller 1759～1805)和積極推進這一運動的重要理論家約翰・高特弗里德・赫爾德。赫爾德爲這一文學運動提出了比較全面的綱領性理論，他的理論對於歌德、席勒和狂飆突進運動的其他作家的創作實踐具有指導意義。下面依次簡述上位傑出代表對狂飆突進文學的貢獻：

(一)赫爾德

　　赫爾德是哈曼的學生，歌德的契友；他在神學、哲學、美學、詩學、歷史、語言學諸領域造詣頗深，是個很有才能的作家。他繼承萊辛倡導民族文學的精神，積極參與狂飆突進運動，成爲狂飆突進運動的重要理論家，對這一運動起過重大推動作用。

　　1744 年 8 月 25 日，赫爾德生於東普魯士的小城莫隆根，父親是教堂牧師，母親是手工業者之女，家境貧困。少年時代他在家鄉爲牧師抄寫文稿爲生，1762 年，他來到哲學家康德和哈曼的故鄉東普魯士的哥尼斯堡，在那裡，他與哈曼交友，鑽研莎士比亞，聽康德的哲學課。1769 年，他經里加到法國後，結識了百科全書派首領狄德羅，返國後又認識了萊辛。那時，適逢以萊辛爲主將的德國文學上的啓蒙運動達到高潮，使他受到很大影響。在此之前，他已就文學研究撰寫過《論近代德國文學》（1767 年）和《批評之林》（1769 年）此後，他把大半生精力花在民族語言、歷史、文學、哲學以及國家體制的研究上。在上述研究領域，他得到哈曼的幫助，並因哈曼的啓示，引起他對荷馬、莎士比亞以及對英國啓蒙哲學的關注。1770 年，他在斯特拉斯堡結識了歌德，並與歌德一起掀起狂飆突進文學運動。1776 年，經歌德之助，他在魏瑪宮廷謀得教會總監的職務。同年，他又結識了席勒。1794～95 年，赫爾德與歌德一起支持席勒主編的《時序女神》雜誌。在生活於魏瑪期間，由於贊同 1789 年法國大革命，赫爾德失寵於魏瑪公爵卡爾·奧古斯特，從此心情鬱悒，卒於 1803 年 12 月 8 日。

　　在德意志民族語言、文學、哲學和歷史等學術研究領域，赫爾德都表現了他的突出才能。他提出了不少獨到的見解，這些見解比較符合時代精神，不僅在普魯士專制主義統治時期是進步的，就是今天，對於德意志民族文化來說，也還具有某些重要意義。

　　首先，關於民族語言問題是赫爾德提出的重要理論之一。儘管他也曾擔任過牧師，但是，在《論語言的起源》（1772 年）一書中，他否

認語言是源自上帝的神學見解，認為語言是社會生活現象，是人類在漫長的歷史長河中逐步形成的。他認為，每個民族都有自己的語言，各民族的語言都有各自的獨特的表達方式，也即有各自的民族特點，各民族在用民族語言表達他們的各種感情時，表現了思想和詞彙的豐富。民族語言是一個民族的思想財富。

同時，赫爾德強調語言是表達思想的工具。但是，他認為，不能忽視語言借用文學形式所表現的作用，因為如果沒有詩歌語言，這個民族何以有偉大的詩人？如果沒有含義深刻的語言，這個民族何以有優美的散文家？如果沒有明朗清晰的語言，這個民族何以有偉大的智者？……

由此可以看到，赫爾德肯定了語言與思想、語言與文學的不可分割的聯繫。他認為，語言的產生源於人民生活的需要，而文學的產生則賴於作家所處的時代、社會和人民的思想、感情。他的分析是科學的，符合實際情況的。因此，他認為，民族語言具有表達民族思想和民族感情的任務。這對於方興未艾的狂飆突進文學運動具有重要意義。他的理論使投身於狂飆突進運動的詩人、作家重視運用德意志民族語言寫作，對德意志民族文學的發展發揮了積極作用。

其次，赫爾德重視搜集民歌。他認為民間詩歌並非少數詩人、學者的私有財產，而應該是世界各族人民共有的精神財富。他反對貶低民歌，因此，他認為不能把民歌視作粗俗、低下和粗鄙的文學形式，而應看到民歌的生動活潑，歌中有舞，民歌用語雋永，感情真摯、自然，而且富有濃厚的抒情韻味。

赫爾德把搜集民歌與強調民族意識、鄙視宮廷文化統一了起來。他以為一個民族無論人數多或少，各民族的民歌都發揮了各民族的智慧和才能，也都表現了各民族文化和習俗的一致。他覺得凡是具有民族特點的文藝作品，便有存在的價值，也才能顯示民族的光榮與驕傲，贏得民族的地位。

無論致力於本民族的民歌搜集，還翻譯歐洲其他民族的歌謠，赫

爾德都同樣抱有熱情。他采風的特點是著重搜集反對封建君主專制主義和人民渴望民主生活的題材。他生前曾周遊歐洲，每到一處就搜集大量民歌，並把搜集整理好的民歌譯成德語。這些民歌，在他逝世後由後人編纂成集，以《各族人民的心聲》為名發表，引起音樂家的注意，他們為其中的優秀民歌譜曲，使其廣為流傳。

　　赫爾德的這些采風思想傾向，很切合德意志新資產階級的利益，也促進了狂飆突進派詩人，作家對民歌搜集的重視，歌德得以擺脫狹窄沉悶的文學氛圍，並以采風下汲取創作營養，都得助於赫爾德。對此，歌德後來在《詩與真》一書裡曾加以稱頌。

　　第三，關於文學與歷史的關係。赫爾德認為，文學的歷史不只是表面地敍述與列舉作家及其生活的環境與作品，而是應把文學與由人民信仰和人民性為前提的一般教育狀況緊緊聯繫起來作科學的表述。他認為，以世界歷史為基礎的文學是從人民、時代和國家的精神和感情中產生的。

　　早在 1766～1767 年，赫爾德在《論頌歌》的論文中曾說，文學與歷史的聯繫是緊密的，每一時代的文學離不開它那時代的歷史。古希臘的頌歌就和它那時代的精神、內容和感情有關，希臘的酒神歌絲毫不同於希伯萊的讚美詩。這是由於每個國家的頌歌詩人都認識其本國的歷史。而判斷每一詩人的傾向，首先應全面地了解一下詩人所處的國家和歷史。這也說明為什麼索福克勒斯和歐里庇得斯不同於莎士比亞和拉辛。同樣，以歷史和歷史素材為基礎的悲喜劇都具有各自的特點，古代悲、喜劇和現代悲、喜劇便各不相同。赫爾德提出文學與歷史的關係不只是指出古代和中世紀的歷史與文學表現的聯繫，更切實的是為狂飆突進運動指出反封建、反專制和反宗教的意義。

　　第四，赫爾德對人文主義理論的建樹。在《關於人類歷史哲學的思想》一書中，他專門闡明了人文主義思想。應該用「人文主義思想來培育人」是赫爾德的理想。為此，他讚同呼籲「人權」，因為這對反抗專制主義束縛具有重大意義。他還贊同維護人類尊嚴，譴責對鄰邦

進行侵略戰爭，反對戰爭時期買賣士兵；在北美獨立戰爭時期，他反
對黑奴交易。他譴責對貧苦人民的任意掠奪，抨擊因缺少社會公衆的
關注而造成的貧困乞討，批判利用宗教迷信愚弄人民……，凡是普魯
士和德意志各邦封建專制主義統治下的一切弊端，他都譴責，因爲這
一切在他看來，都不符合資產階級人文主義精神。

　　在追求「使人具有人文主義思想」的同時，他主張竭力改變現存
的封建專制主義制度，建設一個「人文主義」社會，只有這樣，才能
實現他政治上的理想。這裡涉及赫爾德的國家理論。在這方面，他與
哲學家康德的觀點有所不同。康德視國家爲絕對的強迫機構，這個機
構以反對個人的「惡習」來穩定人類社會，康德的國家理論認爲人生
來有那「惡習」，國家必須給予這種「惡習」以約束力。而赫爾德認爲，
國家是歷史的產物，是暴力與壓迫的工具。他認爲，作爲暴力的國家
是歷史過程中的一種現象，在社會進步到一定階段，國家也會消失。
但在 18 世紀，他的反抗暴力的思想是針對專制主義的德意志各邦的，
從新興資產階級的利益出發，他的思想具有進步意義。

　　綜上所說，赫爾德論述語言、民歌、文學的民族意識和他倡導的
人文主義思想等，頗受德意志資產階級的歡迎；他的理論成爲狂飆突
進文學運動反封建專制主義統治的有力武器，對狂飆突進運動的發展
起了積極的指導和推動作用。

(二)歌德

　　德國偉大的詩人和劇作家約翰・沃爾夫岡・歌德是狂飆突進文學
運動的核心人物，他的出身與赫爾德的貧困家庭截然不同。1749 年 8
月 28 日，他生於美茵河畔法蘭克福的一個望族之家，從小生活富裕、
舒適，家裡有一個藏書頗豐的私人小圖書館。母親是法蘭克福鎮長之
女，父親曾到義大利和法國學習，但官運並不亨通，在婚前曾花錢買
了個皇家參事的頭銜。歌德比他父親幸運得多，成年後，大部分時間
生活於魏瑪宮廷。但是，他青年時期在狂飆突進文學運動中的表現，

恰似從封建的舊營壘中殺出來的一員闖將。

　　1765 年，歌德由故鄉來到萊比錫大學學習，他自幼喜愛文學，此時他寫作詩歌非常努力。但是，他最初的作品風格和內容受宮廷文化的影響，文學視野不夠開闊。1770～1771 年，歌德前往斯特拉斯堡大學繼續深造，獲得法學博士學位。在那裡，他結識了赫爾德。赫爾德對民族語言和民族文學的見解，使歌德在文學領域裡步入新的天地，開闊了眼界。赫爾德熱心向歌德推薦荷馬、莎士比亞和英國法國啓蒙時期作家的作品，期望歌德在創作上從古老的優秀作品中得到借鏡，並不希望對歌德對荷馬、莎士比亞的簡單模仿。

　　赫爾德的強烈和激進的資產階級民主主義及激烈的反封建意識，對歌德的影響很大，燃起了歌德的青春創作熱情。歌德經常把自己寫的詩歌、劇本等寄給赫爾德過目，赫爾德總是利用尖銳而中肯的批評，使歌德得益匪淺。歌德由此捲入反對封建專制主義和反宗教的狂飆突進運動，狂飆突進文學也因而有歌德而更負盛名。

　　1771 年以後，在赫爾德的啓示和影響下，同時為反對對法國戲劇的庸俗模仿，歌德連續寫出青年時期的著名劇作《葛茲‧封‧柏利欣根》和成名之作——被譯成多種外國文字的《少年維持之煩惱》。1772 年，俄、普、奧三國聯合首次共同瓜分波蘭，普魯士軍事官僚專制主義在掠奪了波蘭領土時得到了鞏固，並在國內加強了與貴族的勾結。歌德的上述兩部作品正是對時代的針砭，對德意志各邦反動、黑社會的抨擊。在創作風格上，歌德也突破了前人的陳規俗套。

　　1774 年，「葛茲」一劇在柏林上演時，卻遭到威廉二世的非議。此劇表現的是農民不堪封建諸侯的壓迫和奴役。主人翁葛茲最初站在起義農民一邊，奮力與諸侯貴族抗爭，反抗黑暗、反動和落後的專制主義社會，但是由於葛茲是沒落騎士的代表，最後與農民起義不合拍，個人的反抗意志在封建專制制度下消失了。歌德在這一作品中力圖抒發那時代的狂飆突進精神 —— 對腐朽黑暗的封建社會的反抗和對自由的渴望。

　　書信體小說《少年維特之煩惱》刻畫的是 18 世紀 70 年代青年人的戀愛悲劇。此時，容克❷ —— 貴族由於再次得到普魯士國王和德意志各邦諸侯的支持和庇護，他們就排擠剛剛由封建專制主義制度下崛起的資產階級，在封建諸侯和貴族勢力及反動宗教的共同壓力下，新興的資產階級和代表他們的知識分子非常痛恨封建枷鎖的束縛。小說既反映了封建專制制度下青年人的憂愁和苦悶，也反映了青年人的憤怒與憎恨，它的反封建、反專制和反宗教的內容表現了狂飆突進的叛逆精神。

　　文藝史家們曾把歌德的《葛茲》、《少年維特之煩惱》以及此時寫的一些反抗暴政的詩歌視爲狂飆突進精神的代表作。尤其是《少年維特之煩惱》中的主人翁的自殺，既被看做憤怒與反抗的表現，也是軟弱的德國資產階級在諸侯和貴族的壓力下找不到出路的表現，是感傷主義的象徵，同時，也可看做德意志的新興資產階級在反抗封建專制主義暴虐統治下的悲壯歷程。由於基督教認爲自殺是犯罪，因此維特的自殺也就被視作是強烈的反宗教思想的表現。自殺是不足取，但在這部小說出版後不久，在德國一些青年中出現了「維特熱」，他們在個人遭到不幸時，竟然仿效維特的自盡，甚至連穿的服飾也和維特一樣。但在文學上，它的意義是巨大的，一時，它傳遍整個歐洲，並以此證明了德國新的文學的出現。

　　歌德在創作了《葛茲》和《少年維特之煩惱》及許多優美抒情的詩作而名震文壇之後，於 1775 年應卡爾•奧古斯特公爵之邀，前往魏瑪宮廷，於 1776 年 6 月任宮廷樞密顧問，一待十年，歌德從此逐漸脫離了狂飆突進文學運動。當他對小邦朝廷的種種醜惡行徑感到厭惡而決心去義大利旅行時，已是 1786 年，此前不久，狂飆突進文學運動已近尾聲。

(三)席勒

　　約翰•克里斯托夫•弗里德里希•席勒與歌德交誼篤厚，且與歌

德齊名，那是享譽世界的德國偉大詩人和戲劇家。席勒也是狂飆突進文學運動的主將，但是，他比歌德年輕十歲，卻因病比歌德早逝。

　　席勒於 1759 年 11 月 10 日生於符騰堡公國的馬爾巴哈，1805 年 5 月 9 日卒於魏瑪。父親任軍醫，領上尉銜，加參加過「七年戰爭」，母親是麵包師之女。父親因從軍遠離家鄉，幼年席勒和貧困的母親一起生活。少年時代，他上過拉丁語學校，13 歲時，符騰堡公爵卡爾·歐根(Karl Eugen 1728～1793)迫使他入卡爾學院。對於公爵統治下的 50 萬居民來說，卡爾是個嗜血如命的剝削者與壓迫者，但他在政治上是腐敗無能的。公爵要使進入卡爾學院的學生都看爲他的奴隸，難怪德國工人運動的傑出活動家、著名歷史學家弗朗茲·梅林(Franz Mehring 1846～1919)稱這所學院是「奴隸製造所」。

　　在卡爾·歐根公爵的宮廷裡，公爵及貴族們精神空虛，生活糜爛、荒淫無道、利欲熏心，宮廷上下阿諛奉承、爾虞我詐。爲了搜刮民脂民膏，公爵從事的骯髒交易就是把本邦的窮人子弟當炮灰賣給鄰邦，以獲高利。早在 1752 年，按照契約，卡爾公爵每年向法國提供 6 千士兵，獲得 32 萬 5 千法朗，這個數字到 1759 年提高了一倍。❸ 由於這一交易獲利甚多，公爵還依仗其權勢，常在深夜中衝進老百姓家裡，以「征兵」爲由，任意把年輕人抓走，販賣到非洲當兵或服苦役。不少符騰堡的年輕婦女被抓進宮中，受盡凌辱，失去人身自由。在這種惡劣環境下，少年席勒於 1773 年公到卡爾學院，先學法律，後修醫學。醫學系是 1775 年 11 月當卡爾學院遷到斯圖加特時設立的。但是，由於學院等級森嚴，所有的學生都以貴族和市民出身加以區別。席勒因這一不公平待遇而受到卡爾公爵的摧殘達八年之久。1780 年，他通過醫學考試，離開學院，像他父親一樣，在斯圖加特成爲軍醫。

　　這期間，席勒由愛好閱讀文學作品，到他自己動手寫了第一個劇本《強盜》，只是苦於無法出版和演出。在他自費印刷後不久，曼海姆的書商斯旺接受了這個劇本，並經他的斡旋，成立不久的曼海姆民族劇院監管男爵封·達爾貝格決定上演《強盜》。達爾貝格擔心劇情距離

現時大近，便把劇本情節的發生時間提前了二百年。

1782 年 1 月 13 日，這一天是值得紀念的日子，席勒的《強盜》在曼海姆民族劇院首次公演。這次演出，使席勒感到無比激動與歡愉。據一個當年的目擊者寫道：「劇院幾乎成了瘋人院。他們圓睜雙眼，攥緊拳頭，雙腳把地板跺得震天價響，喉嚨都吼啞了！互不相識的人彼此傾倒，泣不成聲。女子們踉蹌地走向出口處，幾乎近於昏厥。那氣氛猶如是驅散了籠罩在混亂之上的陰霾，露出了一線嶄新天地的曙光。」演出效果是空前的，給曼海姆民族劇院帶來光彩。

為了再睹演出的盛況，席勒曾二次由斯圖加特前往曼海姆，並計劃與達爾貝格商談他的第二部劇本「菲埃斯科」的演出。他回來後，公爵即以私自前往「異邦」之罪，禁閉他兩周，並不准他繼續寫作。在禁閉期間，席勒又構思了另一著名悲劇《陰謀與愛情》。時隔兩年，他青年時期的這部代表作與《菲埃斯科》同時上演。但是《陰謀與愛情》獲得更大成功。《強盜》、《菲埃斯科》和《陰謀與愛情》三部劇作的內容都突出地表現了新興資產階級對封建專制主義的強烈憎恨和反抗，刻畫了受壓迫的市民和資產階級對德意志專制主義的諸侯的挑戰，抒發了新興資產階級對自由的渴望和對社會改革的嚮往。其中《強盜》和《陰謀與愛情》更具特色。

《強盜》一劇描繪了一個豪俠青年卡爾，因不甘封建黑暗社會所受的屈辱，痛恨貴族家庭對他的猜忌，鋌而走險的故事。他感到，國家的分裂、民族的災難、人民的痛苦和社會的腐敗就是這幫貴族所造成。他被迫為盜劫富濟貧，以示對專制主義社會的反抗。為醫治和改造專制主義的封建社會，席勒借劇中主人翁之口說，「如藥治不好，就用鐵治，鐵治不好，就用火治」。這就明顯地吐露了其反對封建專制主義制度的意向。對此，他甚至在劇中高喊「德國應該成為一個共和國。」全劇充分表現了狂飆突進運動的叛逆精神。

《陰謀與愛情》對腐朽黑暗的專制主義社會作了更為深刻的揭露和抨擊。此劇描述了貴族青年斐迪南與平民之女露易斯的愛情，卻遭

到擔任宰相的父親瓦爾特的反對。這一對青年男女因等級門第的不同未能結合，最終死於宰相的強權壓力和陰謀陷害。斐迪南對其父的反抗與挑戰，說明他是封建社會的逆子。在他身上，席勒既刻畫了一個青年人對未來生活的嚮往、心地純潔和富有反抗精神的典型，同時也揭露了罪惡的專制主義王侯為了維護他們的統治，而不惜犧牲自己兒子的幸福，為了本階級的利益，他們甚至六親不認。劇本表現的反抗專制主義統治者的叛逆精神是如此強烈，以致恩格斯稱讚它是「德國第一部有政治傾向的戲劇」。❶ 這一傾向表現為爭取德國資產階級的自由、平等、民主以及為後來資產階級在德國的崛起做了思想上的準備。

　　席勒不僅創作具有叛逆精神的民族戲劇，而且主張建立民族劇院。直至 1786 年，在轉入歷史研究以前，他一直勤奮地獻身於狂飆突進文學運動。

第四節　狂飆突進文學的意義

　　正是由於赫爾德、歌德和席勒為首的傑出作家和詩人在啟蒙運動衰落之後，又高舉反專制、反封建和反宗教的旗幟，狂飆突進文學才在德國文壇上聲勢大振。這一文學運動從 1770 年形成以來，在近 15 年內叱咤風雲，推動著狂飆突進文學的發展，震撼著包括普魯士在內的德意志各邦專制主義的統治。在政治腐敗、經濟落後的德國，其作用和意義也就更加顯得偉大、獨特和卓越，甚至具有重大的理論意義。

　　18 世紀的德國社會是反動落後的，但在文學領域出現的狂飆突進運動却起了抨擊腐朽、黑暗的封建專制制度的作用。在狂飆突進運動的詩人、作家眼看德意志國家分裂腐敗，戰爭持續不斷，經濟落後凋弊，他們感到報國無門，遂把自己的才智奉獻給了文學事業；為激發民族意識的覺醒，他們高舉反專制反宗教的大旗，用自己的作品引人深思，發人猛醒，催人戰鬥。他們使被壓迫與被奴役的人民在苦難中

看到希望，在黑暗中窺見光明。這個時期確實是「只有在我國的文學中才能看出美好的未來。」❺

那時，在軍事官僚專制主義統治下，在苦難中生活的德國人民只能從精神食糧——狂飆突進文學中找到慰藉，這樣的文學在給人民以反專制反封建反宗教的啟示中表現了人民的願望，也顯示了它的偉大。

它的獨特，不只是表現在這一文學運動取用「狂飆突進」這個獨有的名稱上，而且表現在它所處的環境比英國、法國更為惡劣。

18 世紀 70 年代，英國已發生了資本主義工業革命，工業革命後暴露出來的資本主義的弊端與罪惡，令人悲觀失望，在文學上反映出感傷主義情緒。70 年代以後，隨著經濟的發展，資產階級與勞動人民之間的矛盾加深了。法國正處於資產階級革命的前夜，商業經濟較為發達，封建專制主義王權行將破滅。而同時代的德國資本主義經濟發展較慢，專制君主的勢力又極其頑固，而德國新興資產階級依附於諸侯貴族，表現軟弱無力，因此，德國資本主義的發展既落後於英、法，也不同於英、法。

在上述情況下，狂飆突進的傑出代表敢於喊出「打倒暴虐者」的口號，敢於向封建專制制度和反動的神權挑戰，獨特而又曲折地代表了新興資產階級的呼聲和利益。

狂飆突進文學的卓越表現於在它出現之前，德國文壇雖然經歷過啟蒙運動，但是，其內容仍舊離不開宮廷的逸樂、宗教迷信以及古典主義時期的無病呻吟和對法國作家高乃伊、拉辛等的呆板而庸俗的模仿，狂飆突進文學作品一出現，便開創了一代新穎的文風，一掃過去宮廷文藝的陳腐糜爛，排除了仿效貴族生活的污濁氣氛，代之而起的是對資產階級自由、平等和個性解放的追求。他們在作品中鞭撻了封建王公貴族的驕奢淫逸，刻畫了底層人民的群像，控訴了城鄉被壓迫平民痛苦的生活，同時為了反抗封建暴虐的君主，著意歌頌了叛逆者。

因此，在 18 世紀黑暗而落後的德國，他們為反映時代精神所發出

的聲音，不再是無病呻吟，而是具有推動時代前進的激進思想；不再是令人乏味的宗教宿命論，而是充滿理性與感情；不再是對風花雪月的感喟，而是對大自然的美好嚮往。狂飆突進文學旣具有浪漫主義色彩，更具有反抗專制君主的叛逆精神。

最後一點，其理論意義表現於在政治、社會和經濟落後的德國，而在文學上卻取得偉大的成就。這反映了物質生產與藝術生產發展的不平衡，物質生產落後，而藝術生產超越了物質生產的原因在於藝術生產的創造者在困難的條件下承繼了先驅者的成果。文化遺產的繼承任何時候都不可能因歷史的發展而被分割。後世的文學家、哲學家繼承了先驅者的成就，從正反兩方面用了先驅者的思想資料，取得巨大成果，這不是以後繼者所處的落後的政治經濟環境爲基礎，而是以先驅者的成就爲基礎。而先驅者所處的社會經濟的繁榮環境促進了文化的發展，這在產生早期啓蒙思想家的英國和法國就是如此。所以，18世紀的德國儘管政治上反動，經濟上落後，它的文學發展卻是美好的，偉大的。這裡不妨引用恩格斯的一段話來說明。他說，「每一個時代的哲學作爲分工的一個特定的領域，都具有由它的先驅者傳給它而它便由以出發的特定思想資料作爲前提。因此，經濟上落後的國家在哲學上仍然能夠演奏第一提琴；18世紀的法國對英國（而英國哲學是法國人引爲依據的）來說是如此，後來的德國對英法兩國來說也是如此。但是，不論在法國或是在德國，哲學和那個時代的文學的普遍繁榮一樣，都是經濟高漲的結果。」❶這一點充分說明在狂飆突進文學運動是在政治經濟不景氣的德國繼承國內外優秀思想成果而獲得光輝成就的典範。其實，在政治經濟惡劣條件下，在德國取得成就的不只限於文學，也包括了那時代的哲學和音樂。它們都以在反專制反宗敎的鬥爭中取得的輝煌成果載入德國文化史冊。

《註釋》

❶Straβburg，特斯拉斯堡，法國亞爾薩斯地區首府，現爲歐洲議會所在地。歌德於 1771 年就讀於斯特拉斯堡大學。

❷Gieβen，德國黑森州一城市名。

❸1775—1783年的反英獨立戰爭，即美國獨立戰爭。

❹恩格斯：《德國狀況》，《馬克思恩格斯全集》第 2 卷，第634頁。

❺參閱恩格斯：《社會主義從空想到科學的發展》，《馬克思恩格斯選集》第 3 卷，第417頁。

❻參閱杜朗編：《人類文化史》第 15 卷：《啓蒙時代的歐洲和東方》第 43 頁，慕尼黑西南出版社，1985 年德文版。

❼瓦爾特·蒙奇：《德國文化——從啓蒙到當代》德文版，第 41 頁。

❽參閱克勞斯·格西主編：《狂飈突進》，民主德國柏林人民和知識出版社，1958年德文版，第423頁。

❾瓦爾特·蒙奇：《德國文化——從啓蒙到當代》，德文版，第 97 頁。

❿參見克勞斯·格西主編：《狂飈突進》德文版，第44—45頁。

⓫參閱杜朗：《人類文化史》18 卷本第 16 卷：《法國革命前夜》德文版，第 43 頁。

⓬Jünker容克爲音譯，意爲貴族或莊園主。

⓭參閱帕爾·弗里德蘭德：《席勒》，魏瑪杜林根人民出版社，1953 年，德文版，第 7 頁。

⓮恩格斯：《致敏·考茨基》，《馬克思恩格斯全集》第 36 卷，中文版，第385頁。

⓯恩格斯：《德國狀況》，《馬克思恩格斯全集》第 2 卷，第634頁。

⓰恩格斯致康·施米特信(1890. 10. 17)，《馬克思恩格斯全集》第 37 卷，第489～490頁。

《席勒在魏瑪》，W.封‧林登斯密特(1829-1895)繪。前排帶孩子(席勒
的長子)的是席勒夫人夏綠蒂‧封‧棱格菲爾特。後排左起是赫爾德，
歌德，洪堡兄弟(卡爾‧奧和威廉)，摩索斯。

第8章　德國巴洛克和古典音樂

第一節　德國的音樂世紀

　　18世紀是德國文化光輝燦爛的時期，如同這個時期德國優秀文學一樣，18世紀的德國音樂也達到世界一流水準，給人們留下深刻印象。正是由於18世紀德國音樂的巨大成就，這一時期也堪稱為德國的音樂世紀。

　　一提及18世紀的德國古典音樂，也許人們馬上想到莫札特和貝多芬。不過，這兩位音樂大師確是繼承了德國音樂的傳統，在他倆之前，德國已產生了像巴哈和韓德爾這樣極有成就的巴洛克音樂家。而18世紀的德國音樂所以值得著重介紹，不僅因為德國音樂事業的發展此時在內容與形式突破了中世紀宗教觀念的束縛，形成理性與感情的融合，宗教音樂與世俗音樂並存的巴洛克精神，而且透過與歐洲其它國家，如荷蘭、英國、西班牙、法國和義大利等各國的音樂競爭中取得卓越成績，因此，18世紀的德國音樂成為德國民族樂發展的重大轉折。

　　在這之前，自從人們有宗教信仰，就伴隨著宗教音樂。宗教與音樂是歐洲每個家庭中不可缺少的部分。這既保持了宗教傳統，也促進了音樂的發展。當音樂由社會、學校滲入每個家庭時。在此基礎上，德國音樂發展到極高水平是可以想見的。在中世紀文藝復興時期，歐洲音樂（包括德國音樂在內）的純宗教性質漸漸地摻入世俗音樂──

民歌民樂的內容，這無論是聲樂(die Vokalmusik)和器樂(die Instrumentmusik)都是如此。在聲樂方面，文藝復興時期的作曲家，用民歌作歌詞，樂曲也是在民歌的基礎上加工的，這樣的歌曲與人民關係密切，歌頌了民間的反專制反宗教思想，成為新的反映人民日常生活的世俗歌曲。這種聲樂還發展為多聲部音樂 (die Vielstimmigkeit)。多聲部聲樂是既有獨唱，又有重唱的合唱歌曲，在文藝復興時期的世俗音樂和宗教音樂中發展迅速。由於多聲部聲樂的發展，產生了長短調和聲音樂，又由此發展為有器樂伴奏的和聲音樂。16世紀後期，在義大利興起了歌劇。最初，歌劇沒有宗教內容，以後加入宗教內容後，世俗內容和宗教內容並存。在馬丁‧路德進行宗教改革時期，路德對宗教音樂進行了改革，用德文唱聖歌，使宗教音樂具有民族性，並用民間曲調唱讚美詩。

在器樂方面，則有許多新樂器的發明，除去琵琶、風琴外，文藝復興時期在義大利阿瑪蒂提琴之家發明了製造提琴的技術，斯特拉迪瓦里(Antonio Stradivari 1648～1737)製作的著名小提琴就是在其導師尼‧阿瑪蒂(Nicola Amati 1596～1684)的製作基礎上的進一步發展。由於弦樂器的興起，這不僅促進了器樂曲的發展，也促進了有器樂伴奏的聲樂器樂的大合唱。

受文藝復興的影響，宗教改革後無論在新教與舊教之間，也無論在世俗音樂和宗教音樂領域，音樂在德國取得廣泛的發展，在德國北部、中部和南部，如漢堡、呂貝克、杜林根、柏林、曼海姆、萊比錫以及布拉格和維也納等地，音樂事業極為繁榮，音樂愛好者甚多。而這時義大利歌劇的華麗和貴族化傾向代表著巴洛克藝術風格，也影響到德國音樂界。盛期德國巴洛克音樂的重要代表就是音樂家約翰‧塞巴斯蒂安‧巴哈(1685～1750)和格奧爾格‧弗里德里希‧韓德爾(1685～1759)。這兩位在同一年誕生的音樂家經歷了聖經聲樂、宗教音樂和巴洛克盛期的賦格複合曲——即興曲音樂創作達到的高峰時期。在宗教改革和農民戰爭之後，農民和城市市民仍然遭到諸侯貴族的壓迫，

在啓蒙運動思想影響下，對專制主義不滿的情緒也反映在巴哈和韓德爾的作曲裡。

繼巴哈和韓德爾之後誕生的一位德國作曲家是克利斯托弗·威利巴爾德·格羅克(Christoph Willibald Gluck 1714～1787)。他是德國歌劇改革家。他運用啓蒙時期的文藝理論，即旣使歌劇具有正確的思想，又要使歌劇表達眞實、簡潔、合乎理性。他的歌刻不同於傳統的義大利歌劇，是對義大利歌劇的抗衡，爲德國歌劇開創了新路。

在歐洲樂壇，巴哈、格羅克和貝多芬三位音樂家被視作是 18 世紀德國音樂的權威代表。而在 18 世紀下半葉成爲維也納古典樂派代表的是約瑟夫·海頓(Joseph Haydn 1732～1809)、沃爾夫岡·阿瑪廸斯·莫札特(Wolfgang Amadeus Mozart 1756～1791)和貝多芬(Ludwig van Beethoven1770～1827)。他們使器樂音樂達到更加完美的境地，並使德國音樂在世界範圍產生巨大影響。

18 世紀德國和歐洲音樂的整體貫穿著兩個主流：一是對位複調音樂(die kontrapunktische Musik)，一是多感音樂(die empfind-same Musik)。對位複調音樂較多地表現了理智的要求，而多感音樂更多地滿足了音樂家和愛好者的感情願望。前者可稱爲理性音樂，後者可稱爲感性音樂。感情和理智這兩個內容是符合 18 世紀德國的文化思想的。當時在哲學和文學上的基本特點就是啓蒙時代的理性主義和資產階級上升時期的時代感情。這兩個主流，如果從時間上劃分，18 世紀上半期可說是對位複調音樂時期，18 世紀下半期是多感音樂時期。實際上，這兩種音樂風格如同德國哲學和文學運動一樣，是從理性主義到感情時代的轉折。約·塞·巴哈是對位複調音樂的最重要代表。在他之後，感性音樂有了更大發展。

在這一基礎上，隨著時間的推移，18 世紀下半期德國音樂向兩個方向發展：一是走上狂飆突進的道路，一是走上古典主義道路，狂飆突進道路便是理性與感情的融合。所謂古典主義猶如哲學和文學領域以古希臘古羅馬爲典範而得名。音樂上的古典主義是指嚴肅音樂而

言。它有別於通俗的娛樂性音樂。

　　啓蒙運動時期音樂中的純宗教思想已經遭到摒棄抨擊。18 世紀的德國音樂雖然仍然存在宗教影響，但是，在啓蒙運動之後和 1789 年法國大革命前夕，德國音樂的世俗性已愈來愈強，並代表了新興資產階級的利益，表現了反專制反宗教的民主精神。過去占上風的宮廷音樂，無論是歌劇、芭蕾舞樂，還是宴會奏樂，此時在這些音樂形式中都以演奏世俗音樂爲空前高潮。世俗音樂在宮廷中鞏固了它的陣地，並取得第一流的成績。這不能不說是德國音樂史上的重大轉折。

　　轉折的標誌是大音樂家巴和韓德爾不僅認識到世俗音樂的重大意義，而著手創作了用於宮廷的世俗音樂。韓德爾和格羅克對歌劇進行了改革，到了莫札特和貝多芬時期，音樂思想更加表現了理性與感情的統一，刻畫了濃烈的個性解放，爭取自由、民主和友愛的精神，抒發了反專制反宗教的意志。比如，巴哈擺脫宗教音樂的框框，創作了用器樂伴奏的世俗聲樂，莫札特的歌劇《費加羅的婚禮》表現了反對專制主義、嘲諷貴族的思想，貝多芬的樂曲則體現了爭取自由、平等、擁護共和革命的思想，他的許多曲調表現了熱情、勇敢與豪放。正是由於德國音樂在17～18世紀已產生了像約翰·瑪忒遜(Johann Mattheson 1681～1764)、泰勒曼、巴哈、韓德爾、格羅克、海頓、莫札特及貝多芬等衆多音樂大師，使德國音樂在 18 世紀贏得世界聲譽，使 18 世紀成爲德國的音樂世紀而載入世界音樂史冊。如果說萊辛、歌德和席勒是從啓蒙文學到古典主義文學的傑出代表，萊布尼茨、康德和黑格爾是那個時期的哲學代表，那麼，從巴哈、韓德爾到莫札特、貝多芬則是由巴洛克音樂走向古典主義的音樂大師。18 世紀的德國，盡管是在政治和經濟都落後於英、法的情況下，卻在文學、哲學和音樂等諸領域產生了許多傑出人才。從巴哈和韓德爾誕生迄今三百多年來，德國的古典音樂依然爲人們所喜愛，他們美妙而扣人心弦的樂曲經久不衰。

第二節　德國巴洛克和古典音樂的著名人物巴哈、韓德爾、格羅克、海頓、莫札特、貝多芬

　　德國巴洛克音樂和古典音樂在18世紀取得巨大成就，是與那時產生的偉大音樂家的勤奮分不開的。下面概述這個時期六位德國著名音樂家。

(一)巴哈

　　巴哈家族是17～18世紀定居在杜林根和弗蘭肯尼亞的德國音樂世家。這個家族產生過繆勒·懷特·巴哈(Müller Veit Bach 1550～1619)和他的兄弟卡斯派爾·巴哈(Caspar Bach 1570～1642)等優秀音樂家，其中最著名並成為德國音樂大師的是約翰·塞巴斯蒂安·巴哈。為追溯巴哈的家譜，不妨列一簡表：

　　繆勒·懷特·巴哈(1550～1619)—→約翰尼斯·巴哈(Johannes Bach 1580～1626)—→克利斯朵夫·巴哈(Christoph Bach 1613～1661)—→約翰·安布羅宙斯·巴哈 (Johann Ambrosius Bach 1645～1695) —→約翰·塞巴斯蒂安·巴哈(Johann Sebastian Bach 1685～1750)。約·塞·巴哈是老繆勒·懷特·巴哈的第五代孫，他與老巴哈相隔兩個世紀。在很長時期內，巴哈家族的許多成員是傳統的笛子演奏家、風琴師和宮廷樂師。

　　約翰·塞巴斯蒂安·巴哈1685年3月21日生於薩克森——魏瑪公爵領地的埃森那赫，1750年7月28日卒於萊比錫。九歲時，他的雙親相繼謝世。他只得由其長兄約翰·克利斯朵夫扶養。他從小學過拉丁文，以後學習了希臘文、修辭學、歷史和音樂。中學時代他參加過學生唱詩班合唱團。他從父親那裡學會演奏提琴，哥哥克利斯朵夫教會他彈鋼琴。在鋼琴和提琴演奏方面他顯示出音樂才能，在學校裡，他特別

喜歡音樂課。15歲時，他為了減輕哥哥克利斯朵夫家的家庭負擔，作為免費生在呂奈保(Lüneburg)中學就讀，並在樂隊任提琴手。為了去聽77歲高齡的著名風琴家約翰·亞當·賴茵肯(Johann Adam Reinken)的演奏，他徒步三十英哩從呂奈堡趕到漢堡。風琴音調使他陶醉，他竭盡全力刻苦學習，終於學會使用風琴樂器。1703年起，他在阿恩斯塔德獲得風琴師的職務，每周三次他在阿恩斯塔德的教堂裡演奏風琴，為此，他創作了早年重要的風琴曲目。

1705年，德國最著名的風琴師狄德里希·布克斯特胡德正在呂貝克演出。為觀摩布克斯特胡德的演奏，他請假四周，在這年10月竟然徒步200英哩來到呂貝克。大師的風琴技藝簡直令他著魔，他返回呂貝克時已是次年2月中旬。由於他超假受到申斥，因而丟失阿恩斯塔德的職務。1707年7月他在苗爾豪森任風琴師，同年10月17日與瑪利亞·巴巴拉結婚。1708年6月，巴哈在魏瑪宮廷任風琴師和宮廷音樂指導。他與當地的風琴師約翰·哥特弗里德·瓦爾特(Johann Gottfried Walter)交誼篤厚，透過瓦爾特，他接觸到義大利著名作曲家弗里斯珂巴爾蒂(Girolamo Frescobaldi 1583~1643)和柯列里(Arcargelo Corelli 1653~1713)的作品，尤其是維瓦爾第(Antonio Vivaldi 1678~1741)的提琴曲使他著迷。同時，他也認真鑽研了法國音樂作品。

巴哈的風琴技藝和他為風琴演奏而寫的賦格曲聞名於魏瑪。不久，他在哈雷、卡塞爾和德累斯頓等城市舉行音樂會。他的勤奮和堅毅使他在音樂上取得愈益盛大成就。但是不幸的是他的妻子於1720年7月去世。1721年他與安娜·瑪格琳達娜·韋爾肯(Anna Magdalena Wülken)結婚。他與前妻生的卡爾·菲利普·伊曼紐爾·巴哈(Carl Philipp Emanuel Bach 1714~1788)是一位音樂家，由於常在柏林和漢堡演出，又稱柏林巴哈和漢堡巴哈，他是18世紀感情音樂和狂飆突進派的音樂代表。而他與瑪格琳達娜所生的約翰·克利斯蒂安·巴哈(Johann Christian Bach 1735~1782)也是一位重要音樂家，由於他曾在米蘭和倫敦從事音樂活動，故又稱米蘭巴哈。少年時代的莫札特

曾見過他，倆人成爲終身之友。

　　1723年，巴哈在萊比錫托馬斯學校任音樂教師，他被視爲該校最有才能的音樂家，他在那裡獻身音樂直至逝世。

　　約·塞·巴哈是卓越多才的作曲家，他的作品很多，作有交響曲、鋼琴曲、提琴曲、笛子演奏曲和風琴曲等各種樂曲500餘首。以賦格曲顯示的對位風格是其創作複調音樂的特點。

　　他最初的作曲由風琴曲開始。當他在魏瑪時，他爲風琴演奏寫了45首合唱序曲，其中包括聖誕節、復活節等宗教曲目。以後他爲風琴和鋼琴器樂演奏寫了143首序曲。他在藝術風格上採用了對位複調音樂表現形式，在內容上他既不否認人有生必有死，又讚賞基督的復活戰勝了死亡。其歌詞具有宗教詩的氣息，同時具有詩律和韻律感。1691年，巴哈接受了安德列亞斯·維爾克邁斯特(Andreas Werckmeister 1645～1706)的建議，把十二平均律樂制引入鋼琴曲創作。1722和1744，巴哈先後爲《平均律鋼琴曲集》創作了48首序曲和賦格曲。這些作品不僅以長短調開創了鋼琴藝術的新風格，而且表現了巴哈的愉快的沉思情緒，在這些序曲和賦格曲中表現了處於人世混沌中的和諧情趣，表現了巴洛克風格。

　　1731年和其後，巴哈出版了鋼琴曲集，其中包括他的最著名的創意曲、舞蹈組曲和變奏曲。特別是舞蹈組曲吸收了法國和義大利音樂的優點，又有淳厚的德國世俗舞曲韻味。

　　他的全部管弦樂曲幾乎完全採用賦格曲形式，賦格曲源自義大利。巴哈運用賦格藝術在複雜的對位法中創作了賦格曲和卡農曲❶。1721年，他爲勃蘭登堡公爵寫的六首《勃蘭登堡協奏曲》運用了12種不同的器樂，其風格受到維瓦爾第的影響，採用的是複調對位形式。表現複調對位風格的賦格曲時代隨著這位大師的去世而終結，其遺著手稿由其子卡爾·菲利普·伊曼紐爾於1752年整理出版，但在當時未曾得到世人重視。

　　在聲樂創作上，與器樂創作一樣，巴哈同樣具有很大才能，達到

很高成就。他的聲樂特點是使一個音符延長六度，這表現於他創作的宗教祈禱曲中尤其如此。

在18世紀前期，聲樂曲目仍然是宗教內容居多。在新敎與舊敎對立時，巴哈站在路德派新敎一邊，並爲新敎譜曲。1711年，巴哈首次創作了宗敎聲樂"Actus tragicus"，此後，他爲聖誕節、復活節創作了一系列合唱和獨唱曲目，在合唱中也含有咏嘆調。在宗敎聲樂中，他所譜之曲旣表示了虔誠之心，但也並非悲觀色彩占據上風。相反，他的宗敎聲樂常引人對未來寄予希望。在此情況下，他譜寫的宗敎聲樂摻入了世俗內容，以至發展到他直接寫出世俗（民間）的聲樂作品，象狩獵曲、結婚曲、咖啡曲、和公衆節日曲等，從這些曲目的名稱，人們也會理解它的世俗性。1742年，巴哈甚至爲農戶們的舞蹈、飲酒和愛情譜寫了農民聲樂。這個時期，在萊比錫，宗敎音樂反而退居次要地位，而世俗音樂卻成爲音樂會的主體。巴哈對此作出了貢獻。

此外，巴哈的聲樂創作，無論是宗敎聲樂或世俗聲樂都表現了民族性，即要求用德文歌唱，譬如，他在1725～1731年創作的《馬太受難曲》和其他彌撒曲都以德文代替拉丁文。

晚年，他的眼疾加重，1749年，他就醫時手術失敗，導致失明。他料定不久死神來臨，但在此之前，他譜寫了一曲《來吧，甜蜜的死神》：

> 來吧，甜蜜的死神，來吧，至善至幸的寧靜！
> 來引我去安息
> 因爲我在世上已感疲倦；
> 啊，來吧，我期待著你，
> 快來引我去，
> 把我的眼睛閉上。
> 來吧，至善至幸的寧靜！❷

　　對於死神的來臨，巴哈的心緒是平靜的，超然的。死對他來說是一生勤奮而感疲累後的必然歸宿，但他並未祈求死後的超生，由此也可看到一個偉大藝術家的胸懷。翌年7月，巴哈逝世了。他死後又過了半個多世紀，歐洲以至世界的音樂家才認識到他的重要和偉大。

　　約·塞·巴哈不僅是 18 世紀德國音樂（巴洛克和古典的）的開山祖師，且被譽為歐洲的音樂之父。在他那時代，專制主義勢力和宗教勢力仍然強大，聖經音樂和宗教音樂具有重大影響，在路德新教的影響下，巴哈創作的宗教樂曲主要表現了路德新教的精神，但在同時，由於受到啟蒙時期和巴洛克時期的影響，其音樂作品也表達了同時代人的民主思想和理性與人的感情交融的思想。巴哈的出現和他的輝煌成就，使先前在歐洲音樂中占有優越地位的法國和義大利為德國音樂的崛起感到驚嘆。正是由於巴哈繼承了他前輩的歐洲音樂遺產，他才在 18 世紀為德國音樂立下功績。他在風琴、提琴和鋼琴三大樂器的作曲方面都有顯著貢獻，在他之後還很少有一個音樂家能同時在三種器樂曲上表現出這樣高的才能。

　　巴哈的才能與其勤奮是不可分的。其偉大成就經受了歷史的考驗。在他生前和死後很長一段時期，人們對他的音樂成就不表肯定，甚至持有異議。但後世的音樂家、文學家和哲學家都對他極表讚嘆，並稱其為德國古典音樂大師。貝多芬在1819年和1826年兩次致友人的信中都稱讚巴哈是真正有天才的偉大藝術家，並稱"他是和聲之王"。歌德在1827年就對巴哈的音樂和諧表示讚賞。在這之前，在 19 世紀初的1802年，哥丁根大學的音樂指導約翰·尼古拉斯·福克爾(Johann Nikolaus Forkel 1749～1818) 在其出版的書中就說，"約·塞·巴哈遺留給我們的作品是一項極珍貴的民族遺產，它不屬於其他民族。保持對這位偉大人物的回憶不僅是一項藝術的事情，而且是民族的願望……。" ❸1829年3月11日，門德爾松首次在非教堂場合演出了巴哈的《馬太受難曲》。1837年,舒曼力圖演奏巴哈的全部作品。1851年出版了巴哈的第一卷作品，1900年，巴哈的近50卷作品集全部出齊。

巴哈的成就表現了一個舊時期音樂發展的終結,他也同時代表了新時代音樂的起點。他的音樂風格,像和聲與獨唱結合,對位與旋律的運用,時空結合等都打破了過去宗敎音樂和聖樂創作的常規,顯然,那些墨守陣規的音樂家在他逝世後幾乎把他遺忘。儘管巴哈的音樂生涯是以那時代的宗敎內容爲基礎,無論是他寫的《勃蘭登堡協奏曲》還是《馬太受難曲》都具有宗敎背景,但是,與他同時代的音樂評論家中仍有人指責他的風格的不自然和黯淡。對他的貶毀實際上反映了舊事物對新事物的反抗,因爲巴哈生前處於四分五裂的德國,其作品眞實地反映了 18 世紀德國人民精神生活的黯淡與不幸,代表了那時代德國人民心靈的聲音。只有到 19 世紀具有慧眼的音樂家,像貝多芬、門德爾松、舒曼和瓦格納等才認識到他的重要性。他們從巴哈那裡看到了音樂的希望與未來。因此,人們認爲巴哈是中世紀末期啓蒙時代的音樂走向近代音樂的橋樑。當代德國作曲家帕爾·辛德密(Paul Hindemith 1895～1963)甚至認爲“巴哈所達到的頂峰是不可企及的”。❹

(二)韓德爾

格奧爾格·弗里德里希·韓德爾 (Georg Friedrich Handel 1685～1759) 是巴哈的同齡人,早年的經歷也與巴哈相仿:他倆都是德國巴洛克音樂的重要代表,又都著迷於布克斯特胡德的風琴技藝。倆人都具有極高的音樂天賦。

韓德爾1685年2月23日生於德國哈雷一個醫生家庭,1759年4月14日卒於倫敦。1692年,他在哈雷受敎於音樂家查霍夫 (F.W.Zachow)。爲了到萊比錫聖托馬斯音樂會聽音樂,他竟和查霍夫徒步前往。1702年,他成爲風琴師,1703年,他18歲時入漢堡歌劇院管弦樂隊任提琴手,從此,他堅定地走上音樂之路。1705年,他寫出第一齣歌劇《阿爾米拉》(Almira)獲得成功。此後的兩年內,他又寫了三齣歌劇,都在漢堡上演。1707～1709年,他去義大利深造,寫出許多世俗的和宗

教的器樂曲,也寫了歌劇。1710年,他回歸德國,任漢諾威選侯樂長。1711年,他寫出歌劇《列邦爾多》,在英國首演獲得讚賞,翌年秋,他決定定居英國。1719年,他在倫敦創立了皇家音樂學院。1720～1728年間,韓德爾發奮寫了14齣歌劇,這使他載譽整個歐洲。1728年,終因經濟拮据,他主持的皇家歌劇院不得不解散。同時,在音樂事業上他還遭到他人的競爭與反對。1751～1752年,當他在努力作曲時不幸雙目失明。他在器樂曲方面創作的奏鳴曲,聖經音樂和巴洛克風格的歌劇都是汲取了義大利的音樂風格,他的音樂才智和成就使他成為德國第一個享有世界聲譽的音樂家。

韓德爾的音樂生涯集中在三個國家:德國、義大利和英國。他的音樂思想和風格也在這三國受到影響,其音樂事業可劃分為三個階段:

第一階段(1692～1707),在故鄉哈雷,韓德爾拜音樂家查霍夫為師,受到老師的嚴格音樂訓練,尤其是德國北部的巴洛克音樂,韓德爾訓練有素。1701年,他在哈雷遇見著名音樂家泰勒曼,那時他年僅16歲,音樂早已成為他的特殊愛好。然而,其父要他在哈雷大學學習法律未果,而哈雷大學哲學家托馬修斯和弗朗克的啟蒙哲學卻給他留下深刻印象。歌劇,尤其是優美動人的歌劇早就吸引了他。1703年,他18歲時來到漢堡,在漢堡歌劇院工作,他的第一齣至第四齣歌劇都是在漢堡寫作並上演的。由於他受到啟蒙思想的影響,創作符合新教思想的音樂,在漢堡備受歡迎。早年他在德國接受了嚴格的巴洛克音樂的薰陶,以及歌劇創作的嘗試並獲得成功為他日後的音樂事業奠定了基礎。在漢堡創作歌劇的那幾年,他非常向往歌劇的誕生地 —— 義大利。1707年,他便離開了漢堡。

第二階段 (1707～1709),當漢堡仍在上演他的歌劇時,韓德爾來到義大利。他帶著其歌劇《露德里哥》到達佛羅倫薩,然後漫遊了威尼斯和羅馬,在這兩個城市從事著他音樂活動。義大利傑出的雕刻和造形藝術予他以深刻印象,但是,給他印象更為深遠的是他所嚮往的

義大利歌劇藝術。在音樂創作上，他把義大利的旋律與德國的對位法結合起來，這對未來的音樂具有開創性意義。那時，義大利音樂成就在歐洲具有極高聲譽，歌劇更是首屈一指。像義大利著名作曲家維瓦爾第在音樂創作上所達到的高度，在德國也只有韓德爾和巴哈能夠達到。韓德爾在義大利逗留期間所受的音樂影響對他的未來創作產生重大作用。

第三階段（1712～1759），韓德爾在義大利待了兩年，約於1710年回到德國。他在漢諾威擔任了短時期的宮廷樂長，旋即前往英國。18世紀初，1701～1714年，正值西班牙王位繼承戰爭時期，整個歐洲都陷入戰爭旋渦。英國工業革命尚未到來。英國和漢諾威的同一君主是威廉三世·馮·奧朗尼(Wilhelm lll.von Oranien)，在其統治下兩國按新教意圖確定了繼承法，即威廉逝世後1701年，漢諾威王朝享有繼承權，1702～1714年，英國王后瑪麗之妹安娜繼續掌權。韓德爾享有女王的恩寵，1712年，他決定定居英國。那時英國在經濟發展上超過歐洲其他國家，它的文化藝術事業也較繁榮。韓德爾正值創作盛期，在新興資產階級啓蒙思想的影響下，他創作了30多齣歌劇。同時創作了許多宗教組曲、鋼琴曲、提琴曲及合唱曲等器樂和聲樂作品。他把英國的民間音樂和宗教合唱藝術都揉進了作曲旋律，形成了他創作上的英國風格。

韓德爾從1705年創作歌劇“阿爾米拉”直至1759年逝世，半個多世紀的音樂生涯使他在世界音樂史上占有極其重要的地位。貝多芬說“韓德爾是我們當中最偉大者。”❺其偉大既表現於他融合了德國、義大利和英國的當時最高藝術成就，也表現於其音樂內容融入了當時先進的啓蒙思想。更在於他的音樂創作成為後世音樂家的開路人。

韓德爾早年受到德國北部巴洛克音樂藝術的影響，在1715～1717年創作的《水上音樂》組曲等就具有這種風格。它顯得華麗而流暢，悠揚而不繁瑣。在義大利，他受到宮廷歌劇的感染，在巴洛克時代，歌劇同樣是華麗與虛飾性極強的表現。這兩種經歷使我們認識到韓德

爾的創作所具有的貴族氣息，因爲巴洛克風格本身就來自宮廷，而他又是巴洛克音樂的重要代表。只有在英國，他作品中滲透的啓蒙思想才愈益濃烈。18世紀二、三十年代，法國作家伏爾太正在英國。伏爾太寫的《英國通信集》(1732年) 爲人拜讀。他把英國啓蒙思想傳到法國，接著又傳到德國。這期間，當韓德爾由英國返德時，正趕上德國啓蒙思想的曙光升起，韓德爾於1742年創作的聖樂《彌賽亞》就具有較強的人文主義思想。其聖樂既具有嚴肅的宗敎意味，又具有在英國和歐洲流行的啓蒙思想。因此，儘管韓德爾的音樂作品是綜合了德國、義大利和英國音樂藝術的產物，但其主要內容卻反映了新興資產階級爭取自由民主的要求。這和當時社會的思想是一致的。這也是韓德爾的作曲爲當時和後世聽衆所歡迎的主要因素。

　　韓德爾和巴哈一樣，晚年不幸失明。但其勤勉卻不因此而了。韓德爾死後，人們覺得音樂界又失去了一顆閃耀的星。18世紀中葉兩位最偉大的德國音樂家就是巴哈與韓德爾。他倆各有千秋，巴哈的對位法和韓德爾的歌劇都是後世音樂創作的重要遺產。格羅克、貝多芬、瓦格納、布拉姆斯以至斯特勞斯……無不從他們的作曲中汲取了營養。韓德爾和巴哈是德國巴洛克音樂和古典音樂最堅固的基石，在這個基礎上，德國巴洛克音樂和古典音樂的發展愈益爲世人所矚目。

(三)格羅克

　　克利斯托弗·威利巴爾德·格羅克(Christoph Willibald Gluck 1714～1787)是德國著名作曲家和歌劇改革家。他於1714年7月2日生於上普法爾茨的埃拉斯巴哈，1787年11月15日卒於維也納。父親是森林管理員，母親出身窮苦人家。1717年全家遷居波希米亞新許羅斯。少年時代，格羅克接受過宗敎、拉丁語和音樂敎育。他很早學會提琴、風琴和羽管鍵琴❻等樂器。1731～1732年，他到布拉格學習音樂，並依靠在敎堂唱歌和爲舞榭演奏提琴曲賺得生活費。隨後去維也納，約於1736年他在維也納成爲室內音樂家。在維也納他常去聽義大利歌

劇，並爲義大利的藝術所吸引，次年，他前往米蘭。1737～1741年，格羅克在音樂家喬萬尼‧巴蒂斯塔‧薩馬爾蒂尼(Giovanni Battista Sammartini 1701～1775)的指導下深造，並在那時撰寫出他的最初幾齣歌劇。1741年，他的第一齣歌劇《阿爾太索爾塞》在米蘭上演。此後五年，他共寫了七齣義大利式的歌劇。由於他的成就，他應邀爲倫敦海瑪克特劇院（Haymarket）撰寫歌劇。1746年3月25日，格羅克在倫敦邂逅韓德爾，韓德爾比他年長29歲，是早期英國歌劇大師。他倆各自製作歌劇，同時也都致力於歌劇改革。韓德爾畢竟因年老，在寫完其第31齣歌劇後便不再考慮歌劇改成音樂劇的事。而格羅克卻繼續堅持歌劇應成爲音樂劇的改革，儘管他在多次嘗試中只有極少數獲得成功。他在倫敦作了短停留後於同年12月到達巴黎，研究法國作曲家若繆(Jean Philippe Rameau 1683～1764)的歌劇，若繆改革歌劇在於努力使音樂、芭蕾舞與情節結合起來。1747年，他在漢堡任歌劇指揮不久因病而輟，後來他經哥本哈根，於1750年回到維也納。1752年起，他在維也納任宮廷樂長，同時爲歌劇改革而努力。

歌劇最早源於義大利和法國，在早期的正統歌劇中，音樂是爲了同時表現劇情、典型和對話的表現工具。在文藝復興時期的義大利，歌劇作曲家模仿古代作曲原則，最初發展的是單聲部旋律，以後伴有全低音宣敍調，再以後獨唱與合唱都在義大利歌劇中表現。以往的正統歌劇被認爲是陳舊的、保守的。其內容與形式似乎是脫節的，不協調的。格羅克爲打破這個傳統，力圖把傳統歌劇改成戲劇爲主，音樂爲輔。其原則是音樂需服從情節的要求，表達眞正的明晰的歌劇思想。在音樂上要求運用表達強烈的旋律與和聲技巧，不運用宣敍調。格羅克的改革歌劇要求戲劇與音樂達到緊密的結合，音樂服務於詩詞，並接受了溫克爾曼關於戲劇的眞實和崇高的希臘古典主義美學理想的影響。格羅克的最初嘗試並不順利。後來他與歌劇詞作者卡爾查比奇(Ranicro da Calzabigi 1715～1795)合作寫出歌劇《奧爾菲奧與歐里狄斯》("Orfeo ed Euridice")，於1762年10月5日在維也納首次上演。

由於劇情過去已爲人寫過多次，故觀衆即使不懂義大利文也能了解。上演後，反映並不強烈。接著他又與卡爾查比奇一起寫了《阿爾塞斯特》（Alceste）（1767）和《巴里德與愛倫娜》（Paride ed Elena）（1770）。這幾齣歌劇都是依據上述創作原則寫成的。

　　在歌劇《阿爾塞斯特》的文稿發表時，卡爾查比奇在前言中以格羅克的名義表述了作曲家改革歌劇的原則：

　　“當我著手寫《阿爾塞斯特》的樂曲時，我決心擺脫長期來扭曲義大利歌劇的失誤而使它保持十分的純眞。我的心願旨在使音樂再次回到它眞正的崗位：在其表達風格及其相互交替的畫景中服務於戲劇，而不中斷情節，也不由於不必要的和多餘的裝飾而使情節冷卻。……我不認爲必須伺機按照常規四次重複第一部分的用詞而迅速取消咏嘆調的第二部分，也許是最熱情最重要的部分。我以爲，序曲應爲觀衆對將要表現的情節作準備，也就是說，應作內容的歸納；管弦樂應按照興趣和激情來處理，而不致在咏嘆調與宣敍調之間的對唱中激烈擠撞，不致毫無意義地切斷樂章，不致不合時宜地中斷情節的力量和熱潮……此外我以爲，我的最大意圖必然旨在達到一種純樸的美。” ❼

　　由此可見，格羅克改革歌劇的目的在於使音樂服務於戲劇，服務於歌劇中的詩詞。他遵循的原則是溫克爾曼的美學理論：純樸、眞實和自然。但是，他的歌劇除去在維也納外，在歐洲，特別在義大利卻受到冷落。其時，法國駐維也納大使杜魯萊(Du Rollet)建議格羅克用法語寫歌劇並到巴黎演出。於是，格羅克據拉辛的《奧列德的伊菲格涅》寫了歌劇，該歌劇1774年4月19日在巴黎上演。演出總算成功。可是時隔三年，1777年，格羅克的反對者在他與義大利作曲家尼柯勞·皮希尼(Niccoló Piccini 1728～1800)之間挑起一場競爭，事情的起因是劇院領導讓格羅克和皮希尼就同樣的脚本《羅蘭》寫歌劇。格羅克知道後拒絕了，同時他還得到法國作家盧梭的支持，皮希尼本人也對格羅克表現友好。本來，格羅克的反對者想在格羅克派，即歌劇改

革派和皮希尼派,即義大利傳統歌劇派之間爭個高下。幸好格羅克於1777年5月帶到巴黎的歌劇《阿爾米達》(Armide)和1779年帶去的《陶里德的伊菲格涅》(Iphigénie en Tauride)使法國觀眾滿意,尤其是後者於1779年5月18日在巴黎首演後就贏得了德國作曲家最偉大的作品的聲譽,"歌劇之爭"也才偃旗息鼓。

　　格羅克載譽回到維也納,1780年後爲詩人克魯普斯托克的頌詩譜曲。此後,體力漸衰,1787年11月15日在與友人飲酒後,格羅克不幸去世。他逝後德國著名詩人歌德和作曲家華格納、斯特勞斯常懷念他寫的"伊菲格涅"。寫過《在陶里斯的伊菲格涅》(Iphigenie auf Tauris)的歌德曾在給唱該歌劇的女歌唱家安娜·米爾德(Anna Milder)的信中寫道:

> 這純潔的虔誠的戲劇,
> 贏得了珍貴的歡呼,
> 這歌劇因格羅克譜曲而由你演唱
> 才獲致這崇高的目標。❽

　　格羅克在譜寫"伊菲格涅"歌劇時與歌德一起讚頌了新興資產階級的人文主義思想。這一思想是與當時在歐洲流行的反宗教反專制的啓蒙思想相符。它反映了反抗專制主義的民主精神。而格羅克以戰劇爲主的改革歌劇的成功,恐怕也與他表達的拯救"伊菲格涅"的人文主義思想有關,也許這正是倡導民主與人文主義的盧梭支持他的原因。

　　德國的歌劇發展道路是沿著韓德爾——格羅克——莫札特的創作向前延伸的。青年時代的莫札特曾在維也納聆聽過格羅克的歌劇《陶里德的伊菲格涅》。儘管莫札特日後創作的歌劇,其風格與原則不同於格羅克,但是,格羅克和莫札特都代表了德國古典音樂的歌劇道路。格羅克以戲劇爲主的改革歌劇一反義大利歌劇的傳統,由於成功的是

少數，這對向來以勝敗論英雄的世人來說，認爲他得不償失。其實，他在歌劇上的創新是前敗後勝，應該認爲他是歌劇史上勇於探索的改革者。

(四)海頓

約瑟夫·海頓(Joseph Haydn 1732～1809)出身貧賤，但卻聰慧。他於1732年3月31日生於奧匈邊境小城盧勞(Rohnau)，1980年5月31日卒於維也納。父親是車輛製造工，母親在貴族人家當女廚。雙親是斯拉夫——克羅地亞人(今南斯拉夫克羅地亞)。海頓是雙親12個孩子中的次子。

6歲時，海頓被一位親戚弗朗克領去上學。弗朗克是一所學校的領導，他讓海頓學習基礎課程，包括宗敎彌撒和音樂，紀律很嚴。母親希望兒子成爲牧師，而弗朗克卻鼓勵他努力學習音樂。8歲時，他被送到維也納，斯捷番敎堂的樂長洛伊特爾(Reutter)把他安排在一個合唱團裡，同時讓他在屬於敎堂的音樂學校學習數學、拉丁文、宗敎和音樂。後來他學會彈鋼琴、演奏提琴和風琴。在維也納認識了著名歌詞作家和劇作家梅達斯托希奧(Pietro Metastasio 1698～1782)音樂家格羅克和狄特爾斯多夫(Karl Ditters von Dittersdorf 1739～1799)。1745年，他因聲帶受損離開了兒童合唱團。16歲時，爲了獨立生活，他開始琢磨作曲。1759年，他在伯爵馬克西米連·封·摩爾辛(Maximilian von Morzin)那裡謀得音樂指導的席位，開始創作其第一交響曲。1761年，他任宮廷樂長在艾森斯塔特和維也納爲保羅·安東·埃斯太爾赫察(Pál Anton Esterházy)侯爵服務三十年之久。1791～1792和1794～1795兩次應邀去倫敦演奏倫敦和牛津交響曲，獲牛津大學榮譽博士學位。1795年，他在維也納創作了更多的弦樂四重奏樂曲。他一生創作頗豐，單交響曲就有107首；弦樂四重奏68頁；三重奏20餘首；男中音三重唱128首;鋼琴三重奏39首；鋼琴奏鳴曲60首；鋼琴協奏曲3首；風琴協奏曲5首；義大利歌劇13齣，此外，還作有許多

宗敎的和世俗的樂曲。

　　晚年的海頓聲譽愈高，被推崇爲維也納古典音樂的頂峰。被稱爲維也納古典主義音樂的三大主角是海頓 —— 莫札特 —— 貝多芬。在歐洲文化史上，在某一文化領域似乎常常由三個主角形成一個流派或一種思潮。據《德國文化》的作者瓦爾特・蒙奇評介說，像維也納古典主義音樂具有三主角一樣，義大利文藝復興時期的文學三巨匠是：但丁、佩脫拉克和薄伽丘，17 世紀西班牙繪畫藝術三大家是：埃爾・格里珂(El Greco)、維拉斯克茲(Diego Rodriguez de Silvay Veláz-quez)和摩里努(Bartolomé Esteban Murillo)；17 世紀法國戲劇三大師是：高乃伊、莫里哀和拉辛。

　　維也納古典主義樂派與它先前的巴洛克音樂有何不同或者說維也納古典主義樂派的風格是什麼？巴洛克音樂和歌劇以華麗、熱情和貴族宮廷氣息著稱，古典主義音樂則是對古希臘、羅馬的文化再次發生興趣，其風格要求是“均勻而有節制，淳樸而又純眞。”其音樂最主要的特徵是奏鳴曲形式，這種奏鳴曲形式是古典主義音樂創作的結構原則。莫札特在一封信中談及古典主義的鋼琴協奏曲時說，看來那些協奏曲是閃光而令人愉悅的，絕不是枯燥無味的。古典主義音樂具有對照反襯思想，這可在奏鳴曲中發現。另方面，有些古典主義音樂作品並非把對照放在首位，而是尋求一種統一的表現，像海頓的交響曲和弦樂四重奏中的許多聲部處理便是“單一性題材”，即從唯一的一個題目中展示其樂章。此外，古典主義音樂的作曲與巴洛克音樂的作曲在運用音調上是有區別的。在海頓四重奏樂章中，多次突然間隔使聽衆期待的以爲是一種固定的音調，可是突然出現的卻是另一種完全不同的音調。這就是出乎意外的旋律，這種音調的突發性交替就是古典主義音樂最重要的表達方式。就整體而言，古典主義音樂顯示的是均勻、細膩和柔和。❾

　　德國古典主義音樂源自德國南部和北部的音樂流派發展成歐洲有影響的音樂，其重要代表就是維也納古典主義音樂。

維也納古典音樂由三個音樂源流組成：

一是南德曼海姆派，在1750年左右由一批宮廷作曲家組成，那些人大都是出身於波希米亞的音樂世家。其特點是所謂"力"的新風格。尤其是弦樂演奏的漸次增強力度，即從極輕到極強的音調波動導致新型的管弦樂實踐。曼海姆派不僅革新了演奏技藝，還解決了新風格的作曲技術問題。他們還繼承並發揚了義大利交響樂新結構的原則。義大利歌劇交響曲的樂章順序是快（板）、慢（板）、快（板）；曼海姆派則在慢節奏之後插入小步舞曲，其奏鳴曲像交響曲一樣分爲四個樂章。海頓、莫札特和貝多芬都從曼海姆派那裡汲取了許多營養，並把它推向古典主義的頂峰。

二是北德派音樂，這一派的代表是卡爾·亨利希·格勞恩（Karl Heinrich Graun 1701～1759）和約·塞·巴哈的兒子卡爾·菲利普·伊曼紐爾·巴哈(Carl Philipp Emanuel Bach 1714～1788)，即柏林巴哈。格勞恩以男高音聞名，他寫的"耶穌受難曲"使他揚名全德。他在普魯士宮廷服務14年之久。卡·菲·伊·巴哈於1740年被威廉大帝管弦樂團聘爲羽管鍵琴演奏者。那時，他和格勞恩等都採用德國巴洛克抒情詩人約翰·克里斯蒂安·君特爾(Johann Christian Günter 1695～1723)的熱情洋溢的愛情詩譜曲。巴哈譜曲還採用其友人克魯普斯托克的詩。巴哈常在柏林和漢堡演出。其創作的道路是由巴洛克音樂的理性主義走向感性主義音樂，並進一步推向古典主義音樂。他的鋼琴協奏曲的功績在於以C小調或H小調交響曲用於弦樂和羽管鍵琴。他爲鋼琴音樂開闢了未來的道路，即一方面表達了18世紀下半葉感性音樂的傾向，另方面表達了奏鳴曲的雙重題材性，即把人們的愉悅與痛苦的矛盾表現於音樂作品中。像這樣的矛盾心態和樂章反襯的連續演奏已成爲今天奏鳴樂與交響樂作曲的新原則。德國古典主義作曲家汲取了北德派音樂創作的經驗。

三是義大利歌劇，歌劇這一名稱是從18世紀延續下來的。義大利歌劇最早還是受到希臘戲劇的影響，早期希臘戲劇伴有音樂，不久，

以音樂爲主的戲劇在義大利產生了，而在音樂中又以詠嘆調爲主，歌劇的合唱中還有獨唱。在內容上，義大利歌劇發展了文藝復興時期的人文主義。到 18 世紀時，歌劇既有人文主義思想，也有啓蒙主義思想和這個時期理性與感情的融合。莫札特的歌劇就汲取了上述諸因素，他把義大利歌劇和德國小歌劇的兩種風格融合在一起，創造了屬於德國古典主義樂派的歌劇。這表現於他的《誘出後宮》(1782) 和《費加羅的婚禮》(1786) 等歌劇中。

海頓、莫札特和貝多芬繼承並發展了述三種源流，形成了維也納古典主義樂派。作爲維也納古典主義樂派的領頭人，海頓賦予管弦樂的活力在於他在弦樂、吹奏樂和打擊樂器之間創造了平衡。他所創造的奏鳴曲的主要形式就是在運用反襯題材時把奏鳴曲劃分爲呈示部、發展部和重復演奏部。他把弦樂四重奏擴展爲四個樂章，對第一樂章安排的是奏鳴曲形式。這都是他對古典主義音樂創作的貢獻。海頓的作品反映了法國大革命後歐洲封建專制主義社會的暫時穩定，使人們在忘卻革命與危機年代的紛亂中得到愉悅的自我滿足。這似乎與作曲家的性格有關，海頓是個性格非常和善的人，從不與人爭吵，這反映在他的作曲中也是極爲優美柔和。作爲音樂大師，海頓爲維也納古典主義樂派奠定了基礎，爲莫札特開創了前進的道路。

(五)莫札特

古人說，"十歲的神童，廿歲的才子。"假如眞有神童的話，莫札特應算作其中之一。他10歲前在音樂上已表現出非凡的天賦與才能。以後他在音樂創作上更作出巨大貢獻，並在古典主義道路上展示了廣闊的前景。

沃爾夫岡·阿馬廸斯·莫札特1756年1月27日生於薩爾茨堡，是一個僅次於維也納的音樂城市，1791年12月5日卒於維也納。父親列奧帕特·莫札特(Leopold Mozart 1719～1787)是提琴手和宮廷作曲家，也是小莫札特的啓蒙音樂老師。3～4 歲時，莫札特己學會彈鋼琴，5歲

時學會作曲。父親把全付精力投在孩子身上。1762年，莫札特剛6歲，父親就把姊弟二人（莫札特的姊姊比他大5歲）一起帶到慕尼黑，然後到維也納演出，引起人們驚嘆。1763年起，父親又帶姊弟二人在歐洲巡迴演出，他們到過法蘭克福、科隆、波恩、布魯塞爾、巴黎和倫敦。在倫敦，莫札特遇見了約翰·克里斯蒂安·巴哈，並與他一起演奏了奏鳴曲。在約·克·巴哈的影響下，莫札特繼續學習作曲，8歲時，他已寫出兩部交響曲。

　　1764～1766年，莫札特一家仍輾轉於荷蘭、法國、瑞士和德國各地演出，因旅途勞累，父親和兒子都曾幾次病倒。直到1766年底，當他們回到薩爾茨堡時，莫札特的健康尚未完全恢復。在頭一個10年中，莫札特在歐洲各國展示了他音樂上的神奇才能，但卻疲於奔命，在1766～1777的第二個10年中，莫札特仍由其父率領周遊歐洲各地訪問演出。1769～1773年，父親帶著兒子三次訪問義大利。在米蘭，莫札特開始作新歌劇。1770年，他14歲時在米蘭指揮演出，同年12月，他的第一齣歌劇《龐達國王 —— 米特里達特》在米蘭上演獲得成功。這年，他還在波倫亞音樂中心獲得金獎。他的成就得到貴族社會的讚賞，翌年，人們再次歡迎莫札特去義大利演出。他的歌劇和小夜曲轟動米蘭。1772～1773年，他的三幕歌劇《露西奧·西拉》（Lucio Silla）在米蘭上演。1773年3月，莫札特父子回到薩爾茨堡，此後，他們又去慕尼黑、曼海姆及巴黎等地演出。18世紀70年代中期，莫札特思想更趨成熟，他的創作也達到高潮。在這期間，他熱衷於奏鳴曲、交響曲、鋼琴協奏曲、小夜曲和小提琴協奏曲等的創作。1777～1778年，莫札特的母親陪著他旅行演出。1778年7月他母親不幸去世，而他在巴黎又難於謀職，最後還是返回薩爾茨堡和維也納。1781～1782年，莫札特連續寫出他傑作《伊多梅紐斯》和《誘出後宮》。1782年8月3日莫札特婚後，在歌劇創作上更為豐富，且由此成為世界上最偉大的作曲家之一。只是這位偉大的音樂家從年少時勞累過度，體格日衰，在最後10年中，他耗盡了自己的精力，宮廷貴族欣賞他的藝術，卻對他的生活

極少關注，加之同行的嫉妒和經濟拮据，使他身心交瘁。30多年來，他一直生活在貧病交困之中。1791年12月，他在貧病中英年早逝，死後葬在平民公墓，連葬在何處都無人得知。專制主義社會賜予他的太不公平了，而他給予世界的卻是美好的陶冶人們心靈的音樂。

在短暫的一生中，莫札特留下的作品竟有625部之多。其中奏鳴曲77首，交響曲52首，四重奏29首，鋼琴、提琴協奏曲51首，類似套曲的嬉戲曲96首，歌劇22齣等。如果從他5歲時開始作曲算起，他在音樂創作上也有30年的歷史。他成年時期的作品，尤其是歌劇，在音樂上占有重要地位。他是繼格羅克之後重要的德國歌劇家。

莫札特音樂創作的特點是在風格上富有創造性。他汲取了歐洲各國作曲家的經驗，對於巴哈和韓德爾作過認真的研究，在器樂曲中，他模仿古典主義大師海頓在奏鳴曲中創造的四個樂章創作交響曲，其交響曲無論慢板或快板都有如歌的曲調。莫札特的交響曲像海頓一樣，運用了一個有35種樂器的管弦樂隊。他的管弦樂特點是主題旋律豐富，音調和諧，音色柔和優美。在不同的交響樂裡也有各自的特點：降E大調交響曲明朗而愉快，G小調交響曲激動而有抒情意味，情緒悲壯、飽滿。C大調交響曲則顯得壯麗、雄偉。

在輕音樂方面莫札特的小夜曲和圓舞曲等更為人推崇。1787年，他的小夜曲是按五重奏的要求寫出的。他似乎特別偏愛五重奏，他認為以鋼琴、雙簧管、單簧管、圓號和巴松管組成的降E大調五重奏是他最為得意之作（KV作品第452號）。對於這五種樂器，莫札特也分別就其特點寫過單一樂器的協奏曲，如降E大調鋼琴協奏曲（KV作品第271號），著名的D小調鋼琴協奏曲（KV作品第466號），A大調單簧管協奏曲（KV作品第622號）和B大調巴松管協奏曲（KV作品第191號），甚至他的笛子和豎琴協奏曲也令人心曠神怡。1775年，莫札特在年僅19歲時寫了五首小提琴協奏曲，其中三首成為樂團的常備節目，即具有柔板的G大調小提琴協奏曲（KV作品第216號），被視作音樂瑰寶的D大調小提琴協奏曲（KV作品第218號）和樂聲甜美的以流暢的行板為

人稱道的A大調小提琴協奏曲（KV作品第219號）。1778～1779年，他還寫了交響協奏曲，即由兩個以上的樂器組成的協奏曲。

　　在眾多的音樂作品中，莫札特創作的歌劇雖爲數不多，但卻極爲重要。其歌劇音樂樸素、生動、有力、健康；內容與形式達到高度完美的結合；在歌劇藝術中，他主張劇情與音樂不應脫節，而應有機地結合；他還贊同在歌劇中表現現實生活中的生動形象和人類的理性與感情。其歌劇在模仿義大利歌劇的基礎上作了革新，但他的歌劇與格羅克的改革歌劇不同。格羅克主張在戲劇與音樂的統一體中戲劇優先於音樂，戲劇是第一位的，音樂只起從屬的作用。而莫札特則與此相反，他認爲"在歌劇中詩歌必須絕對服從音樂。"（載1781年10月31日莫札特給父親的信）格羅克認爲戲劇是歌劇的基礎，反之，莫札特視音樂是歌劇的主體，音樂是歌劇的基礎。

　　儘管莫札特和格羅克在歌劇創作思想上是不同的，但是，莫札特是歌劇革新中既努力創作了具有藝術價值的歌劇樂曲，也反映了啓蒙時期以來的先進思想。他成年後寫的歌劇《克里特國王伊多梅紐斯》（1780～1781），《誘出後宮》（1781～1782），《費加羅的婚禮》（1785～1786）、《唐璜》（1787）和《魔笛》（1791）等就具有爭取民主、自由和反抗封建專制主義的新興資產階級的進步思想。其中尤以《誘出後宮》、《費加羅的婚禮》和《魔笛》最爲世人稱道，在藝術和內容上達到完美境地，成爲音樂史上的寶貴財富。

　　《誘出後宮》刻劃一個俏麗的女基督徒被海盜劫走後，被賣到土耳其伊斯蘭國的深宮後院，後來被她的信奉基督教的戀人所救，獲得自由。莫札特爲這齣詼諧的歌劇所譜之曲得到劇院領導和廣大觀眾的讚賞，特別是其中的咏嘆調令觀眾著迷。格羅克聽後也大爲驚嘆，儘管莫札特的歌劇觀點與他不同，他還是非常稱讚莫札特的才能。

　　1785年由莫札特譜曲的《費加羅的婚禮》更是一部激動人心的歌劇。這是根據法國劇作家博馬舍（1732～1799）的同名劇本寫的歌劇。原劇上演於1784年。如果把該劇直接譯成德語在維也納上演，由於劇

情反對貴族，具有革命傾向，奧皇禁止該劇的演出。爲改編該劇，莫札特與維也納宮廷劇作家洛倫佐·達·朋台(Lorenzo da Ponte 1749～1838)合作，由達·朋台將博馬舍的法文脚本改寫成義大利文劇本。達·朋台是繼著名劇作家梅達斯托希奧之後的又一位重要的維也納劇作家。他根據莫札特的要求刪去原著中的部分情節，但仍保留著劇中的主要矛盾 —— 伯爵和其僕人費加羅的矛盾。費加羅要和伯爵夫人的使女蘇珊娜結婚，可是伯爵卻從中阻撓，因爲他也在追求蘇珊娜。而伯爵夫人則希望透過費加羅與蘇珊娜的婚事能贏回伯爵的忠誠與愛。後來伯爵夫人和蘇珊娜互換服裝約伯爵在夜花園中幽會，鬧成笑話，使伯爵其甚爲羞愧。這齣諷刺喜歌劇經達·朋台向奧地利約瑟夫二世表白後得以通過在維也納上演。劇中雖然刪除了貴族地主在農奴結婚時享有初夜權的內容，但是，卻表現了費加羅透過鬥爭取得勝利，嘲諷貴族的喜劇氣氛，透過這種諷刺尖銳地批判了專制主義統治的罪惡。莫札特從確定這個歌劇到完成譜曲大約僅用了六周時間，1786年5月1日在維也納宮廷劇院首演，獲得巨大成功。同時出版了該歌劇的義大利文本和德文劇本。

　　在歌劇中，莫札特不僅注重音樂的作用與地位，而且努力創作德意志的民族歌劇。1791年，莫札特在其生命的最後一年創作了他的最後一齣歌劇《魔笛》。這是一部以童話形式表現了光明與黑暗相爭反襯的德語歌劇。爲這齣歌劇譜曲的起因是出於維也納威頓劇院經理約翰·埃瑪紐爾·席卡奈德(Johann Emanuel Schikaneder 1751～1812)的動議。席卡奈德早已從克里斯多夫·馬丁·維蘭德(C.M. Wieland 1733～1813)的著作中搜集到有關《魔笛》的素材。原劇刻畫的是王子塔米諾與星夜仙后女兒帕米娜的婚事，受衆神之命的君主薩拉斯特羅宣稱，只要塔米諾接受教團的考試，通過考試後他就被定爲繼承人並同他倆成婚。薩拉斯特羅在角色中代表著光明與幸福，而星夜仙后卻希望通過女兒殺死薩拉斯特羅，仙后代表的是黑暗與災難。塔米諾在魔笛的保護下戰勝了各種危險，薩拉斯特羅又以他的威

力戰勝了星夜仙后，光明戰勝了黑暗，塔米諾和帕米娜終於爲伴侶，共同在歡慶中成爲共濟會的教友。《魔笛》一劇既宣揚了共濟會的兄弟友愛和人文主義精神，抒發了人類戰勝黑暗而獲得幸福的眞摯感情，同時也是用德語抒寫表現民間神話故事的德國的民族歌劇。莫札特接受了席卡奈德的委托後，1791年5～7月間在威頓劇院附近的花園小屋裡譜寫了《魔笛》音樂的大部，兩個月後，完成了《魔笛》的總譜。1791年9月30日，莫札特親自指揮《魔笛》的首演。在隨後的兩個月中，《魔笛》演出近百場，演出的成功儼然是對臨近死神的莫札特的莫大告慰。

18世紀末，北美獨立戰爭剛結束不久，法國大革命之後法國國民議會在1789年8月26日宣布了《人權宣言》，要求自由、平等的權利。而德國和奧地利在歐洲啓蒙思想的影響下，在文學、哲學和音樂藝術等領域早已掀起了一股尊重人的理性，倡導人文主義思想和推崇民族主義精神的潮流。在這背景下，莫札特的音樂作品，包括歌劇大都反映了那時代的先進思想，表現了對專制主義壓迫平民的控訴與反抗。他稱得上是啓蒙運動以來倡導資產階級人文主義在音樂領域的重要代表。且在藝術上的表達又極爲完美，成爲古典主義音樂的又一座豐碑。在他之後的貝多芬對莫札特極爲崇敬。1826年，貝多芬曾說，"我素來是最崇拜莫札特的人，直到我生命的最後一刻，我還是崇拜他的。"❿這是一位有才能的音樂家對音樂大師的讚嘆，也代表了世人對莫札特的莫大評價。

(六)貝多芬

路德維希・梵・貝多芬(Ludwig van Beethoven 1770～1827)是具有世界影響的德國著名音樂家。他既是18世紀德國音樂的典範，也是維也納古典主義音樂三大師之一。他既師從維也納古典音樂兩代宗師海頓和莫札特，又與兩代宗師鼎足而立。在德國音樂史以至文化史上，他是18～19世紀的跨時代人物，他的思想和音樂作品對新興資產

階級起著促進和推動作用。他是德國音樂界的又一位傑出大師。

　　1770年12月16日，貝多芬生於德國萊茵河畔的波恩，那是當年科隆選侯的所在地。貝多芬的祖父和父親都在選侯的合唱團裡當歌手。他們家原籍荷蘭，貝多芬姓名中的"梵"(van)就出自荷蘭文，如同德文的"封"(von)一樣是貴族的封號。母親是司廚的女兒，當過女佣。貝多芬出身於這樣一個社會地位卑微而又貧困的音樂之家，童年生活艱辛，他幾乎沒有受過正規的系統教育，小時曾學過拉丁語和法語。父親酗酒成性，但為了改變家庭的貧困，培養兒子成才，時常用粗暴手段逼迫年僅4歲的貝多芬整日彈鋼琴，拉提琴，有時夜間也這樣。據說，法國作家羅曼·羅蘭的長篇小說"約翰·克利斯朵夫"第一部就類似貝多芬的童年生活。

　　為掙錢糊口，貝多芬14歲加入了波恩宮廷樂隊。選侯看到他的音樂才華，1787年，送他去維也納進修。他在維也納遇到莫札特，莫札特驚異於他的鋼琴演奏，並準備給予更多指導時，貝多芬得知母親病危，便急速趕回波恩。他母親於1787年7月17日病逝後，父親繼續酗酒、亂花錢，家務只好由他來操持。1789年，法國大革命爆發前夕，貝多芬入波恩大學旁聽思想激進的奧·希那哀特教授的文學課。翌年，適值海頓由倫敦返歸時途經波恩，聽到貝多芬的合唱曲頗為讚賞。貝多芬此時也打算再度去維也納師從海頓。1792年底，普、奧聯軍對法國宣戰，戰事蔓及波恩，貝多芬離開故鄉去維也納，從此一去不返，直至1827年3月26日逝世，在維也納生活了35年。

　　貝多芬開始作曲時間比莫札特晚，約在1783年創作了第一首樂曲，15歲時，寫過一首鋼琴三重奏。為感謝曾經資助過他貧困生活的斐迪南·封·瓦爾特斯坦伯爵(1762～1823)，貝多芬於1791年寫了第一首管弦樂曲題贈予他。1792年到維也納後，海頓導師不能使他滿足，他又師從約翰·格奧爾格·阿爾布萊希斯貝格(Johann Georg Albrechtsberger)學習對位作曲法，在安東尼奧·薩利熱(Antonio Salieri)那裡學習歌唱作曲。1794～1795年，貝多芬首次在維也納演奏

他的降B大調鋼琴協奏曲，從此他以鋼琴家聞名於歐洲。此後，他在訪問布拉格和柏林(1796)期間，繼續利用間隙作曲。

貝多芬一生創作的音樂作品近200件，經他改編的民歌約160多首。1795年10月21日，貝多芬的第一號作曲集出版，主要是三首鋼琴三重奏。1799年，他完成了著名的《悲愴奏鳴曲》(作品第13號)。1800～1801年，他連續寫了《第一交響曲》和升C小調《月光奏鳴曲》。值得一提的是他在作曲時遭到精神和身體上的巨大創痛。1796年始，耳疾使他逐漸喪失聽覺，1801年，他在給友人的信中說他的聽覺愈來愈弱，1797年、1803年和1806年，他因出身低微，在講求門第觀念的專制主義時代，使他在戀愛婚姻問題上連遭三次打擊，此後在他身體日趨衰弱，贍養侄兒的煩憂和精神上的折磨日益厲害的情況下，他創作的熱情依然未減，相反，自1796年起，其作曲愈益成熟，尤其是他的奏鳴曲、協奏曲和交響曲都享有世界聲譽。人們認為，貝多芬是位偉大的音樂家，他填補了失去莫札特的空缺。

貝多芬的音樂創作是具有時代特色的。他的作品旋律既熱情奔放、有力，富有田園韻味，又滲透著反對專制主義統治、擁護共和的鬥爭精神。他的思想是先進的，他的曲目合著時代的節拍一起前進。1802～1803年，他寫完《第二交響曲》，接著於1804年寫他的最好的交響曲之一《第三交響曲》，他本想以此曲獻給"波拿巴"，以支持共和體制，豈知拿破崙要稱帝，1805年該交響曲出版時，他把題目改為《英雄交響曲》。而且憤慨地說，"他不過是一個凡夫俗子。"1808年他寫的C小調《第五交響曲》和F大調《第六交響曲》是兩首最著名的交響曲，即《命運交響曲》和《田園交響曲》，這其間，他還寫了《熱情奏鳴曲》(1804)和G大調《鋼琴協奏曲》(作品第58號)和歌劇《斐迪麗奧》等。1815年前後，他為民族解放戰爭譜寫過進行曲，1823年，在他身體虛弱情況下，他壕席勒的頌詩《歡樂頌》完成了《第九交響曲》。

席勒的《歡樂頌》歌頌了人類的兄弟友愛之情，描繪了歡樂與擁抱帶給人們的花環與幸運。它要求人們為美好的世界而忍耐，忘卻憎

惡與仇恨，似乎表達了四海之內皆兄弟的思想。這是人們通常的理解，但是，頌詩也表達了對自由、平等的嚮往和爲了創造幸福生活而勇於鬥爭的熱情。這在全詩的倒數第二節揭示得很明顯。詩人要求"兄弟們在帝王御位前保持男子漢的自尊"，爲使"謊言之輩滅亡甚或關係到財產和生命。"像這樣的代表了新興資產階級的反封建反專制主義的激進思想早就吸引了貝多芬。1793年，貝多芬就曾計劃把它譜寫成一個重大曲目。⓫可是直至30年後的1823年，貝多芬才完成了以《歡樂頌》爲結局的交響曲。它的遲遲誕生，正說明了貝多芬經歷了一生的磨難與痛苦，但他仍想以"歡樂"奉獻給人生。一個以堅韌的毅力隱忍自己的精神與肉體的折磨，而把優美的音樂留給後人者，正是偉大的貝多芬。雖然他一生失去歡樂，而卻希望人類得到歡樂。

　　表現"歡樂"的《第九交響曲》1824年5月7日在維也納首演盛況空前。貝多芬一出場，觀衆五次擊掌歡呼，而對皇族的敬禮也不過擊掌三次，這遭致警察的干預。⓬隨後在1825～1831年在德國，英國和法國相繼演出。那時是在拿破倫於1814～1815年失敗後，維也納會議的俄、普、奧三國首腦要重建對歐洲的專制主義反動統治，剝奪人民爭取自由、民主和幸福生活的意志，以梅特涅爲首的所謂"神聖同盟"妄圖鎮壓歐洲各國的革命。而《第九交響曲》在1825～1831年的演出正是在拿破倫失敗和"神聖明盟"垮台後喚起歐洲各國人民爲贏得自由而縱情歡呼。

　　如同在音樂創作中一樣，在生活中貝多芬也表現了對專制主義的痛恨和對皇族的不屑一顧。1812年7月，貝多芬與歌德在波希米亞的泰普列茨相識。歌德對貝多芬的毅力、深沉和演技感到驚異。一次他倆漫步時，路遇女皇和其他皇族。貝多芬說，"勾住我的胳臂，他們必須給我們讓路，我們無須讓他們"。可是貝多芬交叉著雙臂從皇族間走過時稍稍推扶了一下帽子，而歌德卻在路旁停下來，深深地彎著腰，帽子拿在手裡。皇族走過後，貝多芬停下來等待歌德，待歌德走來，貝多芬對他說，"我等待您，因爲我尊敬和尊重您，可是您尊敬這些人也

太過份了。"❸

　　歌德和貝多芬倆人都是德國的偉大藝術家，兩人的思想卻不盡相同：一個激進，一個平和。歌德年輕時也是激進的，貝多芬所以對專制主義具有反抗叛逆精神，其思想根源可能有兩個原因：一是他出身卑微，對於在專制主義壓迫下窮苦的有才幹的人得不到社會保護，反而被摧殘和埋葬，令他有切身體會；二是啓蒙主義和自由、平等、博愛的思想的影響，18世紀下半葉歐洲啓蒙思想早已傳遍德國，反對封建專制主義，爭取自由、民主的思想早印在他腦裡。他的思想及其音樂作品都從這裡得到啓發。

　　作為一位劃時代的偉大音樂家，貝多芬的音樂超脫了中世紀為宗教和世俗統治階級服務的宗旨，但卻展示了人類熱情，悲愴與苦難的命運，歌頌了反對專制主義的共和之聲。在1819年的談話錄裡，貝多芬甚至預言："五十年內，世界上到處都將有共和國。"❹ 他的著眼點是人類的未來。在歐洲專制主義尚占統治地位的時期，貝多芬表露的思想是激進的，以致羅曼・羅蘭說，"貝多芬是偉大的自由之聲，也許是當時德意志思想界唯一的自由之聲。"❺

　　在18世紀，德國仍處於四分五裂，黑暗迷茫時期，不久遭到法國的侵略，在"神聖同盟"時期，德國在俄、普、奧之間也只是個小兄弟，貝多芬此時卻代表了德國的進步思想，他猶如黑暗中的一盞明燈。而"這個最屈辱的仰仗外人鼻息的時期，正好是文學和哲學的光輝燦爛的發展時期，是以貝多芬為代表的音樂繁榮昌盛的時期。"❻ 貝多芬作為時代的先進思想的表率是當之無愧的。他在音樂創作上繼承和發展了維也納古典主義音樂的優秀傳統，對其後的歐洲和世界音樂藝術發生深遠影響。他不僅在思想上是跨時代的，在藝術上也是跨時代的，在19世紀初，當文學和哲學領域盛行浪漫主義精神時，貝多芬也被視作浪漫派在音樂領域的代表。

　　貝多芬是偉大的、不朽的。而最為偉大的是其豐富的音樂藝術遺產為思想不同的人所共同接受。

《註釋》

❶Kanon，卡農、卡農曲，是音樂中以嚴格模仿原則爲基礎的對位形式，在此形式中爲同一旋律依次在各聲部出現的一種多聲部樂曲，據邁耶袖珍辭典第5卷第159頁，德文版。

❷杜朗：《人類文化史》第14卷《伏爾泰時代》，第195頁，聯邦德國科隆瑙曼和葛貝爾出版公司1985年德文版。

❸杜朗：《人類文化史》，第14卷第196頁。

❹瓦爾特・蒙奇：《德國文化》，德文版，第125頁。

❺杜朗：《人類文化史》第14卷：《伏爾泰時代》194頁。1985年，聯邦德國科隆德文版。

❻在16-18世紀頗爲流行的一種鍵盤樂器，當鋼琴出現後，它便不再被使用。

❼杜朗：《人類文化史》第15卷：《啓蒙時代的歐洲和東方》，德文版，第426頁。

❽瓦爾特・蒙奇：《德國文化》，德文版，第135-136頁。

❾參閱《偉大的音樂家及其音樂》第21卷：《古典主義風格意味著什麼》？聯邦德國漢堡「馬歇爾・卡文狄斯有限公司」出版，1983-1984年，德文版，第508-509頁。

❿貝多芬致神甫斯太特勒信，載羅曼羅蘭：《貝多芬傳》，音樂出版社，1978年北京版，第79頁。

⓫參閱羅曼羅蘭：《貝多芬傳》，傅雷譯，人民音樂出版社，北京，1978年版，第34頁。

⓬參閱《貝多芬傳》第37頁。

⓭參閱羅曼・羅蘭：《歌德與貝多芬》，紐約—倫敦Harpor兄弟出版社，1931年英文版，第51頁。

⓮⓯參閱《貝多芬傳》第39頁。

⓰恩格斯：《關於德國的札記》，《馬克思恩格斯全集》第18卷，第652頁。

約翰・塞巴斯蒂安・巴哈

德國巴洛克時代最著名的雕刻家安德列亞斯・許雷特爾(約1660-
1714)於1698年創作的普魯士大選侯弗里德里希・威廉的騎馬雕像(現
立於西柏林夏綠登堡宮前)。

第9章　19 世紀前期的德國文學和哲學

第一節　古典主義文學的傑出代表歌德

　　古典主義文學在歐洲各國發生的時間有先有後，這與這些國家的社會經濟發展有關，像社會經濟進步的法國和英國早在 17 世紀即已產生古典主義文學，德國的古典主義文學則遲至 18 世紀末才產生，它的偉大代表是歌德。

　　1786 年 9 月，歌德結束了在魏瑪宮廷的任職，德國的古典主義也就由此開始，而以他與席勒合作的 10 年(1794～1805)為它的繁榮昌盛時期。德國文學上的古典主義與歐洲其他國家的古典主義有共同點，也有其自身特點。其特點是：

　　㈠德國古典主義產生於法國大革命時期，在政治動盪中，其作品表現對專制主義統治的痛恨與憎惡並不激烈。像法國大革命那樣的方式，歌德是難以接受的。1790 年 3 月 3 日，他在給弗里茨·雅闊布的信中說，「法國革命對我也是一次革命。」❶這說明反對專制主義建立共和政體的法國革命對他也是一次震動。而他主張人類社會應和自然界一樣，隨着時間的前進而變化。以他為首的德國古典主義力求在精神生活中創造資產階級和諧的生活理想。這之中又留有貴族化的痕跡。但是，德國古典主義的代表們主要反映的是完整、和諧的人的形象。他們認為，在個人與社會、個人與法理發生矛盾時不應嚴懲，而

應寬容,其理由是人類歷史愈向前發展,人文主義精神應更充實完美。

㈡德國古典主義文學遵從溫克爾曼的理論,特別是依據他的《古代造形藝術史》,其中所述的希臘古典理想,即旣有感情的激烈氣氛又有心靈的節制。這是使人有高貴的靈魂和道德的理想。同時希臘古典主義富有民間文藝氣息,生動自然,爲德國古典主義文學的代表所歡迎。

㈢德國古典主義文學要求內容積極健康、語言純潔、形式完美,達到內容與形式的統一。他們對人的完美的刻劃,使人對未來懷抱憧憬、理想,這旣是對現實的專制主義的批判,也是德國新興資產階級的追求。

德國古典主義文學大約由 1789 年到 1830 年與浪漫主義相交錯。它的兩位巨匠是歌德和席勒。歌德代表德國古典主義的始終。歌德是他那時代最傑出最偉大的人物,那時及其後影響世界文化的德國著名人物,在文學上數歌德,在哲學上數黑格爾,在音樂上數貝多芬。

歌德是個具有非凡創造力的人,他生活時間長,年逾八旬,閱歷深;在漫長的歲月裏,他觀察生活細微,對生活有深刻的洞察力,對事物的認識有獨到見解。

歌德於 1786～1788 年在義大利逗留時期,訪問了威尼斯、波隆納、佛羅倫薩和羅馬等許多城市。在羅馬,他遇見了德國著名畫家狄希拜因(Johann Heinrich Wilhelm Tischbein 1751～1829),畫家指引他參觀了義大利的古建築和造形藝術,他讚賞着具有古典風格的藝術,驚嘆這是他到達羅馬後的第二次誕生人世,猶如一次再生。羅馬的古典藝術的美使他覺得年輕時寫的《少年維特之煩惱》實在無法與之比擬。他受到溫克爾曼推崇古代希臘文化藝術的影響,致使他認爲藝術上的古典主義勝過浪漫主義。1787 年初春,他又和狄希拜因一起登上維蘇威火山,訪問過龐貝古城,對義大利的 5 世紀前的古希臘寺廟建築的簡樸、嚴整極表驚異。義大利之行使他眼界大開,精神上得到解脫,他悔恨晚來了 15 年,即使如此,現在看到了使他思想和藝術

境界更加開闊，也使他為創作古典主義文學找到了依據。他後來說的
「古典的是健康的、浪漫的是病態的。」的名言就是他訪問義大利的
結果。

　　訪問義大利以及對古典主義的認識激起了他的創作熱情。1787年
初，他改寫了早在1779年寫的《在陶洛斯的伊菲格涅》，這是一齣取材
於希臘神話的詩劇。希臘國王阿加門農因射死狩獵女神聖林裏一頭赤
牝鹿激怒了女神，阿加門農只有以女兒伊菲格涅獻祭才能平息女神阿
爾太彌斯之怒，但在獻祭時，女神以一頭赤牝鹿換走了伊菲格涅，把
她帶到黑海北面陶洛斯那裏。歌德在劇中表現了古代人文主義精神，
改變了古時以人獻祭的習俗。

　　《哀格蒙特》則是歌德於1787年9月在義大利完成的第二齣悲
劇。此劇取材於16世紀尼德蘭反抗西班牙民族壓迫的歷史。1775年，
歌德閱讀了這一歷史素材後，經過多年構思，在去義大利前不久決定
把此劇寫出來。歌德在劇中刻畫了反對民族壓迫的英雄哀格蒙特及其
愛人克蕾爾欣。尼德蘭作為西班牙的臣屬國，每年向西班牙繳納極重
的稅，尼德蘭人民因不滿西班牙的壓制爆發了爭取自由的鬥爭運動。
在西班牙派阿爾巴來鎮壓尼德蘭時，哀格蒙特因同情尼德蘭人民而被
捕即將處死，克蕾爾欣呼救無效，飲毒而死。他倆的犧牲預示着尼德
蘭的解放與勝利。歌德藉此描述了尼德蘭反對異族統治爭取自由的鬥
爭，表明了反封建反宗教反專制主義的鬥志，抒發了自啟蒙時代以來
的民族獨立精神。

　　在訪問那不勒斯時，歌德想起了早在1780年就曾着手寫過的《托
奈多·塔索》。托·塔索是16世紀的義大利詩人，17歲即出版了敘事
詩集，1565年後花了10年時間寫了敘事詩《解放了的耶路撒冷》，1575
年成名後作為菲拉拉公爵的宮廷詩人得到公爵的恩寵，卻成為公爵的
國務秘書安東尼奧的仇敵。歌德在此劇中藉菲拉拉宮廷抒發了他在魏
瑪宮廷中的生活，表露了詩人不願受公爵的精神壓力而要求自由和獨
立的性格，他把一個詩人應有的自由和人格寫進劇作中去。和《伊菲

格涅》一樣,詩劇《塔索》既反映了自文藝復興以來的人文主義精神,
也是嚴謹的古典主義的代表作。此劇是歌德由義大利返歸魏瑪後於
1790 年完成的。

　　歌德返回魏瑪不久,適逢法國大革命爆發。歌德對於鄰邦革命的
態度正如他的創作傾向一樣,他主張的是謙和的人文主義精神,對於
激烈的革命風暴,他表現的仍然是「謙謙君子」的風度。他既不贊同
專制主義統治的繼續存在,也不贊同激烈的雅可賓式的專政方式。似
乎他生活於對他來說矛盾的魏瑪宮廷,他對革命的態度也是矛盾的。

　　寫罷《塔索》後,1791 年,歌德擔任了剛建立的魏瑪宮廷劇院的
領導。同時,他還對自然科學研究發生興趣。1788～1794 年,歌德交
錯從事着自然科學的研究和抒情詩的創作。1794～1805 年,是歌德與
席勒相識並共同合作的 10 年。1812 年,歌德與貝多芬相見,在此之前
一年,貝多芬已為《哀格蒙特》譜曲。從 18 世紀末到 19 世紀 30 年代,
是德國古典主義文學達到高潮和浪漫派文學方興未艾時期,也是歌德
創作的盛期。1817 年,他離開魏瑪宮廷劇院後,仍經常往返於魏瑪和
耶拿,從事寫作和學術研究,晚年對中國文學發生興趣。1831 年 7 月,
歌德完成了其重要作品《浮士德》第二部,1832 年 1 月,他還對「浮
士德」全稿作了最後的校訂與朗讀。同年 3 月 22 日,歌德逝於魏瑪。

　　歌德一生創作甚豐,包括文學創作和自然科學研究達數十卷。《歌
德全集》在他生前 1827 年即已開始出版,凡 40 卷。歌德謝世後 10 年
又出版他的遺作,凡 20 卷。當今出版的《歌德全集》則高達 130 餘卷。
由此不僅可以看出一個作家一生的精力、意志和學識的淵博,也可看
出最偉大的德國詩人對德國以至世界文化的偉大貢獻。

　　在 80 餘年的漫長生活中,歌德的創作橫跨了德國文學史上的三個
時期:狂飆突進 —— 古典主義 —— 浪漫主義。其作品則運用了詩歌的
三種體裁:敘事詩、抒情詩和戲劇。從青年時代到盛年和老年,歌德
都同時運用這三種他認為是詩歌的真正自然的形式。敘事詩式的代表
作是《少年維特之煩惱》、《列那狐》(1794)、《赫爾曼與寶綠蒂》(1797)

《親和力》(1809)和《威廉‧邁斯特的修業年代和漫遊年代》
(1794～1796，1821～1829)等。歌德的抒情詩從青年到老年時代都富
有飽滿的青春熱情，且由於汲取了民歌的營養，更易廣泛流傳，像《野
玫瑰》(1771)、《五月之歌》(1771)都極為著名。在魏瑪宮廷任職時期，
歌德寫有《致月亮》(1778～1779)、《冬日的哈爾茨之遊》(1778)、《浪
遊人夜歌》(1780)和《迷娘曲》(1785)等名作。1788 年從義大利歸國
後，他寫了《羅馬哀歌》，晚年，他寫有《西東合集》(1819)和《中德
四季晨昏曲》(1827)等著名抒情詩。在詩劇方面，歌德涉及的主要歷
史題材，並透過劇中刻畫的人物表現了反封建反專制的人文主義思想
和對人世生活的苦樂觀。他最早寫的劇本是《葛茲‧封‧貝利欣根》
(1771)，在去義大利前後，其古典主義劇作獲得豐收，這就是《哀格
蒙特》(1774～1787)、《在陶洛斯的伊菲格涅》(1787)和《塔索》
(1790)。最重要的作品《浮士德》(1806～1831)，早在 1773～1775 年，
歌德即已計劃構思，直至最終完成，其間幾乎經歷了半個多世紀。這
部作品從構思到完成時間之長恐怕是世所少有，而它所涉及的知識、
哲理和人們從中應取的教訓之耐人尋味恐怕也是長久的。

　　作為德國最偉大的詩人，歌德的創作是既豐富多采，又熱情而又
富有哲理。他創造了具有人文主義精神的戲劇，也寫出了透過自我教
育來創造生活，並在生活中發揮自己才智和潛力的《威康‧邁斯特》，
更以《浮士德》描繪了生活中愛情與抱負、政治與事業相互矛盾的悲
劇以及表現了一個自強不息的靈魂終不致為魔鬼所攫取的奮鬥經歷。
歌德的這些作品，尤其是最後一部大作內容複雜多變，這與他經歷的
戰亂頻繁，風雲變幻的年代相關。在他出生不久，歐洲發生了「七年
戰爭」，美洲發生了北美獨立戰爭，在 18 至 19 世紀相交之際，法國大
革命和隨之而來的萊比錫民族大會戰，他都耳聞目睹。而到此時，長
期來以小邦林立著稱的德國，不但從未經歷過像英國和法國那樣的工
業和政治革命，相反，卻參加了所謂「神聖同盟」。德國仍然是一個以
普魯士邦為首的軍事官僚專制主義國家。代表新興資產階級的力量卻

較薄弱。儘管德國受到先進的鄰國的影響，它本身也產生了思想先進的具有民族感情的思想家，像萊辛、康德、費希特和歌德等，但是，德國仍是保守的，落後的。歌德在《葛茲》和《哀格蒙特》劇中也曾對落後的保守的專制主義統治表示過反抗和不情願，可是他也從未像席勒和貝多芬那樣對民主共和國發出過激烈的呼聲。這並非說歌德不希望人類社會透過各種變革而前進，而是說他所期望的人類未來是順序漸進式的變化。這也許與他研究植物學和礦物學等自然科學有關：一切似應順乎自然。對於專制主義統治，如同對法國大革命一樣，歌德的態度是概不贊同。他承認他不是這兩者的朋友。由此令人感到，他贊同改變專制主義統治，但不一定非用法國大革命的方式不可。這似乎與他順乎自然的思想相仿，在政治變革中，他的主張似乎是順應潮流。德國資產階級的軟弱性在他身上得到充分反映。而他的望族出身及後來取得貴族的封號（1782 年）使他跨在貴族 —— 資產階級的門檻上的立場也反映了德國資產階級與貴族的親緣關係，這也就說明了德國資產階級革命何以遲緩以及它的鬥爭性不如英、法革命，尤其是不如法國革命那樣激烈而尖銳了。

　　上述順乎自然的思想也表現在其作品中。在《威廉‧邁斯特》中，歌德要求學生從小按天性愛好學會一種技藝和本領，將來也會有益於他人和社會。這種各顯其能的早期教育是按天然習性去培養的。這種教育思想的理論根據源於瑞士教育家佩斯泰洛奇（Johann Heinrich Pestalozzi 1746～1827）的教育原則，他曾因創立孤兒院按天然本性發展兒童的才智與天賦而聞名於世。其重要教育著作，如教育小說《利恩哈德和格爾特魯德》（1781～1787），《論國民教育和工業》（1806）和《論基礎教育》（1809）都早在《威廉‧邁斯特》發表前即已問世。甚至歌德之友，威廉‧馮‧洪堡也是據佩斯泰洛奇的教育改革原則創建柏林大學（1809～1810）的。

　　在藝術觀方面，歌德同樣要求「應該遵守自然，研究自然，摹仿自然，並且創造出一種畢肖自然的作品」。❷在視作品為自然的結果方

面，歌德的要求有兩點值得重視。其一，他認為，自然中有藝術，藝術中有自然，即所謂自然在所有人裏，所有的人都在自然裏。自然有自然的規律，人不應違反，自然是一個整體，世界不可分，自然和藝術沒有矛盾。藝術家根據自然表現自然，在表現自然時只有透過特殊來表現一般，為了表現一般首先要確定特殊。特殊是規律性的。其次，歌德在要求藝術創作應從客觀自然出發時，還要求藝術家透過對自然的觀察得到豐富的有體驗的知識，創造出有血有肉的完整的精神產品，這種藝術的真實以自然的真實為基礎，但又並非照搬自然，而是「既是自然，又是超自然的」。❸由此，表明了自然與藝術的分界。上述兩點便是歌德美學見解的重要部分。

　　歌德在晚年完成了《浮士德》的第2部，愛克曼的《歌德談話錄》也在此時發表。這兩部著作都涉及古典主義與浪漫主義的問題。「浮士德」這部偉大作品交錯着現實與虛無、前進與倒退、勇於創造與阻礙創造、追求真理者與期待失敗者的魔鬼相爭相合的矛盾。浮士德的悲劇在於他的願望沒有實現便逝世了。但是浮士德積極向上，自然不息的精神卻代表了19世紀上半葉德國資產階級的進步思想，它所表明的對生活的熱愛與創造，追求人類豐富的知識，催人奮進，使人在黑暗中不致感到失望……是值得稱道的可取的，自然其中也有神秘的浪漫的色調。這部作品正是古典主義與浪漫主義的結晶。而從它被創作到出版正經歷着德國古典主義與浪漫主義交錯的過程。

　　偉大的歌德不僅是傑出的詩人、劇作家，而且也是自然科學家和哲學家。自他逝世迄今150餘年來，他對德國和對世界文化的影響是無可估量的。馬克思、恩格斯很喜歡閱讀歌德的作品，在他們的哲學和政論文中常引用歌德的詩作。恩格斯曾指出歌德的作品對德國社會的態度具有兩重性，反映了歌德思想上的矛盾。弗朗茲·梅林在指出其弱點的同時，也說，「歌德的詩把古代的形式和現代的思想天衣無縫地融合成一體。詩人……在當時種種困難和迷亂中挽救了德國的聲名，使它有偉大的前途。」❹又說，「歌德仍然是德意志生活中的一種

力量，他是古典主義文學最偉大，也是最後的代表人物。」「只要歌德還活着，德國人民就有權享有近代文明民族的榮譽。」❺的確，歌德及其著作至今仍然活在德國人民的心裏。

哲學家謝林 1832 年在《悼念歌德之死》一文中說，「歌德活着的時候，德國就不是孤苦伶仃，不是一貧如洗，儘管它虛弱、破碎，它精神上依然是偉大的富有的和堅強的。」❻ 1886 年，尼采曾說，「歌德，不僅是一個善良的和偉大的人，而且也是一種文化 —— 歌德是德國人歷史上一個沒有後繼者的插曲。」❼

作爲德國民族文學最優秀的代表，歌德對中國「五·四」運動以來的文學先驅魯迅、郭沫若……等也產生巨大影響。魯迅欽佩他是一個在識見和思力方面都極豐，是個「有見地的大詩人」。無庸置疑，歌德是博大精湛的詩人和學者。就是這位偉大的歌德是當德國政治社會處於專制、黑暗和可恥的時期而在民族文學上發出的光輝，這光輝給德國人民以希望和追求，爲德國人民帶來榮譽與驕傲。他所創造的精神財富不僅屬於德國，也屬於世界。歌德是不朽的，其作品及豐富的內涵將永遠爲後人景慕、學習和研究，由此，也令人體會到，一個作家創造出的偉大成就，對一個民族一個國家以至於對世界所發生的深遠影響。

第二節　古典主義文學的又一重要代表席勒

席勒告別狂飈突進運動的 1786 年，正是普王威廉二世大帝逝世的一年。1786～1789 年，他寫了包括《歡樂頌》在內的一些抒情詩。1787年，他來到魏瑪，並在那裏寫出悲劇《唐·卡洛斯》。唐·卡洛斯是西班牙王儲，他的朋友波薩從尼德蘭回到西班牙，對西班牙奴役尼德蘭人民表示不滿，要求國王菲利普二世給予尼德蘭人民以思想自由，並希望有自由思想的唐·卡洛斯到尼德蘭去，但國王卻派殘暴的阿爾巴將軍去鎮壓尼德蘭人民。其中貫穿着唐·卡洛斯與其繼母伊麗莎白的

愛情，但他倆的愛情卻遭到阿爾巴的陰謀陷害。唐·卡洛斯和伊麗莎白是劇中爭取自由解放、反對專制主義的代表。1787年8月27日，《唐·卡洛斯》在漢堡首演成功。此劇對不久爆發的法國大革命具有重大的現實意義。對席勒來說，則是他走向古典主義創作道路的開端。

在寫《唐·卡洛斯》時，席勒已對尼德蘭的歷史發生興趣，《唐·卡洛斯》完成後，他竟整日埋首於歷史研究，他在給友人寇爾納(Christian Gottfried Körner 1756～1831)的信中也曾表示，他願意連續10年研究歷史，不幹其他事。❽1787～1792年，席勒果然專注於尼德蘭和德國歷史的學術研究，寫了一批史學著作。其間1789年在歌德的幫助下，他擔任了耶拿大學史學教授。1794年，席勒與歌德建立了友誼與合作。同年，他主編《時序女神》月刊。其間1792～1796年，席勒鑽研康德哲學，寫出重要美學著作：《審美教育書簡》(1795)和《論樸素的詩和感傷的詩》(1796)。1796年，席勒主編《詩神年鑑》(Musenalmanach)，至1800年結束。歌德、赫爾德、荷爾德林都是該雜誌的撰稿人。耶拿與魏瑪雖然相距不到20公里，但是，為了與歌德共同商討戲劇，1799年，席勒遷居魏瑪。在那裏，他支持並關注歌德領導的魏瑪宮廷劇院。同年，席勒完成重要歷史劇《華倫斯坦》三部曲，1800年，他完成歷史劇《瑪利亞·斯圖亞特》(Maria Stuart)，1801年，寫完劇本《奧里昂的女郎》，他寫作速度之快令人吃驚，幾乎是一年1～2部作品，但不幸的是辛勤的寫作慢慢地損害了他的健康。

1803～1804年，席勒連續寫成劇本《梅亞那的新娘》和《威廉·退爾》，同時在構思下一個劇本。1804年7月，席勒突發疝痛，次年4月，他肺病與內臟病灶並發，高燒不止，於5月9日逝世。在他患病期間，歌德於4月28日前去探望，返家後，歌德自己也病倒，誰知這次相見竟成為永訣。

在德國古典主義文學中，席勒是除歌德之外的第二座豐碑。在文學之外，他還對史學和哲學作出重大貢獻。他從13歲時起始習作詩歌，但有影響的劇作《強盜》是他22歲時的成名作。從22歲開始，在

以後 24 年的生涯裏，他的著述成就可分爲：

(一)戲劇

　　作爲詩人與劇作家，席勒的戲劇成就遠遠超過了他的詩作。青年時期，他的劇作《強盜》和《陰謀與愛情》代表着狂飆突進運動，《唐·卡洛斯》則標誌着他的創作由狂飆突進向古典主義方向的轉折。1792年，席勒還因《強盜》劇榮獲法蘭西共和國榮譽公民稱號。

　　《華倫斯坦》三部曲是席勒戲劇集的重要作品。作者早在 1790 年即考慮這部劇作的內容，從 1790 年到 1799 年 4 月這部劇作的演出，劇作家花了 8 年多的時間。這是作者取材於德國歷史的一部傑作，也可說是他研究「三十年戰爭史」的結果。這齣三部曲分爲「華倫斯坦陣營」、「皮柯樂米尼父子」和「華倫斯坦之死」。阿·華倫斯坦(1583～1634)原是波希米亞富有貴族，三十年戰爭時期是德皇斐迪南二世的軍事統帥，此人有軍事才能和政治遠見，他希望皇帝不要拘泥於舊敎，而應完成德國統一的任務。皇帝不僅不願去完成其歷史使命，且擔心華倫斯坦有朝一日奪取御座，1629 年解除了華倫斯坦的軍職。但在戰事吃緊時，華倫斯坦被召回。當他再次統帥軍隊時，聲名更甚。他期望在削弱皇權的同時，與瑞典人媾和，而皇帝則耽心其野心的實現，早派人與華倫斯坦的親信皮柯樂米尼中將相互勾結，暗中監視華倫斯坦。最後在皇帝秘密傳諭將任命華倫斯坦手下將領布特勒爲軍事統帥的陰謀下，由布特勒謀害了華倫斯坦。

　　劇中主角華倫斯坦是一個在性格和思想上都極其矛盾複雜的人物。他既想謀取德國民族的統一，又想成爲德國的統治者，既想深得部下的信任，又以與瑞典人講和促成衆叛親離；既摒棄宗敎偏見，又迷信星相。在爭取德國統一方面，他是進步的，反之，其立場、觀點又不值得肯定。因此，這個悲劇人物和透過他反映的德國悲劇式的歷史都不能簡單地以「肯定」和「否定」或以「正面」和「反面」來加以論證。也不能以「正面」人物就不應有「反面」思想，或「反面」

人物就不應有「正面」思想那樣的框框來論述華倫斯坦，而應從整體上看，為什麼華倫斯坦力主國家統一，集權中央遭到皇帝和皇帝影響下的臣屬的反對？甚至遭到他的親信的反對？如果認為華倫斯坦的要求是對的，那麼，他的被謀害正說明了他的主張觸犯了皇帝和諸侯們的利益。而華倫斯坦被謀害了，德國仍然是一個專制主義的四分五裂的國家。它仍經受着政治、經濟上的腐敗落後。這倒是給觀眾留下了思考？席勒把歷史搬上舞台，藝術地反映了德國民族的苦難與悲劇。這是他劇作中的一部偉大傑作。歌德在讀罷「華倫斯坦之死」後給席勒的信中稱「這對德國舞台來說是一項極為珍貴的餽贈。」❾「華倫斯坦」這一名劇確實奠定了席勒在德國古典主義文學中的重要地位。

緊接着《華倫斯坦》之後的又一歷史悲劇《瑪利亞·斯圖亞特》完成於 1800 年 6 月。席勒在寫作這齣悲劇之前曾認真閱讀過蘇格蘭歷史和英國史。據史書記載，瑪利亞·斯圖亞特是蘇格蘭國王雅可布（即詹姆士）五世之女，1542 年，她誕生不久父親逝世，母親把她遣送至法國受教育。15 歲時，她成為法國未來的國王弗朗斯二世的王妃。不幸的是弗朗斯二世於 1560 年 7 月即位後數月即逝世。次年，她回到蘇格蘭。她本想回國時途經英國，但因她不願放棄英國王位繼承權，遭到已經佔有王位的伊麗莎白的拒絕。那時正值歐洲宗教改革時期，伊麗莎白得到新教的支持，而篤信天主教的瑪利亞則得到英國天主教的擁護。由此發生了爭奪王位的鬥爭。瑪利亞回蘇格蘭後與英國貴族達恩萊成婚並宣布他為國王。但達恩萊出於妒意謀殺了瑪利亞的心腹秘書里齊奧(Rizzio)。爾後，伯爵波斯維爾(Bothwell)害死了病中的達恩萊，瑪利亞被懷疑為同謀者，然而，瑪利亞竟然與波斯維爾結婚。對此，信仰新教的蘇格蘭貴族因激怒逮捕了她，她擺脫禁閉，逃往英國尋找救援。在英國伊麗莎白視她為政敵和情敵，不僅拒絕接見她，而且使她遭逮捕。直至 1587 年 2 月，瑪利亞·斯圖亞特因圖謀殺害伊麗莎白一世罪被處死刑。

席勒所寫的《瑪利亞·斯圖亞特》既參照歷史，又不拘泥於歷史。

他使歷史上作爲婚姻—政治交易焦點的瑪利亞·斯圖亞特在判處死刑後，成爲值得人們同情的失卻自由的悲劇人物。瑪利亞與伊麗莎白的會見使戲劇衝突達到高潮。會見中表現了伊麗莎白的咄咄逼人和瑪利亞的反唇相譏、表現了兩個不同角色：一是權力在手隨時可以置人於死地的女王，一是不畏暴力勇於維護人性的階下囚。席勒的筆墨則傾向於後者、同情於後者。但在另一方面伊麗莎白的勝利又表示新教的勝利。只是劇中並未突現敎派鬥爭，而着重表現了暴力與善良、精神上的虛僞與心靈上的美的衝突。在表現人物性格上，席勒刻畫的《瑪利亞·斯圖亞特》和《華倫斯坦》一樣，也是成功的。

從 1801～1805 年，席勒的身體愈益衰弱，然而他筆耕不止。1801年他撰寫了《奧里昂的女郎》，這這是一齣愛國與愛情相矛盾的悲劇。最後是愛國主義的感情戰勝了對敵人的愛情。這悲劇是浪漫的，但也說明感情複雜的人在緊要關頭仍是放棄了愛情而爲國捐軀。透過愛情與愛國的矛盾奧里昂的女郎這一悲劇形象便完整地被樹立起來。

《梅西那的新娘》則是席勒於 1802 年 8 月～1803 年 2 月完成的。這是描述梅西那侯爵家族衰落的故事。梅西那侯爵夫人的兩個兒子因愛上同一女子而相互爭鬥。兩兄弟素不知這女子比阿特雷斯竟是他倆的妹妹，妹妹是在出生前因神靈說她會導致兄弟死亡，在父親意欲弄死她之前被母親送入修道院的。當殺死哥哥的弟弟唐·塞薩爾明白這一切時，自己也引咎自毀。這故事並非依據任何史料，而是席勒杜撰而成，上演後並不成功。

爲彌補《梅西那的新娘》的欠失，席勒於 1804 年 2 月寫成《威廉·退爾》。退爾是瑞士獵人中的有名射手，但在自食其力的環境中養成個人利益不被侵犯便不干預身外之事的習慣。誰知他竟因冒犯統治者被捕後脫逃中射死統治者。在他被捕時，人民爆發了起義，爭得自由。此劇取材於中世紀瑞士人民反抗奧地利暴政壓迫的鬥爭故事。它雖不及《華倫斯坦》具有更大的藝術成就，但在表現感情複雜的退爾這個人物上，刻畫了在個人主義與民族危機這對矛盾時依然使民族危機佔

據主要位置,這比生來就是英雄的描寫有意義得多,就此而言,這是席勒晚年較爲成功的劇作。

　　席勒最後一部劇作《德米特留斯》是在 1804 年下半年身體極度衰弱,死神來臨前夕寫作的。他原想刻畫一個冒充 17 世紀沙皇伊凡四世之子的角色,波蘭大地主企圖利用此人作爲工具使俄國屈服於波蘭。終因死神奪去他的生命而未果。

　　在短短的 24 年的創作生涯中,席勒創作了 12 齣戲劇,平均每兩年一齣。其戲劇是其創作中的主要內容,雖然在其作品中不乏人文主義的思想感情,但是在 18—19 世紀分裂的德國,其揭露諸侯貴族爭權奪勢,反對外族暴君對另一民族的壓迫與奴役,爭取民族統一的精神卻是值得讚揚的。其次,席勒寫的歷史劇不僅內容豐富,情節曲折,而且表現了愛國主義感情,代表了德國民族的精神。

(二)史學論著

　　在世界文化名人中,既是學者、作家,又是史學家的不乏其人,席勒就是其中之一。早在 1787 年,他在寫歷史劇《唐·卡洛斯》時已對研究歷史發生特殊興趣。同時,他也認爲有必要加深和擴大他的知識,包括歷史知識和哲學知識。

　　他的歷史研究實際上對他的歷史劇的創作起了重大作用。像《唐·卡洛斯》、《華倫斯坦》、《瑪利亞·斯圖亞特》、《奧里昂的女郎》和《威廉·退爾》等劇無不與歷史有關。他在劇本中表現的尼德蘭人民反對西班牙的壓迫,法國和瑞士人民反對異族入侵和對異族奴役的反抗,德國人民爭取民族統一的鬥爭都是他鑽研歷史的結果。儘管他的歷史劇與眞實的歷史並不完全一致,但在其劇本中他所描寫的人民作爲被壓迫民族卻是不可戰勝的。

　　《唐·卡洛斯》與他 1788 年發表的《尼德蘭獨立史》有聯繫。在這部史學論著中,席勒描述了尼德蘭資產階級革命。15～16 世紀,尼德蘭的造船業、航運業和漁業生產發展迅速。但在政治上,尼德蘭受

控於西班牙國王菲利普二世(Philipp 1527～1598)，他憎恨尼德蘭的新教。尼德蘭的資產階級對西班牙的統治和壓迫極爲不滿。1567 年，西班牙派阿爾巴血腥鎮壓尼德蘭人民，激起尼德蘭人民的反抗，尼德蘭的獨立戰爭延續到 1648 年，經過 80 年的戰爭，西班牙最終被迫承認荷蘭的獨立。從此書中可以看到，席勒把尼德蘭人民的鬥爭視作歐洲第一次資產階級革命取得的勝利，而他筆下的西班牙國王菲利普二世則成爲荷蘭人民爭取自由和獨立的敵人。

　　1791～1793 年，席勒撰寫並出版了《三十年戰爭史》。這是一次與德國有關的宗教戰爭。他所寫的戰爭史與他創作的戲劇一樣，常從人文主義觀點出發，表現了人類的苦難，加深了讀者對人類的認識。作爲史學家兼劇作家，席勒的才能總是表現於他愈是對歷史作了深刻研究，他就此寫的戲劇也愈成功，愈重要。最明顯的例子便是《華倫斯坦》。

　　據說席勒還曾就 16～17 世紀的宗教鬥爭撰寫《法國騷動史》，可惜未能完成。他所寫的史書的特點是資料充實、語言嫻熟，讀來使人不覺枯燥。在這方面，席勒得以做到將詩人的語言與史學研究統一起來。

(三)美學論著

　　美學是哲學範疇中的一個分支。1791 年，席勒正是在鑽研康德哲學時研究美學的。在美學理論方面，他曾研習過萊辛和溫克爾曼的著述，在鑽研康德的同時，他也曾研習了洛克、休謨和萊布尼茨哲學。他研究哲學並非單純地想成爲哲學家，而是把美學哲學研究與其戲劇文學事業聯繫起來。18 世紀 90 年代初，正當席勒貧病交困之際，他以驚人的毅力連續寫出一批美學力作，其中重要的有《給寇爾納論美的信》(1793)、《論優美與尊嚴》(1793)、《審美教育書簡》(1793～1794)和《論素樸的詩與感傷的詩》(1795)。

　　17～18 世紀曾經影響德國音樂的巴洛克精神和古典主義對德國

文學同樣發生作用。在《論優美與尊嚴》這篇論文中，席勒說在優美的靈魂中感性與理性，義務與趣味是和諧的，而優美則是形象的表現。兩種對立的思想觀念的和諧便具有巴洛克的痕跡，而形象的表現則是席勒認爲的藝術美。

然而，代表席勒美學思想的是《審美教育書簡》和《論素樸的詩與感傷的詩》。

《審美教育書簡》主要論述美與自由，審美教育與政治經濟變革的關係。在這兩組關係上，席勒強調的是美先於自由，審美教育先於政治經濟變革。

席勒時代所說的自由，類似我們「五四」時期所說的民主。那時自由成爲德國新興資產階級反對封建專制主義的概念。爲擺脫專制主義的壓迫，爭取自由就成爲新興資產階級的人生理想。席勒代表着自由理想的要求，他認爲，自由是精神上的解放和造就完美的人格。只有達到人格的完美，才可以達到自由。這是由於他體察到在專制主義的腐朽統治下，發生了人格危機，人們失去了美好的心靈，因此，他要求人格的完美作爲達到自由的前提。同樣，在爭取社會進步的道路上，他認爲，改善政治領域中的一切，都必須透過人的性格的高尚化。所謂人格的高尚化，就是說人們對美的要求表現在人們自我道德修養方面人品人格的高雅，只有先達到人的性格的高尚化，才能談到政治改進。這表明社會進步只有透過審美教育，並非透過政治變革。這是由於法國革命中發生雅可賓專政，席勒感到畏懼所致。他雖然感到審美教育應先於政治變革才能達到自由理想的王國，可是又覺得困難重重。他在書簡第九封信中說，「政治領域的一切改善，都需自人的性格的高尚化着手，但在一種野蠻的國家制度的影響下，人的性格怎樣才得以高尚化呢？」席勒提出疑問，卻不能指出問題的癥結在哪裏。這樣的矛盾發生於他的學術著述中，而根源卻在於他所受的人文主義的思想影響，甚或至與歌德合作後受到歌德的影響，即歌德的既非專制主義的朋友，又非專制主義的敵人——這樣的態度也使席勒裹足不

前。這種溫和的改良主義的態度不只是席勒審美教育的反映，也是德國資產階級軟弱的反映。而席勒改良主義的態度更得到專制主義的容忍，1802 年公爵卡爾‧奧古斯特授予他貴族封號便是證明。

《論素樸的詩與感傷的詩》是一篇重要論文，它界定了古典主義（現實主義）與浪漫主義（理想主義）的區別，道出了它們的特點和它們的未來。

像《審美教育書簡》一樣，席勒是面對德國的現實和德國文學的現狀提出他對近代詩藝的觀點。在論文中，他表現了學習希臘的古典主義思想。就素樸的詩，即古典主義的詩而言，他認為，素樸並非簡單的表面化的意味，而是指詩人與外部世界的默契合拍，詩人與自然不僅沒有矛盾，而且表現了對自然的熱愛和感情。透過直接的對自然的觀察，詩人更加接近真實，從自然取得力量寫作。人和自然的和諧統一，個人與社會的和諧統一，在古希臘時代就是如此。在人自身，感性和理性的統一也是自然的，這好比在人類童年時代，人與自然界（外在自然）成一體，人與內在自然（感性與理性）也是一體，是素樸的、現實的。古代人在沒有外在壓力獲得如魚得水的自由時，生活是愉快的、健康的，詩人以如此自然情感去寫詩，這樣產生的詩便是素樸的。

反之，近代資本主義社會的進步與變化也使近代人的感情發生變化，近代社會人的自私自利，人與人之間，個人與社會集團之間產生了矛盾，不但產生了人性的分裂，也產生了人與自然的分裂，甚至發生違抗自然的事，這就令人依戀失去的自然，好像失去人類樸素的童年時代，而要回過頭去追尋失去的童年。詩人對過去人與自然和諧統一的渴望，因而寫出了感傷詩。

席勒就此確認，與自然一致的詩人是素樸的詩人，追尋自然的詩人是感傷的詩人。這一論點指明了古典主義（樸素的詩）的詩歌與浪漫主義（感傷的詩）的詩歌的特點。只是席勒首創的現實主義代替了古典主義的名稱，理想主義代替的是浪漫主義。席勒還指出，素樸的

詩與感傷的詩的最明顯的分別在於前者是由客觀觀察而產生的詩,後者則是自主觀感情的觸發而產生的詩。儘管素樸的詩與感傷的詩有其對立的一面,但也不是不可統一。他在論述中提到歌德作為一個素樸詩人,在寫作「少年維特之煩惱」時使素樸的與感傷的性質達到統一。這方面席勒沒有作深入探究,但卻指出兩種創作方法統一的方向。

席勒在美學方面的成就在於他接過康德的接力棒遞給了黑格爾。同時,由此也表明,作為劇作家的席勒,不但善於形象思維,在美學哲學方面,他也善於抽象思維。

席勒是和歌德同時代的德國偉大詩人、劇作家、美學理論家和史學家,也是德國古典主義文學的偉大奠基人。他對德國古典主義文學的貢獻,尤以他與歌德合作的10年(1794~1804)最為豐富。在他倆合作十年中,歌德以他對自然科學的研究,對事物的現實觀點和實際精神影響着席勒,而席勒則以其熱情才華和他對事物富有哲理的意見使歌德興奮。不久,歌德和席勒相互影響對方,並使各自從原來的研究興趣中轉回到文學事業上來。在合作中,倆人也有對學術的不同意見(表現在某些美學論點上),但互相並不排斥,而是彼此切磋鼓勵,求得理想的一致與合作,在寬闊的精神境界中共同創造了德國古典主義文學的高峰。他倆真誠的友誼與合作是終生不渝的。1805年5月,席勒去世,歌德在痛感失去摯友之後寫了《席勒大鐘之歌的終曲》,以誌紀念。

第三節　德國的浪漫派

浪漫主義運動曾在歐洲歷經一世紀之久(18世紀上半葉~19世紀上半葉),到19世紀30年代已由盛而衰,德國的浪漫主義,則由它的後裔著名詩人亨利希·海涅(1797~1856)在1833年出版的《論浪漫派》為它做了總結。

浪漫主義運動從來不是一個統一的文化運動,它涉及的範圍較

廣。德國的浪漫派幾乎影響了許多重要的文化領域：譬如貝多芬、韋伯和費里克斯‧門德爾松對音樂的影響，霍夫曼和蒂克對小說的影響，費希特和謝林對哲學的影響，許賴馬赫(Friedrich Schleiermacher 1768～1834)對神學的影響等。作爲文學思潮，德國浪漫派是繼人文主義運動、巴洛克風格、啓蒙運動、狂飆突進和古典主義之後而在德國文學史上佔有一席位置。發生在浪漫派之前的幾個時期的文學運動各代表着幾代人的文藝思想，前此的每一代人都在他們青年時期興起一次文學運動，都爲樹立各自的文學主張向前代人的文藝觀點發起反抗和挑戰。德國的浪漫主義就是向古典主義挑戰而興起的。

　　任何一種文藝思潮的產生都有它的時代背景，德國浪漫派的興起也不例外。18世紀末，弗‧威廉二世統治下的德國仍是個支離破碎、小邦各自爲政的國家。但是，由於拿破倫代表資產階級在法國掌政一事，使德國的專制主義統治階級驚恐萬狀；德國人民，尤其是許多爲人民群衆而吶喊的詩人卻對法國革命表示熱忱。但「這種熱情是德國式的，它帶有純粹形而上學的性質，而且只是對法國革命者的理論表示的。」❿這理論即資產階級上升時期稱頌的自由、平等、博愛和思想、個性的解放。但當法國革命受挫，德國仍舊套進封建專制的羈軛下時，德國老百姓及其詩人們依舊忍受着本國專制主義的壓迫，且對法國革命喪失熱情。德國浪漫派詩人更對逝去的法國革命驚嚇不已。他們幻想自由，卻不願也不可能在政治上仿效法國革命，於是就在1800年前後在文壇上掀起浪漫主義運動。

　　浪漫主義有消極與積極之分。高爾基說，「……消極的浪漫主義，── 它或則是粉飾現實，想使人和現實相妥協；或者就是使人逃避現實，墜入自己內心世界的無益的深淵中去，墜入『人生的命運之謎』，愛與死等思想裏去。……積極的浪漫主義則企圖加強人的生活的意志，喚起人心中對於現實，對於現實的一切壓迫的反抗。」⓫德國浪漫派與英國的雪萊和法國的雨果不同，以消極浪漫主義佔主導地位。

　　其理論基礎，一般說有三個內容：

　　一是康德和費希特的主觀唯心主義。(a)康德既承認物質世界和物自體的存在，物自體是感性認識之源，但又說物自體不能被人認識，人所認識的世界只是對表象的主觀感覺。如果要深刻認識感覺世界。只有靠人的天智，主觀臆造。人的主觀認識不來自客觀事物，而是「人的理性爲自然立法。」康德的二元論，即批判哲學的核心所包含的資產階級個性解放、天才、天智和個性尊嚴等對促進浪漫主義具有積極意義。(b)費希特爲否定康德的二元論，認爲世界應以「自我」爲中心，人類實踐離不開「自我」。物質世界之大，卻擋不住那些具有創造天才的人，因爲「天才」者想有所爲便無所不能爲，似乎「天才」者生來享有想幹啥就能幹啥的權利。這是從康德的二元論衍化出的更爲極端的「唯我論」。自認爲是「天才」者的浪漫派文學青年對此頗爲欣賞。

　　二是謝林的客觀唯心主義。謝林試圖以物質與精神統一說否定康德的二元論。「物質當是可見到的精神，精神當是不可見到的物質。」❷謝林以此名言對抗了認爲物質不是精神產物，而精神是物質產物的唯物主義。他強調的是精神。在他看來，人的精神高於自然，且無所不在。德國浪漫派非常推崇他宣揚的人的精神超於一切物質並駕馭一切物質的觀點。謝林的哲學就是浪漫派哲學。稍後，黑格爾更進一步發展了所謂絕對精神說，這完全與德國浪漫派的心願相符。

　　三是許賴馬赫❸的浪漫派神學。他是德國浪漫派首領許雷格爾兄弟的摯友，其神學哲學主張人的生活和心靈的信仰都寄托於上帝，而人要認識和理解上帝並非依賴於智慧和意志，而是依賴於感覺或直覺，其神學敎義的主要內容就是相信感覺的神奇力量。在人與神之間造成的宗敎神秘感是德國浪漫派的一個重要傾向。

　　無論康德、費希特和謝林的主客觀唯心主義與許賴馬赫的直覺說之間如何截然不同，德國浪漫派對上述不同的唯心主義哲學觀都可兼容並包。它既容納泛神論，又吸收超自然神論；既講理性主義，又強調絕對自我；既有絕對精神，又包容直覺。德國浪漫派理論依據上的混雜也表現在他們的創作實踐上。

那麼德國浪漫派究竟是什麼呢？

海涅說：「它不是別的，就是中世紀文藝的復活，這種文藝表現在中世紀的短歌、繪畫和建築物裏，表現在藝術和生活之中。」**⓮**

海涅是以批判的立場這樣說的。所謂中世紀文藝，其最顯著的標誌就是宗教傾向，宗教精神在中世紀的一切文化領域居於統治地位。以宗教精神爲中心，中世紀鼎盛時期發展了以騎士生活爲主要內容的文藝，騎士階層在中世紀西歐舉足輕重，舉凡十字軍遠征、德國各邦諸侯或爲保衛邊境或爲侵略擴張，經常與異邦發生衝突鬥爭，都需仰賴騎士。民間產生的體現騎士愛國主義抒情詩和刻畫騎士生活的戰歌，大都是感情自然奔放的流露。約在 11 世紀末騎士浪漫派詩歌產生於西班牙和法國，但最初源自非基督教的阿拉伯詩歌。**⓯** 後傳至西班牙和法國。12 世紀，法國產生敘事長詩《羅蘭之歌》，「浪漫」（"roman"）這個字在法文裏首次用作敘事詩。其後西班牙的《西得歌》和德國的《尼伯龍根之歌》相繼問世。這些敘事長詩的特點是有傳奇故事、騎士生活及神話色彩。以後產生了描寫騎士戰功和冒險精神的長篇小說，也稱"roman"，作品中充滿夢想、神秘、獵奇、冒險和劫富濟貧之舉。此類文藝可算是文藝復興時期優秀文學作品的先導，其內容的荒誕不經遂成爲著名的塞萬提斯筆下諷刺的素材。

由中世紀初起用的"roman"這個字直延用至今。17 世紀末，"romantisch"這個字在德國出現時，與羅曼斯語（romanisch）一字相混，最初表示傳奇虛構之意，漸次成爲生活和藝術用語「羅曼蒂克」。18 世紀時，席勒的劇本《奧里昂的女郎》就稱作「浪漫的悲劇」，用了「浪漫」這個字。18 世紀末，德國新一代文學青年舉起反古典主義旗幟，爲復活中世紀文藝，就把代表中世紀的「浪漫主義」定爲自己旗幟的稱號。「蘭花」則是德國浪漫派幻想、渴望和嚮往中世紀的象徵。它標誌德國浪漫派心靈上的鄉愁之花。

海涅還說：「這種文藝來自基督教，它是一朵從基督的鮮血裏萌生出來的苦難之花。」**⓰**

　　顯然，德國浪漫派文藝就是基督教文藝。基督教的唯靈論是浪漫派的核心。產生於公元一世紀的基督教是羅馬貴族和統治階級的附庸，它支持羅馬統治階級，羅馬統治階級也依賴它排除和鎮壓異教。經過與異教漫長難苦的鬥爭，到四世紀，由多神論變為一神論的基督教，得寵於君士坦丁一世(Flavius Valerius Constantinus公元280～337)和狄奧多西大帝(Theodosius I. the Great公元347～395)，於公元392年成為羅馬國教。此後，狄奧多西大帝更以排除「異教」為藉口，狂暴地摧殘了古代社會遺留下來的科學、哲學、文藝和政法等一切文化，只剩下基督教文化。這以後發生兩種情況，一是吸收了異教教義和祭神習俗的基督教愈益世俗化，一些信徒們為逃避世俗，到偏僻的山野苦修。德國的浪漫派在18～19世紀之交，面對德意志民族神聖羅馬帝國的被摧毀，爾後拿破倫敗北，德國仍然處於分裂狀態，他們規避現實，要求回到中世紀，回到自然，這與基督教世俗化時期修道徒們的心情很相似。另一點是在古代文明被摧毀後，基督教寺院教堂為愚弄人民，向群眾大肆兜售所謂「聖徒遺物」和耶穌畫像，尤其是耶穌被釘死在十字架上的繪畫，既使「有罪」的肉身被釘死而令人愛憐，又以此宣告耶穌替人類苦難贖罪而獲得永生。耶穌的生與死、苦與樂的矛盾的融合似乎是基督教文藝的主題，且在基督教世界被視作是一種奇特的藝術美，美就美在耶穌被釘死在十字架上，慘不忍睹而又要一睹為快。猶如海涅所說，「……在這點上，這朵花正是基督教最合適的象徵，基督教最可怕的魅力正好是在痛苦的極樂之中。」❶

　　表現痛苦與極樂的耶穌繪畫，即對一個事物的兩個極端予以統一(或謂混合)的刻畫和描寫幾乎成為浪漫派的美學原則。但這並非說同時描寫一物一人的是與非、愛和恨就冠以浪漫派，而是德國浪漫派把兩個極端的內容揉合在一個對象身上；使主人公抱着宗教幻想，只有上帝能使他受苦的靈魂得到超生、獲致極樂。這似乎是德國浪漫派文藝的主要特徵之一。那時代的一位德國詩人讓·保羅(Jean Paul 1763～1825)曾說，「浪漫派詩歌稱基督教詩歌很恰當。」❶由此令人

領悟到德國浪漫派的宗教傾向。

那麼,德國浪漫派是否有綱領呢?

一些文藝史家一般認爲德國浪漫派並無統一定義和統一綱領,但可以把1798年許雷格爾兄弟創辦的浪漫派雜誌《雅典娜神廟》(Athenäum)第二期上弗里德里希·封·許雷格爾(Friedrich von Schlegel 1772~1829)的一段話可視作它的綱領:

> 浪漫派詩歌是一種激進的萬能詩作。其定義不僅是把一切分門別類的詩作重新合而爲一,不僅是使詩學與哲學和修辭學相互交融,它要求且也應該把詩與散文、創作與評論、藝術詩與自然詩時而相混,時而交融,賦詩以生活和社交性,賦生活和社交以詩意……。**⑲**

德國浪漫派混淆一切文學形式的界限絕不能等同於寫作不拘形式。它企圖把各種文藝形式 —— 詩、散文、小說和戲劇等像炒三丁似的,揉合成一體。與其說它打破一切藝術形式的界限,不如說它是一種藝術雜燴,猶如基督教在其發展史上吸收了異教教義和習俗,使基督教由多神教成爲一神教的模式一樣。1799年,弗·許雷格爾發表的小說「路清德」(Lucinde)就是如此:形式雜亂,內容空泛,失去藝術價值。

然而,浪漫主義在德國的興衰約經歷了40年(1790~1830),是一個時代的文學思潮,影響所及非個別人,而是一整代詩人、作家。按興衰順序,可分爲早期、中期和後期。

早期浪漫派代表是許雷格爾兄弟——奧古斯特·威廉·封·許雷格爾(August Wilhelm von Schlegel 1767~1845)和弗·封·許雷格爾,路德維希·蒂克(Ludwig Tieck 1773~1853)、威廉·亨利希·華肯盧德(Wilhelm Heinrich Wackenroder 1773~1798)和諾瓦利斯(Novalis 1772~1801)。他們在耶拿形成文學團體,並制定了浪漫派綱領,故又稱耶拿派。

　　中期浪漫派，因聚會在海德堡，又稱海德堡派。代表有克里門斯·布倫塔諾(Clemens Brentano 1778～1842)、阿希姆·封·阿爾尼姆(Achim von Arnim 1781～1831)和格林兄弟(雅可布·格林Jakob Grimm 1785～1863 和威廉·格林Wilhelm Grimm 1786～1859)等。他們着重開拓民間文學遺產，吸收民間文學素材。代表作有《男童的神奇號角》和《格林兄弟童話》，其中尤以格林兄弟童話很受世人歡迎，被譯成世界多種語言。中期浪漫派尚有一批浪漫派詩人集聚在柏林。其中著名的浪漫派女作家有寶綠蒂·封·許雷格爾(Dorothea von Schlegel 1763～1839)，她是啓蒙哲學家摩斯·門德爾松(Moses Mendelssohn 1729～1786)的女兒；還有卡羅琳·封·許雷格爾(Caroline von Schlegel 1763～1809)，她是哲學家謝林的夫人。在柏林派中一位重要的浪漫派作家是亨利希·封·克萊斯特(Heinrich von Kleist 1777～1811)，才能卓越，可惜英年早逝。在逝世前 10 年他留下作品近 20 卷。由於其作品具有愛國主義感情，他又被稱作愛國主義詩人。

　　作爲德國浪漫派後裔的重要作家是恩斯特·狄奧多·阿瑪迪斯·霍夫曼(Ernst Theodor Amadeus Hoffmann 1776～1822)、約瑟夫·封·艾興多夫(Joseph von Eichendorff 1788～1857)、約翰·路德維希·烏蘭(Johann Ludwig Uhland 1787～1862)和愛杜瓦·莫里克(Eduard Mörike 1804～1875)等。這部分詩人和作家的作品雖然存在着浪漫派的宗教和神秘色彩，但在諷刺專制主義方面表現了現實主義，像霍夫曼的戲劇，艾興多夫和烏蘭等寫的詩熱情洋溢，影響較大。其中烏蘭和莫里克因出生地在土瓦本又稱土瓦本派詩人，莫里克更是土瓦本派的重要抒情詩人。

　　在整個德國浪漫派中影響超出國界，享有世界聲譽的則是它的最重要後裔亨利希·海涅。假如說但丁稱得上「是中世紀最後一位詩人，同時又是新時代的一位詩人」❷，那麼對最初受浪漫派薰染、後反戈一擊，並寫出大量優秀詩篇，迎接現實主義洪潮的海涅來說，不妨稱他

是德國浪漫主義與現實主義交界線上的一位詩人。他的詩也確實融合
了這兩個主義。

　　德國浪漫派終於在 1830 年代趨向衰亡。影響它衰敗的內在因素在
於曾經促成它興起的「唯我論」哲學發展到極端，便是唯我獨尊、目
空一切，任所欲爲。它由最初對中世紀宗教的虔誠變爲放蕩不羈、酒
醉今朝，由對「蘭花」—— 幻想中的美好故鄉的渴望變爲玩世不恭。
在創作實踐上亦然。當初，德國浪漫派摒棄詩學的清規戒律，突破古
典主義的固定程式，但在要求「思想解放」的同時，它要求所謂「無
限自由」、「無限的美」，從而走向混沌，是「唯我論」推向極端的結果。

　　外在因素則是一批年輕的詩人對他們表示的不滿。像歷次法國革
命都對德國社會政治帶來巨大衝擊一樣，1830 年 7 月的法國革命，又
引起德國人民起來抗擊本國的專制主義，人民的反抗情緒激起一批德
國年輕詩人的愛國主義熱忱。他們不滿於專制主義統治者的種族歧
視，在空想社會主義影響下要求均貧富，在創作上反對早期浪漫刻意
追求形式，主張文藝聯繫生活，要求以新鮮活潑的反映現實的文風代
替陳腐的中世紀色彩濃厚的作品。其創作具有現實主義意味，但又皈
依宗教。這一代德國詩人，史稱「青年德意志派」，是德國浪漫派潮流
中最後激起的一點浪花，其代表有路德維希・別爾內(Ludwig Börne
1786～1837)、卡爾・古茲科夫(Karl Gutzkow 1811～1878)等人。接
着進入 40 年代，適值歐洲革命，由此派衍化出一批德國革命詩人，如
格奧爾格・赫爾威(Georg Herwegh 1817～1875)、法勒斯萊本(Hoff-
mann von Fallersleben 1798～1874)和弗萊里格拉特(Ferdinand-
Freiligrath 1810～1876)等。他們早年受浪漫派影響，但在他們的作
品中，激進的現實主義代替了浪漫派回到中世紀的幻想。

　　德國浪漫派作爲德國文學史上的一個階段，在其興衰過程中也有
其功過。

　　其過錯首先表現在它在政治上維護落後的東西。它對法國革命破
壞德國封建專制主義社會的厭惡勝過了對本國專制統治者的憎恨。同

樣，它對中世紀腐朽愚昧的宗教信仰的傾向勝過了對於打破封建枷鎖、消除分裂，建立統一的德意志民族國家的希望。後來，它雖然贊同反抗異族侵略的民族解放戰爭，但它宣揚中世紀宗法社會的生活理想阻礙了社會進步，它是中世紀以來宗教傳統的維護者，是德國專制主義的支持者。

其次，德國浪漫派要求「回到自然」，「回到中世紀」的願望無異於要求人民回到中世紀宗法社會的野蠻黑暗的年代。它所帶來的影響嚴重地危害了德意志社會的進步發展，危害了德意志民族的自由和統一。

第三，抹煞一切藝術形式的創作理論，鄙視歌德所言：「生命之樹常綠」。德國浪漫派不從現實生活中汲取養料，而是描繪厭世、死亡和失望，抒發「思中古之幽情」。其宗教色彩更甚於英、法、浪漫派，在內容與形式上混亂不堪。

第四，唯美主義泛濫。德國浪漫派追求所謂「無限的美或美的無限」，[21]但由於其內容崇奉宗教，懷舊復古，庸俗低下，這好比一個虛有其表的軀殼，外觀的華麗難以掩蓋內裏的空虛。這樣的作品不僅沒有生命力，相反，卻發生了粉飾現實、麻醉人民的作用。

然而，任何事物都不能一刀切。德國浪漫派在興起之初，還是起了一定的積極作用的。尤其是在反抗本國古典主義的傑出代表歌德、席勒方面，在打破前輩文藝創作的清規戒律上發揮了作用，並爲後起的積極浪漫主義開闢了道路。

對莎士比亞和塞萬提斯等世界文學名著的翻譯，既擴大了本國讀者的視野，且譯文優美，衆口交讚，成爲德國浪漫派對德國文學語言的一大貢獻。

採集民歌民謠也是德國浪漫派的功績，他們把大量搜集來的民間故事改編成童話小說和童話戲劇，使德國人民鑑賞到本民族固有的優美的民間文學遺產。這一採風傳統由德國浪漫派發揮了承先啓後作用。海涅就承繼了它。

　　還有德國浪漫派給後世文藝留下較大影響的是創作實踐上的「幻想」，雖然這並非其主觀願望。幻想藝術在古典主義文學中就存在，而浪漫派則為逃避現實，強調回到中世紀，以中世紀生活為理想，以及回到大自然，實則是帶有神祕色彩的夢想，使「幻想」藝術更為突出。當現實主義洪潮沖決浪漫主義大堤之後，浪漫主義幻想被捲進洪流，只是現實主義在運用「幻想」藝術時反其道而行之，不是幻想回到中世紀，回到原始，而是幻想藍天下的晴空萬里，幻想人類的自由幸福，追求無剝削無壓迫的理想社會，使幻想成為現實，成為浪漫主義與現實主義的結合。因此，在抨擊消極浪漫主義的同時，人們似不應忘記它曾給後人留下的一筆可資借鑑的遺產。

第四節　跨時代的詩人海涅

　　在上一段中，我們曾提到海涅和但丁一樣，似乎都可稱為跨時代的詩人。這不僅是說他生活的年代是跨時代 —— 從 18 世紀到 19 世紀，也可從其寫作的風格說，從浪漫主義到現實主義，更可以從他出生的德國到遷居的法國、經歷了專制主義與共和主義。在這方面，海涅比歌德強得多，歌德在思想和時代潮流變遷時，常常囿於主觀己見或囿於與魏瑪小朝廷的關係，不肯越貴族階梯一步，雖然他覺察到小朝廷的生活令人窒息。同樣，在古典主義與浪漫主義交替時，歌德推崇前者，貶斥後者，儘管其作品早已染上浪漫主義色彩。客觀事物的變遷不能以歌德的意志為轉移，而歌德的意志既不能轉移客觀事物的變遷，也不願輕意地適應時代潮流。而海涅卻不同，他同樣善於思考與觀察，更善於洞察事物的發展並予以比較。他在詩歌創作上脫胎於浪漫主義走向現實主義。在理想追求上，他反對封建專制主義，崇奉自由、民主和革命，並為之而謳歌。在思想上和詩歌創作上，海涅是跨時代的，尤其在詩藝上，好像他自己也意識到了。他曾說：「在我給予德國浪漫派詩歌的內涵以致命打擊以後，在浪漫派的夢之國中，

一個對蘭花的無限渴望再次追踪着我，我運用魔術般的聲調唱了一首歌，我沉湎於歌中任何至善至美，任何令人醉心的月光，任何曾經熱戀過的過度的夜鶯狂。我知道，那是『浪漫派最後的自由的林中之歌』，而我就是它的最後的詩人：在新的德國抒情詩派由我而始的同時，德國人古老的抒情詩派便隨我而終。」❷

　　這位跨時代的著名德國抒情詩人於 1797 年 12 月 13 日生於杜塞爾多夫一個並不富有的猶太商人家庭，1856 年 2 月 17 日卒於法國。猶太人約自公元前一、二百年就隨羅馬軍隊由巴勒斯坦地區來到歐洲，與日耳曼人共同生活了 2000 多年，故德國猶太人的姓名早已沿用德語，「亨利希」這個名字是在海涅接受洗禮後採用的。

　　1795 年，被拿破倫軍隊佔領的海涅故鄉，洋溢着法國資產階級革命的自由平等空氣。1813 年，杜塞爾多夫復歸普魯士，專制主義氣氛又壓過來。這就促使海涅對法國自由民主的嚮往。1816 年，他在故鄉讀完中學和商業學校後前往漢堡，在他的叔父所羅門的銀行事務所經商，業餘時間不斷寫詩。1819年，他入波恩大學修法律，同時聽威・許雷格爾的文學課。1820年他入哥丁根大學並在以後獲博士學位。1821年，他在柏林結識浪漫派詩人開米索 (Adalbert von Chamisso 1781～1838)、霍夫曼和劇作家格拉伯 (Christian Dietrich Grabbe 1801～1836)。1824～1828年，他周遊國內名山大川，到過哈爾茨山、杜林根，後又前往英國和義大利。旅行使他視野開闊，增添了詩情。這期間，海涅寫了不少抒情詩，1827年結集出版，稱為「歌集」的這本書經音樂家之手，不久果真成了歌，尤其是海涅搜集民謠加工的詩歌譜曲之後更是膾炙人口、家喻戶曉，「你是一朵鮮花」，「羅累荣」就是如此。在英國和義大利的逗留，海涅寫下了「英國斷片」和「珞珈浴場」等散文篇章。1829年，他得知父親病危信息，立即由義大利返國。次年8月，他在黑爾哥蘭聽到法國7月革命爆發的消息，頗使他振奮。1831年4～5月間，他以奧格斯堡「總匯報」記者身份前往巴黎，從此在詩歌創作的同時，開始了政論文的寫作。在巴黎，他結識了比

他早一年來到法國的青年德意志派作家別爾內、法國作家貝朗瑞 (Pierre Jean de Beranger 1780～1857)、維克多‧雨果(V.Hugo 1802～1885)和巴爾扎克(Honoré de Balzac 1799～1850) 等。19世紀 30年代，普魯士和奧地利仍在梅特涅政府專制主義政策的影響下，那 時一些年輕的德國詩人為爭取自由民主，反對已經破產的專制主義的 「神聖同盟」，寫了許多愛國詩篇，海涅正在法國寫了反對德奧專制主 義舊王朝的復辟的隨筆散文。這些散文以它銳利的筆鋒對德奧的反動 政體進行了無情的揭露和尖銳的批判。結果於1835年以海涅為首的德 國詩人古茲科夫、維因巴克(Ludolf Wienbarg 1802～1872)和勞伯 (Heinrich Laúbe 1806～1884) 等遭到德國邦聯議會禁令的懲處。首 當其衝的海涅，在40年代，甚至遭到普魯士內政部長授權立即逮捕的 通緝令的威脅。㉓

1841年，海涅與法國女人瑪蒂爾德 (Mathilde) 結婚。1843年底， 他在巴黎認識了卡爾‧馬克思。不久他又認識了恩格斯。這對他的創 作思想的發展具有很大影響。1845年，叔父所羅門死後的繼承者拒絕 繼續給他支付年俸，他因失去這僅有的收入，同時因其政治詩遭到 普魯士當局再次逮捕令的脅迫，使他精神上遭受雙重打擊，眼疾和四 肢麻痺癱瘓使他健康日益惡化，在此後的10餘年裡，他幾乎是在「床 褥墓穴」中度過的。這期間，1848年歐洲和德國爆發革命，他却因健 康原因不能親臨其境。1856年2月17日，海涅為病魔長期折磨致死，死 後安息於巴黎郊區蒙特馬特爾(Montmartre)公墓。馬克思、恩格斯和 他的文學界的朋友以及在美國的德國人都對他的逝世甚表哀悼。

作為偉大的抒情詩人，海涅除去1827年出版的「歌集」外，1828 ～1844年，他又出版了「新詩集」，其中包括「新春」、「詩集錦」和「新 羅曼采」等。「新詩集」和「歌集」一樣，仍然充滿著青春的熱情和對 愛情的渴望。在「新春」集裡，一首詩這樣寫道：

晚霞中飄溢著花兒的芳香，

夜鶯在歌唱。

我尋見一顆像我的一樣美麗的心，

一樣美好地跳蕩❷

　　文字優美，抒情味濃，讀來琅琅上口堪稱海涅抒情詩的特點。許多作曲家，包括著名作曲家舒伯特都喜歡採用海涅的詩譜曲。到法國後，雖然他仍不時寫出抒情詩新作，但在詩風上增添了政治內容，1839～1846年，他寫的「時代之詩」就有較強的爭取自由民主，反對專制主義統治的傾向，像「夜巡邏來到巴黎」、「給一位政治詩人」和「西里西亞紡織工人」就是此時的佳作。1846～1851年，海涅把他所寫的抒情詩匯集在「羅曼采羅」又一本重要詩集裡。在「新詩集」裡包括了他於1844年出版的長詩《德國，一個冬天的童話》。長詩《童話》是在他別離祖國13年回國探親後寫的。他返里後見到祖國人民仍在艱難困苦和不自由的深淵中掙扎，祖國仍受到專制主義的壓迫和奴行。他覺得要改變這種狀況，只有喚起人們「在大地上建立起天上的王國」。在這個「王國」裡，有麵包、玫瑰、美和歡樂。早在寫《論浪漫派》時，海涅就曾希望「地球可以給每個人足夠的地盤，讓人們在上面修蓋自己幸福的茅屋，地球可以讓我們大家吃飽穿暖，只要人人勞動，誰也不要靠別人來養活自己。」❷顯然，海涅到法國後受到法國空想社會主義的影響，在其文學和哲學著述中抒發了當時的進步思想，在他認識馬克思後，對於專制主義君主的痛恨也更為明顯，在「童話」裡，詩人對公元 9 世紀端坐於亞琛❷古城的查理大帝予以無情的嘲諷便是明證。

　　諷刺藝術在長詩《童話》裡海涅運用得最多。他不僅深刻地揶揄了專制主義君王，對於落後的德國和落後的思想同樣抒發了詩人的嘲諷。在《童話》的第15和第16章裡，他以懷念老保姆的心情引出關於紅鬍子大帝的傳說，尖銳地諷刺了德國的進步不該依賴古代日耳曼精神的再現，更不得依賴任何一個驕奢淫逸的皇帝。像這樣的諷刺在長

詩中俯拾即得。諷刺藝術是歐洲文學的傳統，自文藝復興以來，就出現了薄伽丘、莎士比亞和塞萬提斯等優秀典範，浪漫派也延用過諷刺藝術。海涅繼承了歐洲諷刺藝術的傳統，也從另一角度反映了歐洲民族的幽默性格。實際上，諷刺藝術也表現了歐洲民族文化的一個特點。透過諷刺，詩人想化沉淪爲猛醒，化落後爲進步。由此也表現了詩人對祖國的深沉的愛。魯迅說，「諷刺作者……常常是善意的，他的諷刺，在希望他們改善。」❷這似乎也是海涅的意圖，在長詩的最末一章裡，他對年輕的一代說，期望「他們了解詩人的豪情善意」。

　　海涅對年輕一代寄于厚望，而以他銳利的筆對黑暗、落後反動的專制主義施以無情的嘲諷和鞭笞。他的嘲諷與鞭笞像是驅趕童話中嚴冬的德國，渴望春天的到來，恰如雪萊所說：「冬天到了，春天還會遠嗎？」詩人的預示在1848年的春天成爲現實：德國革命到來了。

　　繼《德國，一個冬天的童話》發表之後，海涅於1847年發表了早於1841年秋完成的諷刺敘事詩《阿塔·特洛爾》修訂本。1842年11月7日，海涅在給其友人亨利希·勞伯的信中議及《阿塔·特洛爾》：「我……寫了一篇短小的幽默敘事詩，……我的小敘事詩的主角是一頭熊，是當代英雄中唯一的一頭熊，我認爲它是值得頌讚的。一個瘋狂的夏夜之夢。」❷

　　和《德國，一個冬天的童話》一樣，以熊爲主角的《阿塔·特洛爾，一個瘋狂的夏夜之夢》敘事詩也非童話，而是把熊作爲諷刺對象。熊代表了30年代末40年代初德國的一些所謂激進派詩人對海涅的攻擊。他們認爲海涅並非愛國者，其思想和行動是對祖國的背叛。激進派的爲首者是路德維希·別爾內。如果可以作一不恰切的比喻，這些激進派詩人似乎是極「左」派。「阿塔·特洛爾」作爲其代表目空一切，妄自尊大，他所具有的能耐甚至人類都比不上。這頭熊在逃回山谷時對人類的權利和人類的聰明才智發出連珠炮似的責難：

　　　人類的權利，是誰

賦於你們的這些特權？

……

人類呀，難道你們

比我們動物更優越，是因爲

你們會燒菜烤肉？

……

人類呀，難道你們更優越，

是因爲你們成功地從事

科學和藝術？我們其他的動物

也並非笨蛋。

難道就沒有受過教育的狗？

還有馬，……㉙

　　「阿塔・特洛爾」就這樣在人類面前沾沾自喜，自鳴得意，爲人類與動物之間的差距鳴不平。海涅以此諷刺和挪揄那些自命不凡和自以爲是的極「左」派，他的詩彷彿是對激進派狂熱的頭腦澆一盆涼水。詩是有針對性的，但其意義與影響卻不及《童話》。而在藝術上，海涅認爲這篇敍事詩是「浪漫派最後的自由的森林之歌」。似乎在寫作上運用了浪漫派的創作方法，並使主角表現了幻想、神秘色彩。同時也似乎說明浪漫派的詩至此結束。

　　除去詩歌，在文字、哲學和史學理論著述領域，海涅也不乏建樹。在離別祖國寄居法國的1830年代，海涅對歐洲文藝包括音樂、繪畫和戲劇都寫過少數評論，而《論浪漫派》則是他對德國文學的主要論著。此書要點前已提及。這裡要說的是，海涅寫此書，旣是向法國人民介紹德國文學狀況，也是糾正法國作家德・斯太爾夫人(Madame de Stäel 1766～1817)對德國思想文化界的不同見解，或者說它是對斯太爾夫人的《論德意志》的補充。斯太爾夫人原籍瑞士，父親是法國國

王路易十四的財政部長，斯太爾夫人及其家族都站在反拿破倫一世一邊，1802年她被驅出巴黎，1803～1804和1807年，她去倫敦，往返途經德國，在德國，她結識了歌德、席勒、維蘭德和奧·威·許雷格爾。她的主要著作《論德意志》1810年在法國出版，德文版出版於1814年。由於斯太爾夫人在政治上贊同德國的封建專制主義，因而她對德國文學和哲學的見解失之偏頗，而其著作又是那時法國人了解德國思想文化的主要媒介，同時她的著作也只寫到19世紀初，從《論德意志》的出版到1933年又相隔20多年，這期間，德國浪漫派的發展不僅不同於積極向上的法國浪漫派，而且愈益走向低谷。海涅的著作在於糾正受許雷格爾消極浪漫派影響的斯太爾夫人的著作，他以透徹有力的分析指出德國浪漫派的消極頹廢作用。由此也可證明，海涅雖然生活在法國，而他對祖國文化的發展還是有深刻了解的。

　　《論德國宗教與哲學的歷史》是海涅於1834年出版的另一本重要理論著作。這一著作的主旨與《論浪漫派》的相同處在於使法國人民正確理解宗教和哲學領域裡的德國精神。這種精神首先表現了頑強的德意志民族性格，也表現了德意志民族對長期來束縛他們的傳統宗教和哲學的反抗。傳統的天主教在羅馬教皇控制下對歐洲各國人民施以精神上的壓抑和物質上的剝削，而受剝削和壓迫的人民仍然有罪，只有以買「贖罪符」才得以免罪。海涅在書中褒舉馬丁·路德，因為馬丁·路德發動的德國宗教改革使「德國開始了一個新時代」❸⓿，在這個新時代裡，德國人可以隨便談論《聖經》裡的話，並可用本民族語言來解釋聖經，這就避免了天主教只為其私利對《聖經》的任意篡改。路德為此創立的新教不僅深得德國人民的讚賞，也深得多數德國諸侯的讚同。海涅還指出，路德的宗教改革也使神學真理和哲學真理有所區別。在中世紀，尤其在中世紀前期，哲學一向是神學的附庸，哲學只服務於神學解釋。而宗教改革後，物理學和其它自然科學的發展，理性取得了勝利，人們的思想自由也是合理的。因此，「思想自由開出的一朵重要的具有世界意義的花朵便是德國哲學。」❸❶

德國哲學是從康德開始突破的。康德一反過去萊布尼茨和沃爾夫用數學形式對哲學的論證，從而在德國創立了掀起巨大精神運動的批判精神。康德的《純粹理性批判》啟發人們對精神世界中的一切，包括上帝的存在與否都持懷疑態度，並就此探討人的認識能力的限度。接著是否定上帝存在的費希特哲學和使自然與精神統一的謝林哲學，海涅把他們歸納為德國哲學革命的同一階段。儘管康德、費希特和謝林是德國唯心主義哲學的重要代表，但是，由康德開始的哲學革命卻「變成了一件民族的事業。」海涅看出了德國的民族事業是由宗教革命起始，而達到哲學革命和政治革命的三部曲。他在論述了德國宗教和哲學的歷史的末尾總結性地說，「我以為我們這樣一個有計劃有步驟的民族是必定從宗教改革開始，然後再在這個基礎上從事於哲學，並且只有在哲學完成之後才能過渡到政治革命的。」❷時隔半個世紀，恩格斯指出海涅是能看出哲學革命作為政治革命先導的第一人。❸海涅甚至還說，「德國的革命決不因康德的批判，費希特的先驗唯心主義，甚至自然哲學發生在先，因而將會變得更溫和、更柔和。」❹這也與斯太爾夫人對德國的見解不同，斯太爾夫人眼裡的德國是舊德國，而海涅已經看到德國文化的光輝的未來，看到德國宗教和哲學革命的作用，且在19世紀30年代產生這樣的思想是不容易的。

由上述的理論著作，我們可以更充分地肯定本節開頭說的海涅不只是跨時代的詩人，在思想理論上他也是跨時代的。儘管他思想認識上仍有許多不足，甚至對未來表示驚懼與懷疑，但是「出於對民族主義黨派的憎惡，我幾乎仍是把我的愛轉向了共產主義。」❺這思想是超過了他的許多同代人的。

此外，海涅還寫了許夕政治歷史論著，在這方面也顯示了他是位出色的政論家。在去法國前，海涅寫了《觀念 —— 勒格朗文集》(1826)和《英國斷片》(1828)。前者反映了詩人對拿破倫的批判；後者以他親身經歷諷刺地描繪了19世紀20年代英國資本主義的繁榮和勞動人民的痛苦。到法國之後，他又連續寫出《法國狀況》(1832)、《路德維希・

別爾內》(1840) 和《二月革命》(1848) 等論著。在他全部政論文中，
他對法國的三次有世界影響力革命 (1789，1830年7月和1848年2月)
都論述到了。在關於二月革命的報導中，海涅提到「革命需要新人，
這些新人人們必須把他們從社會的最底層挖掘出來。掃除舊污穢的舊
掃帚已經腐朽，……。新的時代，新的掃帚！」**㊱** 由此可以看出在病
中的海涅仍然關注著法國革命的進展。他和法國人民一樣，對已經腐
朽的舊制度舊王朝不抱任何幻想，但卻希望新時代的代表共和力量的
「新掃帚」把舊污穢徹底清除。

　　海涅的關於法國幾次革命的論述使德國人了解法國，而他對德國
文學、宗教和哲學的論述又使法國人理解了德國。他可稱是德國的文
化「大使」，到法國後促進了德法兩國文化的交流，並使歐洲兩大民族
間的歷史隔閡得以緩解。

　　無論是詩作，還是學術論著，海涅都致力於反對專制主義統治，
翹望著代表自由、民主和革命的共和主義。在從18世紀舊的專制主義
和貴族階級的營壘走向19世紀資產階級民主革命的進程中，他始終在
為革命呼籲、吶喊，可貴的是即使他躺在病榻上，他也沒有放下手中
的戰鬥的筆。他是繼歌德之後德國最偉大最重要的詩人，一位跨時代
的傑出詩人。他的故鄉，杜塞爾多夫的人民為了紀念他，在本世紀80
年代初，通過市議會決議將杜塞爾多夫大學以詩人的名字命名為「亨
利希·海涅」大學。

第五節　古典主義哲學家費希特、謝林、
　　　　　黑格爾和費爾巴哈

　　古典主義是文化史學上的一個名稱。其本意是「均衡、約制和簡
潔」，這原是對古典主義建築學的要求。文學、哲學、音樂和國民經濟
學都有古典主義之稱。因此，古典主義文學和古典主義哲學……便不
能與古典主義建築學的含義等同。關於古典主義文學和古典主義音樂

的含義在上兩節中已提及。至於德國古典主義哲學是在啓蒙運動達到高潮之時，對法國「百科全書」派的唯物主義的反抗而產生的唯心主義哲學。它標誌以唯心主義爲核心的哲學的發展達到集中典型的標準。同時它也具有嚴整、均衡的概念。❸德國古典主義哲學起始於康德，繼康德之後的古典主義哲學家有費希特、謝林、黑格爾和費爾巴哈。

(一)費希特

　　約翰・哥特利普・費希特(Johann Gottlieb Fichte)於1762年5月19日生於德累斯頓地區的比雪夫斯維爾達市，1814年1月29日卒於柏林。父親是薩克森的織帶工，母親祈望兒子成爲牧師。成年後，他去耶拿大學修神學，獲博士學位後，他身無分文由耶拿遊蕩到蘇黎世擔任家庭教師。在那裡，他愛上了一位姑娘，但卻無錢成婚。後來在萊比錫他讀了康德的《純粹理性批判》，驚嘆之餘他奔向哥尼斯堡拜康德爲師，並請康德批閱他的論文《一切天啓批判試論》(1792)。康德無力在經濟上贊助他，卻爲他的論文找到出路。由於印刷的疏忽，忘記刊出論文作者的姓名。在評論家說這是康德的文章時，康德指出作者姓名並予以稱讚。費希特從此在哲學界成名，但由於其內容懷疑上帝的存在，因而遭到神學家的異議。

　　在康德協助下，費希特到但澤❸仍任家庭教師，1793年與早先的戀者結婚。這期間，他匿名發表了兩篇重要論文。一是《論向歐洲諸侯要求歸還思想自由》，文中費希特稱讚了一些開明統治者，同時譴責了那些阻礙人們思想進步的諸侯。另一是《論公衆對法國革命判斷的更正》，作者在文中說及封建特權不應承繼；這種特權只有國家同意才能存在，它也應按國家的決斷而終止。宗教的私有財產同樣應如此處置。這兩篇論文一篇比一篇激烈，表現了年僅31歲費希特的革命激進思想和他對法國革命的崇拜。1794年，歌德聘請他爲耶拿大學教授。費希特在授課中說到國家在未來幸福生活中的解體和人要獲得眞正自

由的願望得到生活在耶拿的浪漫派文學家的歡迎。浪漫派最欣賞他的形而上學論中說的「自我」。「自我」的本質是意志和自我意志就是絕對自我的內容都寫在他於1794年發表的《知識學基礎》一書裡。1797年，他對原著作了補充，寫了第二個《導言》，並出版了《據知識學原則的自然法基礎》。

「知識學」是費希特的認識論，他把哲學分爲兩派：獨斷論和唯心論。他反對理智（思維）與存在的分離的獨斷論，實際上就是反對了康德，因爲康德贊同不可知的「自在之物」的存在。這種不可知的「自在之物」的存在，費希特認爲它和萊布尼茨 —— 沃爾夫哲學一樣，都是獨斷論。而他認爲，一切知識都來自經驗，一切經驗都來自感覺，即「自我」的感覺，因此，任何存在都是感覺思維的一部分。他反對獨斷論，還在於他認爲，獨斷論按其邏輯導致機械的宿命論，這種宿命論使意識成爲多餘，且當自由的意志成爲人們最直接最堅韌的信念時，它卻葬送了責任心和倫理道德。他甚至說，沒有任何以物質爲出發點的哲學能夠闡明業已證明了是非物質的意識。這意味著費希特哲學研討的著重點在於「意識」屬於「自我」的範疇。自我意識的存在不以哲學能否解釋爲轉移，即不以他人的意志爲轉移。肯定它的獨立存在就成爲費希特主觀唯心主義的重要組成部分。「自我」的獨立存在是其哲學的第一個內容。

費希特哲學的第二個內容是「非我」。他認爲必須承認外部世界（客體），即「非我」是根據外部感覺觀察的結果，但是透過感覺觀察，透過經驗闡明的這個客體則是意識的產物。「自我」是有意識的，「非我」則是透過有意識的「自我」而存在。這說明了「自我」的主動性，「非我」的被動性。「非我」與「自我」既對立，又互相制約。

在「非我」的後面則是所期望的「自我」。由「非我」回復到「自我」，達到「自我」與「非我」的統一則是費希特哲學的又一個內容。要達到自我與非我的統一，自由與必然的統一必須依賴於絕對自我，即絕對的自由意志，這自由是人的意志的根本決定。他在這裡強調人

的主觀意志的能動性很受當時德國年輕一代的讚賞。

在神學觀方面，費希特發展了康德關於自然律和道德律的理論，他認爲，宇宙的道德秩序與上帝是一回事，廣泛的道德秩序是人類道德發展中的一個過程。他否認上帝的存在。而「自我」論本來就觸犯宗教神學，道德秩序和上帝在他看來都是「非我」，「非我」若不透過「自我」意識的作用是不可能存在的。1798年，費希特在其主編的《哲學雜誌》上發表了《論我們信仰上帝的世界統治的根由》的論文。他在其中繼續對宗教信仰和懷疑宗教的問題展開了論爭，並仍強調上帝是世界的道德秩序。這就引起社會和薩克森政府譴責他敵視宗教信仰。他遭到政府控告後，依然不屈地爲辯護他的著作於1799年寫了《向公衆申訴》，其言詞之激烈和對上帝褻瀆無以復加，隨後他被迫辭去耶拿的教職。同年7月，他離開耶拿到達柏林。柏林的浪漫派文學首領許雷格爾等因崇奉其「自我」哲學對他的熱情歡迎抹去了他在耶拿的不悅。

1800年他在《人的使命》的論著中仍然堅持上帝是宇宙的道德秩序。其哲學的主要命題即「自我」和透過「自我」而存在的「非我」標誌思想意識是第一性的，物質是第二性的主觀唯心主義哲學。他把「自我」論視作人的主觀能動性的主體具有一定積極意義，但是他在強調「自我」論的同時，突出經驗論，認爲人除了經驗以外再沒有什麼了，人要獲得一切，唯有透過經驗，這裡表現了他思想上的二重性，也反映了軟弱的德國資產階級的矛盾。

晚年，費希特沒有再像過去那樣對上帝發表激烈的言詞，甚至對宗教表示虔誠（當然他原來也並未視宗教爲仇），而由於他對德國民族命運的關注，他成爲德國社會的名流。1806年，當拿破倫軍隊入侵德國後，他於1807年末至1808年3月在柏林科學院星期日講座上連續發表演講，內容充滿熱情的愛國主義精神。講演稿以後以《致德意志民族的演講》爲名結集出版。他在演講中述及德國民族的歷史和在政治、宗教及文藝領域取得的成就，其中含有他的哲學思想，他以強調德意

志民族的優越感激發起德意志民族的精神與意志。同時，他還提到教育後代的方針方法。因爲他所表露的愛國主義精神和他所期望的拯救德國民族的教育方針，1810～1811年，他被任命爲柏林大學校長。1813年，在萊比錫民族大會戰發生時，他的演講引發了青年人的愛國主義熱情，許多大學生自願報名上前線。但不到一年，這位追隨康德後又批判康德的主觀唯心主義哲學家在其盛年(時年52歲)便與世長辭了。

(二)謝林

　　弗里德里希·威廉·約瑟夫·封·謝林(Friedrich Wilhelm Joseph von Schelling)於1775年1月27日生於符騰堡州的萊翁貝格，1854年8月20日逝於瑞士巴德諾格茲。當牧師的父親要他繼承父業，1790年他便進入杜平根神學院。在學院裡，他與黑格爾及文學家荷爾德林是歡呼法國革命的積極分子。在思想上，他深受晚期啓蒙運動的影響。青年時期，他對上帝和神學有批判性的見解，晚年則崇奉天啓哲學，轉而相信神秘觀念的宗教哲學。

　　謝林20歲時已發表哲學論文，最初他受到費希特「唯我」論影響。1797年，他發表重要著作《論自然哲學的諸理念》，翌年，在歌德等的推荐下，他任耶拿大學教授，年僅23歲，可謂少年得志。接著，他連續出版了《論世界精魂》(1798)、《一個自然哲學體系初稿》(1798／1799)和《先驗唯心主義體系》(1800)。其中《論自然哲學的諸理念》和《先驗唯心主義》代表了謝林哲學的兩個主要內容：自然哲學和先驗哲學。

　　所謂自然哲學即以自然界的一切爲對象，並視一切自然現象爲可以見到的精神，這自然現象即外部世界。費希特曾承認外部世界的存在，但未作深入研究。謝林爲反對費希特的主觀唯心主義哲學的核心「自我」論，認爲「非我」並非「自我」所創造，相反，沒有「非我」，不可能有「自我」。「非我」與「自我」不能等同，只能溶合，達到精神（自我）與物質（非我）的統一，即精神與自然的統一。

　　所謂先驗哲學即以研究精神思想為出發點，精神寓於自然。如果說自然哲學在於從自然中看出精神，那麼，先驗哲學就是要從精神中看出自然。兩部分哲學的共同點都是為了達到自然與精神的統一，這種統一是無差別的，故稱為「絕對的同一」。即謝林的同一哲學。

　　使精神與自然溶合或統一，這本來是不可能事。謝林硬是把精神與物質視作一個溶合的統一的實體的兩個標誌，便失去哲學的邏輯性。這種源自荷蘭哲學家斯賓諾莎（Baruch Spinoza 1632～1677）關於實體（自然）的論說沒有任何地方與斯賓諾莎哲學有共同之處。斯賓諾莎曾說，「任何事物在某種方式中都有一個生命」。這裡指的事物是處於靜止狀態，而謝林的自然觀則視實體是能動的。

　　此外，謝林視物質為可見的精神，使物質成為有理性有生命的東西，這是對客觀世界浪漫主義的幻想。他把「非我」（自然）與「自我」（精神）溶合為絕對觀念，用在藝術創造上就是有意識與無意識活動的統一。所謂有意識活動指的是精神，是主觀方面的；所謂無意識活動，指的是自然，譬如天才就是自然的。謝林的這種同一哲學就成為浪漫派詩人的依據。德國浪漫派都認為自己的精神與靈感（或天才）是溶於一身的。這既是浪漫派詩人妄自尊大的表現，也是代表德國資產階級的知識分子在對法國革命表示驚恐之際的精神上的支柱。

　　儘管謝林把康德、費希特的主觀唯心主義衍化為客觀唯心主義，但是，他在解釋自然界的矛盾時，認為「在任何變化中都會發生從一種狀態向矛盾對立的狀態的轉化。」❸ 在解釋人類歷史發展時，謝林認為那是一個有意識的自由的不斷進步的創造過程。這都表現了古典哲學的辯證觀點，也反映了謝林哲學的唯心論和他認為歷史是在不斷進步中的雙重性。

　　謝林最後一部重要著作《關於人類自由本質的哲學探討》寫於1809年，此後，除去零星文章外，便沒有再發表其他著作。一個原因可能是那時哲學泰斗黑格爾哲學盛行於世。1841年，弗里德里希·威廉四世（Friedrich Wilhelm Ⅳ·1840～1861在位）召請他去柏林大學任

教，他講的是先驗唯心論和天啓哲學，只是起御用哲學的作用，說什麼也敵不過具有革命性的黑格爾哲學。

(三)黑格爾

格奧爾格‧威廉‧弗里德里希‧黑格爾(Georg Wilhelm Friedrich Hegel 1770～1831)是德國古典唯心主義哲學的最重要代表，也是把德國古典唯心主義哲學推到頂峰的人物。德國古典主義哲學辯證法的發展原先是很不完善的，而黑格爾卻使辯證法達到更爲完善的發展，其重要性不只是達到歐洲哲學史上前所未有的高度，且成爲未來的馬克思主義重要源泉之一。

1770年8月27日，黑格爾生於符騰堡州的斯圖加特，與席勒是同鄉。1831年11月14日，他在柏林大學校長任內去世。他父母親都是虔誠的宗教徒。雖然他在杜平根大學(1788／1793)主修神學、哲學，同時偏愛希臘文字，但在大學畢業後他謀取的是家庭教師職務。同時，他拼命研習了古代哲學和歐洲各國啓蒙時期的哲學。1799年他父親過世後遺下一筆錢，他想找個地方多讀些書，於是寫信給老同學謝林。在謝林的幫助下，他於1801年來耶拿大學任講師，3年後藉歌德之助，他被任命爲教授。1805～1806年，正值拿破崙橫掃歐洲，德意志民族的神聖羅馬帝國亦遭滅頂之災時，他衷心祝賀拿破崙的勝利。從大學時代起，他就歡呼法國革命，直到晚年，他仍用隱晦的語言對法國革命的歷史意義表示讚賞。1807年2月中旬，他離開耶拿到龐堡(Bamberg)任該市報紙編輯。就在那時，他發表了重要論作：《精神現象學》。

黑格爾想以此書在感覺、情感、意識、想像、願望和理性等人的各種現象中研究人的精神。透過研究，他想最終能找到關於「自由」的秘密。這自由是人的本質，也是「絕對理念」的本質。所謂「絕對理念」就是一切事物和思想的普遍概念，它包括了人的「思想」、「精神」和「理性」。同時，黑格爾想進一步研究在社會、國家、宗教、藝術和哲學諸領域的人的精神。在他看來，精神隱伏於一切與自由意識

有關的事物之中,而不存於人的頭腦裡。他認為,精神並非離開心理
程序獨立存在的實體,而是與心理程序同在。透過這種心理程序,經
驗才轉化為思維和行動。黑格爾在確定關於精神的許多定義時,其中
之一認為精神和意識是一致的。意識可以用來解釋經驗,卻不能解釋
自身。但是,當已感知的對象是一個明顯的具有精神的個體時,那麼
意識會經過矛盾達到自我認識。由此可以看出黑格爾在《精神現象學》
中把人的精神推到一個很高的階段。這種精神,或者說這種「絕對理
念」具有創造世界的能力,且經過自身的矛盾運動達到自我認識。雖
然這是客觀唯心主義的反映,但是在其矛盾發展過程中所包含的否定
的辯證法卻批判了康德和費希特的主觀唯心主義以及謝林的「絕對同
一」論。並在古典唯心主義哲學領域他開始超過了前輩。

　　在龐堡時,黑格爾因對政府檢查其著作表示憤慨而於1808年離開
龐堡,在紐倫堡逗留後於1816年應邀任海德堡大學哲學教授。這期間,
他出版了自1812年著手的又一重要著作:《邏輯學》。1817年,他發表
了《哲學全書》(「小邏輯」)。在《精神現象學》中,黑格爾對辯證法
作了最初的論述,而在《邏輯學》和《哲學全書》中,他對辯證法更
作了全面和系統的論述,可以說後者是集唯心主義辯證法之大全。

　　黑格爾在《小邏輯》中否定了康德的不可知論,論證了存在與思
維、現象與本質的辯證統一。知與不知,存在與思維是對立的矛盾的,
但兩者不可分割。他認為事物在矛盾的發展過程中會相互轉化,譬如,
不知的可能是知的,但知的也可能變為不知。水在一定條件下可以變
成冰或者變為水蒸氣。這都表明整個宇宙萬物都處在變化發展的過程
中。一切事物,思想、精神等都透過發展開在解決其內部的矛盾後向
更複雜更高層次的階段前進。

　　在闡明辯證法時,黑格爾曾確定了三個定義:即正題 (These) 與
反題 (Antithese),最後是合題 (Synthese)。這是說,一種思想或某
一事物其中都潛伏著矛盾,矛盾在發展中經過衝突獲得解決,這一思
想或事物在溶解了對立面 (矛盾) 後取得一種新的形態,但它並非永

恆不變的。按黑格爾的觀點，整個世界都在發展、運動和變化的過程中。任何事物在發展中都有矛盾，矛盾是事物發展的根源。因此，認為事物在發展中由矛盾而統一便是黑格爾辯證法的合理內核。在這方面，黑格爾在承繼古代辯證法和開創辯證法的未來方面具有歷史功績。

在思維與存在的辯證同一方面，黑格爾強調的是思維。他把思維視作「絕對觀念」。他認為，思維是事物的本質，不管存在與否，只有思維想到的才有存在。他不僅視事物的本質在思維之中，且把客觀世界視作是思維自我發展和自我認識的過程。思維，即所謂「絕對理念」創造了世上萬物，思維創造了存在，思維是萬物的本質。它（思維）是不以他人意志為轉移的，是於人類和自然出現以前就已存在的。思維是自我認識、自我發現、一切都在自在自為，自我創造，最終又回復自己，即在思維中達到統一。這便是黑格爾的客觀唯心主義。但他在表達思維與存在的辯證同一論時，肯定了在這一認識論中的矛盾發展展，說明了一切事物的暫時性相對性，而思維與存在在矛盾發展中由相對趨向絕對。儘管黑格爾的辯證法是唯心主義的，並且不同於康德和費希特的主觀唯心主義，但是，他的具有發展觀點的辯證法不是僵化的，而是具有開創性與革命性。在思維決定存在的辯證同一論裡，黑格爾不僅否認了上帝，而且以絕對理念取代了上帝。在這方面，黑格爾繼承了啟蒙哲學家對神學的批判，且作出重大發展。

無論是對神學還是對專制主義制度的批判，黑格爾都是從理念出發，這裡反映了他的哲學觀點。德國學者——文學家和哲學家在青年時期都曾受到法國革命的影響，富於鬥爭性、朝氣蓬勃，甚至願為打倒專制主義制度犧牲一切，但到晚年，有的則附和統治階級。1817年，黑格爾在發表了《哲學全書》後應普魯士教育部長之邀，於1818年10月赴柏林大學任教授。隨後，在《法哲學原理》（1821）中，他說過一句名言：「凡是現實的都是合乎理性的，凡是合乎理性的都是現實的。」這兩句富有深刻哲理的話既可作肯定現實的解釋，也可作否定

現實的解釋，這主要依賴於解釋者從何角度解釋和怎樣解釋。在專制主義時期的德國，對於什麼是合乎理性的，什麼是現實的就有不同理解。在國王弗里德里希‧威廉三世眼裡，現存的專制主義制度是現實的合乎理性的，因爲按「凡是現實的都是合乎理性的」而言，維護現存的專制主義制度便是合乎理性的。這也符合黑格爾的本意。黑格爾意在建立他的辯證法的哲學體系，爲了對現存制度的稱頌，他在說出上述哲理之後，立即得到普魯士國王和臣屬的認可。而威廉三世是一個反對德國統一，與奧地利梅特涅執行相同反動政策的君主。這時(1820～1821)正是德國改革家和大學生運動要求民族統一的時候，黑格爾以他著名哲學家的身份發表的著作爲專制主義捧場，難免有助紂爲虐之嫌。這就難怪他在書中說「使國家提高到合乎憲制的君主政體是近世的一項事業。」❹從而使他的哲學上升到當時普魯士國家哲學的地位。

而海涅和恩格斯卻在這句名言中看出其隱藏的革命性。「凡是現實的都是合乎理性的」，事實上，「凡是現實的」，不一定都合乎理性。因爲只有合乎理性的，才必然是現實的。恩格斯也曾指出：「黑格爾的意思根本不是說，凡現存的一切無條件地都是現實的。在他看來，現實的屬性僅屬於那同時是必然的東西。」❹接著恩格斯舉例說，1789年法國大革命時，君主政體的存在已是不現實的，不合乎理性的。這就必然要發生革命，革命成爲「必然的東西」，這才是現實的，合乎理性的。儘管黑格爾本人並未說出這一哲學命題的革命含義，但是，它所具有的辯證原理及雙重性卻是顯然。

除去在知與不知、思維與存在的辯證同一論上，黑格爾不同於康德，在矛盾觀和認爲一切事物都是矛盾（二律背反）的論點上，包括量與質、有限與無限、相對與絕對、必然與偶然和否定之否定……等矛盾學說方面，黑格爾都以其對立統一論超過了哲學先輩。黑格爾不僅在邏輯學、自然哲學、法哲學、歷史哲學、宗教哲學方面有傑出成就，且在心理學和美學領域有過重大貢獻。

　　同他的自然哲學、歷史哲學一樣，黑格爾的美學哲學也是從理念（思維）出發。過去的美學把感性作爲主要研究對象，而黑格爾則把理性作爲美學的重點。但是，他也不否認理性與感性、內容與形式的統一的必要。這其中也包含了他的辯證法。他在《美學》這一專著裡對人與自然、人與社會以及藝術史的發展等多方面作了研究。這裡我們主要簡述他對自然美與藝術美的觀點。在藝術哲學中，自然美與藝術美有許多不同學派，不同觀點。儘管康德和黑格爾一樣，都認爲藝術美高於自然美，但是，兩種美由對立而統一卻是黑格爾的論證。

　　何謂自然美？黑格爾認爲「理念的最淺近的客觀存在就是自然，第一種美就是自然美。」❷ 也就是說，理念顯現在自然中，形成自然美。「自然美是屬于心靈的那種美的反映」。❸ 由此可以理解黑格爾認爲自然美是人的心靈、或人的理念的反映，是人的理念強加給自然的，而自然並未認識到自己的存在。自然和理念不同，理念能夠自我認識、自我創造，「自在自爲」；自然的「自在」性是有限的，不自由的。自然是「自在」的，卻不能「自爲」。

　　何謂藝術美？黑格爾認爲「藝術美是由心靈產生和再生的」，❹是心靈所創造的產物，因爲由心靈所創造的藝術美是獨立的，自爲的，無限的。心靈的產品，表現了「心靈的活動和自由」，這樣的藝術美才是眞的美的；其次，黑格爾還認爲由心靈產生的藝術，是眞實的、完善的，而自然美卻是片面的，不完善的。再其次，藝術美有明確的對象和標準，藝術哲學的首要目的就是研討藝術美，而自然美是由人的理念所決定，自然本身不經過理念的作用是不能給人以美的。

　　在藝術美與自然美之間，黑格爾重視藝術美，因自然美受制於人的理念，他視藝術美高於自然美，但也認爲不能否定自然美，正因爲自然美有不足之處，才需要藝術美。藝術美是無限的，自然美是有限的。自然作爲理念的對立面，在理念的作用下它變成有生氣的東西，並具有理念的顯現。在自然界的有機物中，當理念作用於其內部各個別部分顯出內在的統一，即所謂「觀念性的統一」。這正如黑格爾所

說，「在自然界裡隱藏著概念的統一性。」❹這統一性就是潛伏於自然之中，又支配著自然界事物發展的理念。由此也就理解了黑格爾說的「美是理念的感性顯現」的含義。只有既承認由「心靈產生的藝術美」，也承認「屬於心靈的那種美的反映」的自然美，即承認自然為理念的對立面，才可能形成統一體。這也表現了黑格爾在人與自然、理性與感性、主觀與客觀等對立概念中的辯證統一。

　　黑格爾的辯證法是德國古典哲學的最大成果。他的哲學對於精神、思維、現象、概念、自然、法學、政治、歷史、藝術等都有明確的思辯哲學原理，只是這些原理從理念出發，是客觀唯心主義的。但是，黑格爾建立了一套完整的唯心主義哲學體系，達到唯心主義哲學的頂峰，辯證原則貫穿於其體系之中。由於他的哲學為突破康德的不可知論立下巨大功績，還因為他的辯證法的發展觀點，他成為自康德以來最著名的也是最重要的德國古典唯心主義哲學家。但在晚年，他喪失了青年時代的銳氣，在柏林大學任教期間，他不僅使其哲學為維護反對統一的威廉三世服務，且當1830年7月法國再次爆發革命，他驚懼不已。對於這個天才哲學家，馬克思和恩格斯既肯定了他的哲學的革命性和進步性，也對他的庸人的一面作了辯證評價。

(四)費爾巴哈

　　在黑格爾的學生中，最著名的大約首推費爾巴哈。費爾巴哈是繼黑格爾之後的德國最重要的哲學家，是德國古典哲學的巨子。費爾巴哈與黑格爾不同，黑格爾是德國古典唯心主義哲學家，而他卻是個古典唯物主義者。其經歷也比黑格爾坎坷得多。大凡在學術上富有創新見解的發明家和科學家，在承繼前人的成就時，從不墨守成規，也從來不依樣畫葫蘆，而是透過鑽研、思索，挖掘並創造出自已獨到的學術見解，對科學作出貢獻，費爾巴哈就屬於這樣一類人物。

　　路德維希•費爾巴哈(Ludwig Feuerbach)於1804年7月28日生於巴伐利亞州的朗斯胡特(Landshut)，1872年9月13日逝於紐倫堡市郊

的雷欣貝格(Rechenberg)。他出身於知識分子家庭,父親保羅・約翰・
安塞姆・馮・費爾巴哈(1775～1833)是當時有名的法學教授。

　　在故鄉中學畢業後,費爾巴哈於1822年到海德堡大學學習哲學與
神學,但這個有頭腦的年輕人對神學缺少興趣,翌年(1824),他到柏
林大學修學哲學和自然科學。其時,黑格爾哲學正風靡於世。他選了
黑格爾的哲學課。黑格爾的理性觀念對他產生了影響,其畢業論文就
是「論統一、普遍和無窮的理性」,但唯心主義是其中的主線。

　　費爾巴哈雖然師承黑格爾,對黑格爾也很尊重,但他對黑格爾哲
學並非五體投地,相反,卻持懷疑以至否定態度。1828年,費爾巴哈
告別了老師,去愛爾蘭根大學任講師。1830年,作為青年黑格爾派的
一分子,費爾巴哈率先寫出《論死與不朽的思想》一書,對基督教進
行批判。在書中,他論證是理性不朽還是靈魂不朽?他認為人死了就
是死了,不要希望什麼來世幸福,而應重視現實生活。「人類」應「能
全心全意地把注集中於自己、現世和現在。」❹他初露端倪的唯物主
義否定了靈魂不朽思想,肯定了理性的永存。此論點對於與宗教勢力
相勾結的統治當局是大不韙,他們加之於他以嚴重打擊迫害,使他遭
到極大不幸。從此,他失去了登上大學講壇的可能。1830年,正是法
國再次爆發革命的一年,假如說法國革命是為了反對君主貴族復辟,
爭取自由、民主,那麼德國的知識分子也在為爭取民族統一、輿論和
思想自由而鬥爭。繼費爾巴哈的反基督教的文章之後,反基督教思想
和爭取統一、自由民主運動在德國不斷出現。此後,費爾巴哈將其全
部精力用於哲學著作。1833年,他發表了《近代哲學史》,論述從培根
到斯賓諾莎的哲學思想。1836年,他移居離紐倫堡不遠的安斯巴哈他
妻子家。在那裡,他長期過著貧困清苦的生活,卻在哲學著述上取得
豐富的收獲。其中重要的如:《論萊布尼茨哲學的表述,發展和批判》
(1837)、《論比埃爾・培爾》(1838)、《論哲學和基督教》(1839)、《黑
格爾哲學批判》(1839)、《基督教的本質》(1841)、《未來哲學原則》
(1843)、《宗教的本質》(1845)、《希伯萊和基督教古籍》(1857)、《論

唯靈主義和唯物主義》(1863～1866)、《幸福論》(1867～1869)。

由其著作可以看出其哲學思想的發展。他自認為他的哲學思想經過三個發展階段。最初他接受的是宗教神學,是唯心主義的。其次,他在黑格爾影響下,轉而崇拜理性,最後,他對康德和黑格爾的理性思想進行批判,達到他所論證的人本學唯物主義。這最後一點與歷來的德國啓蒙哲學和古典哲學不同。在費爾巴哈之前,歷來的哲學對神學和對理性的批判都是唯心主義的,而費爾巴哈把過去哲學批判的對象都視作是「人為」的,失去了自然與人的本質。

綜觀近代德國哲學史,從中世紀的人文主義運動,宗教改革到啓蒙時期的萊布尼茨哲學,從萊布尼茨到康德、費希特、從康德到黑格爾,從黑格爾到費爾巴哈,始終貫穿著對神學的批判,也始終貫穿著人本主義精神。但是,前輩哲學家的論點都遭到後起哲學家的批判與挑戰。費爾巴哈的人本主義哲學就是在批判康德和黑格爾的基礎上建立起來的。在批判基督教時,費爾巴哈研習了人類學、宗教起源和黑格爾的絕對理念。他認為,宗教是人的本質演化為失去自我控制的一種氛圍,是人的本質的虛幻的反映。上帝這個神是由於人的愚昧無知產生的,不是神創造了人,而是人創造了神。人應該從宗教迷信的束縛中解放出來。這是費爾巴哈對宗教的批判,也是他從人本學出發,表現出他的無神論思想。他還認為宗教以虛假的「神聖」的上帝對人欺騙,實際是要犧牲人的幸福,人的利益。這正是宗教所期望的幻想。

在批判康德的唯心主義先驗論時,費爾巴哈認為康德的理性為自然立法的思想,不過是把人的理性的武斷決定強加給自然。事實是自然規律並非人的理智固有的,人的理智只應反映自然規律。自然界絕非理性的創造,自然界的一切原本就存在,而人也不過是自然產物之一。同樣,在批判康德的天才論時,費爾巴哈反對康德把知識的普遍性和必然性說成是先天的,是只有聰明才智的人先天具有的。他認為,人的知識是事物的反映,客觀存在的知識需要人們透過實踐去認識它們。費爾巴哈還認為,康德把本質與現象、思維與存在割裂開來,限

制了人對客觀事務的認識。他以為人類思想與存在之間的矛盾是界限，卻非限制。個別人的認識能力會受到客觀條件的限制，但在人類長河中，人對客觀事物的認識是無限的，今天不認識的，明天可能認識，這一代人未能認識的，下一代人可能認識。也即他說的「對某一個時代來說不可能的、不可思議的事，對下一個時代來說，卻就是可以思議的和可能的事了。我的生活被束縛於一個有限的時代，人類的生活則不然。」❹這是費爾巴哈對康德不可知論的有力批判，也是他對思維與存在的正確見解。

在思維與存在的矛盾中，費爾巴哈也不同意黑格爾的「絕對理念」的論斷。費爾巴哈認為，在解決思維與存在的同一性問題上，應把人視作統一體的主體。人是自然的一份子，和自然界有共通之處。他又對把人與自然界分裂開來。同樣，他也反對精神、思維與人腦分割，因為思維必須依賴人腦，而不是像黑格爾那樣認為思維是人腦以外的產物。黑格爾把思維視作是主要的，相反，費爾巴哈把存在的視作主體。把思維認作第一性和把存在認作第一性則是唯心主義與唯物主義的分水嶺。儘管費爾巴哈在主張存在是主體和認為人是思維與存在統一體的決定性主體方面尚有進一步認識的必要，如理性與感性的相互轉化作用，但是，他卻對古典唯心主義哲學進行了大膽的開創性的批判。這一批判在哲學史上具有劃時代意義，它為通向徹底的唯物主義掃清了道路。也正因為他的唯物主義哲學觀點批判了宗教，批判了當時的統治當局，他後半生只能隱居鄉間著書立說。1866年，他妻子的一家瓷廠倒閉，生活更為清苦。但那時，他仍在貧困中研究馬克思的《資本論》，1870年他成為社會民主黨的一員，兩年後不幸逝世。在送葬時，紐倫堡的近萬名工人和社會民主黨的代表向這位偉大哲學表示了沉痛哀掉和最後訣別。

《註釋》

❶ 克勞斯·季歇主編：《關於德國古典主義文學的釋義》，柏林人民與知識出版社，1956 年德文版，第 214 頁。

❷ 參閱朱光潛：《西方美學史》下卷，人民文學出版社，1979 年北京版，第 425 頁。

❸ 同上，第 427 頁。

❹❺ 弗朗茲·梅林：《中世紀末期以來的德國史》，北京三聯書店，1980 年版，第 108 頁和第 112 頁。

❻❼ 參閱彼得·伯爾內爾：《歌德 1832—1982》，聯邦德國波恩Inter Nationes出版，1983 年，第 187—189 頁。

❽ 參閱杜朗：《人類文化史》第 16 卷：《法國革命前夜》科隆 1985 年德文版，第 127 頁。

❾ 《關於德國古典主義文學的釋義》，柏林人民與知識出版社，1956 年德文版，第 368 頁。

❿ 恩格斯：《德國狀況》、《馬克思恩格斯全集》第 2 卷，中文版，第 635 頁。

⓫ 參閱高爾基：《我怎樣學習寫作》。

⓬ 愛杜瓦·英格爾(Eduard Engel)：《19 世紀和當代德國文學史》，1920 年萊比錫德文版，第 7 版，第 51—52 頁。

⓭ 弗里德里希·丹尼爾·恩斯特·許賴馬赫(Friedrich Daniel Ernst Schleiermacher 1768～1834)，德國天主教神學家、哲學家和教育家。在柏林與浪漫派詩人關係密切，並與威廉·封·洪堡一起爲創立柏林大學作了準備。據西德邁耶袖珍辭典 10 卷本第 8 卷，第 290 頁。1985 年德文版。

⓮ 亨利希·海涅：《論浪漫派》，張玉書譯，人民文學出版社，1979 年北京版，第 5 頁。

⓯ 參閱約翰尼斯·謝爾(Johannes Scherr)：《插圖德國文化和風俗史》第一卷，聯邦德國埃森馬格紐斯出版社德文版，第 167 頁。

⓰《論浪漫派》中文版，第 5 頁。

⓱《論浪漫派》中文版，第 5 頁。

⓲《19 世紀和當代德國文學史》德文版，第 25 頁。

⓳《19 世紀和當代德國文學史》德文版，第 25 頁。

⓴參閱恩格斯：《共產黨宣言 1893 年義大利文版序言》，《馬克思恩格斯選集》第 1 卷，中文版，第 249 頁。

㉑德國文學家讓·保羅語，參見《19 世紀和當代德國文學史》德文版，第 25 頁。

㉒亨利希·海涅：《自白》，載《海涅選集》五卷本第 5 卷，民主德國魏瑪人民出版社，1956 年德文版，第 331 頁。

㉓參見英格爾：《19世紀和當代德國文學史》1920年第7版，德文版，第161頁和167頁。

㉔《海涅選集》五卷集，民主德國魏瑪人民出版社，1956年德文版，第1卷，第129頁。

㉕海涅：《論浪漫派》，張玉書譯，人民文學出版社出版，1979年7月北京版，第147頁。

㉖亞琛(Aachen)，位於聯邦德國北萊茵—威斯特發倫州。查理(Carl the Great)大帝於公元800年在此登基加冕。

㉗魯迅：《什麼是「諷刺」？》，載《魯迅全集》第6卷，人民文學出版社，1958年出版，第259頁。

㉘《海涅選集》5卷集第2卷第289頁。

㉙節譯自《海涅選集》5卷集第2卷，民主德國魏瑪人民出版社，1956年德文版，第22-23頁。

㉚《論德國宗教和哲學的歷史》，海安譯，商務版，第40頁。

㉛《論德國宗教和哲學的歷史》，海安譯，商務版，第42頁。

㉜同上，第148-149頁。

㉝參閱恩格斯：《費爾巴哈與德國古典哲學的終結》，人民出版社，1959年版，第3-4頁。

㉞ 參閱《海涅選集》5卷集第5卷，魏瑪人民出版社，1956年德文版，第144
　頁。

㉟《海涅選集》全5卷集第5卷，魏瑪人民出版社，1956年德文版，第461
　頁。

㊱《海涅選集》第5卷：《二月革命》，民主德國魏瑪人民出版社，1956年
　德文版，第323頁。

㊲古典主義除本意外，並無統一概念。這裏寫的只是著者研讀中的一種認
　識。——著者

㊳但澤，Danzig，14-17世紀屬波蘭統轄，18世紀時劃歸普魯士，二戰後
　成爲波蘭重要的工業和海港城市。

㊴謝林：《先驗唯心論體系》，梁志學、石泉譯，商務印書館，1977年，
　第174頁。

㊵黑格爾：《法哲學原理》，聯邦德國斯圖加特菲利普・諾格拉姆出版社，
　1970年德文版，第50頁。

㊶恩格斯：《費爾巴哈與德國古典哲學的終結》，人民出版社，1959年中
　文版，第4頁。

㊷黑格爾：《美學》第1卷，朱光潛譯，人民文學出版社，1958年版，第
　145頁。

㊸同上，第1卷第2-3頁。

㊹同上，第2-3頁。

㊺黑格爾：《自然哲學》，商務印書館1980年版，第21頁。

㊻《費爾巴哈哲學著作選集》（上卷），三聯書店，1959年北京版，第227
　頁。

㊼《費爾巴哈哲學著作選集》（下卷），第187頁。

格奧爾格格・威廉・弗里德里希・黑格爾(據丟失的塞貝爾繪製的畫複製的石版畫)。

第1❶章　19世紀後期德國的
　　　　 政治、哲學和音樂

第一節　在維也納會議陰影下的歐洲

　　整個19世紀歐洲處於動盪不安之中。從1789年法國革命到1815年的《神聖同盟》，從1830年法國的7月革命到1848年的歐洲革命，以及從俾斯麥1862年上任首相到他於1890年下台。這其間不斷發生著共和制與君主制，革命與反革命（復辟），工業資本主義與封建專制主義，資產階級與無產階級的矛盾與鬥爭，其中還穿插著國與國（英法，英德，法俄，英俄，以及普丹（丹麥），普奧和普法戰爭）之間的勢力鬥爭。鬥爭的總趨勢既表明了在經濟上從17和18世紀萌發的資本主義，其力量在19世紀得到迅速的擴大與增漲。首先經過工業革命的英國，其實力處於歐洲領先地位，後起的法國、德國、比利時、荷蘭等國的資本主義工商業則隨後緊緊跟上來。閉關自守的封建主義經濟愈益削弱，關稅壁壘相繼消失。在國與國之間的鬥爭也還表明了民族主義的興起。在法國革命影響下，歐洲各國人民為了反對本國封建專制主義的剝削與壓迫和為了反對異族的奴役與統治，要求自由民主、要求保障人權和私有財產的鬥爭此起彼伏。在德國則是要求民族統一的呼聲蓋過一切。無產階級革命此時雖然還遠談不上，但在歐洲推行工業革命的國家，隨著工業資本主義力量的增長，無產階級的力量也開始萌動了。

　　因資本主義經濟的發展，和自啓蒙時代以來人的自由思想的要求以及自法國革命後反對異族壓迫和奴役的民族主義的興起而引起的歐洲的動蕩不安，在整個 19 世紀沒有停息過。而受法國直接影響的德國自 1805 年拿破倫在奧斯特里茨戰勝俄奧聯軍後，德國的政局便無寧日。1806 年，以巴伐利亞、巴登、符騰堡等爲首的 16 個德意志邦在拿破倫的旨意下退出德意志帝國成立了萊茵聯盟。這是在德意志土地上除去普魯士和奧地利兩個大邦之外出現的「第三個德國」。同一年，德意志民族的神聖羅馬帝國瓦解，這個所謂「千年帝國」至此壽終正寢。

　　1813 年和 1815 年 6 月拿破倫在萊比錫和滑鐵盧連連敗北，這本是歐洲各國人民，特別是德意志民族熾烈的民族情緒戰勝拿破倫稱霸歐洲的結果，可惜這結果並非進步代替了落後，民主代替了反動。相反，歐洲各國人民卻在這同時遭到維也納會議的壓制。他們失去了本應享有的自由民主，也未能取得民族的統一。在德意志各邦這情況表現更爲顯著。由於梅特涅的反動復辟政策，使普魯士和奧地利長期處於所謂爲維護歐洲秩序的高壓統治下，實際上就是在君主和諸候復辟的舊王朝統治下。反動的「神聖同盟」經過 10 餘年，幾乎是在沙皇亞歷山大於 1825 年突然逝去時，它才瓦解。但是，它的反動復辟政策的影響卻阻礙了歐洲人民的進步，尤其是阻礙了德意志民族爭取自由民主和民族統一的鬥爭。然而歷史車輪不容抵擋。1820～1821 年西班牙和義大利爆發了反對專制主義的革命運動，繼法國 1830 年 7 月革命後，1832 年 5 月德國大學生爲爭取自由民主和統一在亨巴赫（Hambach）舉行集會。1835 年，普魯士議會對要求德國統一的激進的青年德意志派採取了強硬措施。1847 年，瑞士天主教的特別同盟與民主派新教之間爆發了一場激烈戰爭，民族派最終獲勝。1848 年初，義大利曾爆發過民族鬥爭的嘗試而未果。1848 年 2 月，具有革命傳統的法國，再次爆發了爲爭取自由平等反對專制主義統治的革命運動。這次法國革命再次影響歐洲各國，使它成爲爭取建立資產階級共和政體、反對異族壓迫、爭取民族統一的一次革命。革命一爆發，壓制歐洲各

國人民的梅特涅倉皇出逃。在德國，由於資產階級對貴族的妥協退讓（這在德國歷史上是長期存在的弱點）以及革命方面缺少足夠的軍事和財政力量，革命未能取得積極成果。革命失敗了。但它對 19 世紀下半葉德國歷史和文化的發展卻具有深刻意義。整個德國，爲了民族的振興，在政治上產生了兩種思想：一是在德國資本主義工業發展的同時，馬克思主義也在發展中成長壯大，且成爲指導無產階級革命的愈益成熟的科學共產主義理論；另一是俾斯麥的政治思想主宰著德國，並在統一德國，成立新的德意志帝國中起了重大作用，但在 1871 年後，它便由盛而衰。

19 世紀動盪不安的歐洲帶來了德國的動盪不安。如果說在政治上 19 世紀前期專制主義的四分五裂的德意志受到拿破倫的衝擊與破壞，同時受到神聖同盟復辟勢力的影響，那麼 19 世紀後期的德國一方面顯示了在馬克思主義影響下引起的社會民主運動愈益擴大，另方面則是透過戰爭取得統一，德意志爲俾斯麥政策所左右。在文化上，古典主義哲學在 19 世紀前期達到頂峰，繼黑格爾和費爾巴哈之後，在 19 世紀後期產生了意志哲學，其重要代表爲叔本華和尼采。在音樂上則是繼貝多芬之後，產生了浪漫派作曲家華格納、布拉姆斯和布魯克納。他們——無論其才能表現於政治思想、哲學和音樂諸領域——既代表了 18 世紀與 19 世紀之交的德國資本主義崛起年代的精神文化，也是通向 20 世紀德國文化的承前啓後的橋樑。

第二節　革命年代的馬克思和恩格斯

像 1789 年和 1830 年 7 月兩次革命一樣，1848 年 2 月，法國革命的第三次鐘聲驚動了德國和歐洲其他國家。革命的影響迅速波及瑞士、普魯士、奧地利、義大利、西班牙以及多瑙河沿岸的匈牙利、捷克和波蘭等專制主義統治的國家。革命在德國表現爲資產階級和工人反對大資產階級和容克地主的鬥爭。鬥爭的目的不同於法國。在法國，

革命是為了推翻專制主義王朝，建立第二共和國(1848～1852)，在德國，革命則是為爭取民族的統一。無產階級的革命導師馬克思和恩格斯曾親身經歷1848年革命，並在革命年代前後對1848年革命和其後的第一國際的創立在理論與實踐上作出重大貢獻。

馬克思(Karl Marx 1818～1883)和恩格斯(Friedrich Engels 1820～1895)的出身經歷是完全不同的。一個出身於普通猶太人律師家庭；一個出身於殷實富商之家。一個在高等學府受過系統嚴格的學術訓練；一個在軍事和經商中富有實際經驗。

1840年，馬克思在柏林大學學習時把他的博士論文《德謨克利圖的自然哲學與伊比鳩魯的自然哲學的區別》寄給耶拿大學，不久收到耶拿大學哲學系系主任寄來的博士證書。他和恩格斯首次會見是在1842年11月，其時，恩格斯離開故鄉巴門，經科隆去倫敦前訪問了在科隆「萊茵報」工作的馬克思。馬克思在「萊茵報」工作期間，曾竭盡全力使資產階級的這份報紙成為批判普魯士專制主義制度的投槍。那時在反對舊制度的態度上他已初露鋒芒。而恩格斯在與他會見時所講述的很多英國情況使他很感興趣。不久，馬克思在新婚之後於1843年6月到達巴黎。在巴黎，他編了一期《德法年鑒》，同時繼續研究德國古典哲學，英國史密斯和李嘉圖的古典國民經濟學。此外，他還結識了法國空想社會主義者，熟悉了其理論。1844年，馬克思在完成了《經濟學哲學手稿》、《黑格爾國家法批判》和《黑格爾法哲學批判》之後，與恩格斯合作撰寫了《神聖家族》(1845)和《德意志意識形態》(1846)。這期間，恩格斯透過他對英國社會的實地了解，以他對英國資本主義社會的分析和洞察力寫了《英國工人階級的狀況》(1845)。接著在1848年，兩位友人合作寫了《共產黨宣言》。這部著作很快被譯成英文、法文、義大利文和丹麥文等歐洲語文，並且成為19世紀重要的社會政治文獻，到處流傳。恰在這時，使馬克思和恩格斯經受實際鍛煉的1848年革命到來了。

革命爆發時，馬克思正逗留於布魯塞爾，當時重新組建的共產主

義者同盟中央局認為巴黎革命為無產階級革命事業創造了新的優越條件。根據中央局的意見，馬克思遷居巴黎。正當馬克思準備去巴黎時，比利時警察於1848年3月3日衝進馬克思住宅，把馬克思逮解出境，這真是不謀而合，翌日馬克思被驅至法國。到法國不久，傳來德國國內爆發革命的消息，新的中央局決定組織在國外的共產主義者同盟成員返回德國。馬克思和恩格斯約於4月6日離開巴黎，4月8日到達美茵茲。在那裡，他們與共產主義者同盟成員討論建立德國工人協會事項，隨後於4月11日返回科隆。之所以選擇科隆作為共產主義者同盟新的中央委員會的所在地，一是考慮到馬克思和恩格斯對科隆較為熟悉，工作較為方便；二是1842～1843年，馬克思在科隆「萊茵報」任主編時，曾經對社會進步運動發揮過重大影響，對於共產主義者同盟開展工作是有基礎的。此外，他們認為科隆的民主氣氛比柏林更濃。決定既經作出，馬克思和恩格斯立即在科隆領導共產主義者同盟根據共產黨宣言中確定的方針積極開展工作。他們堅信，只有透過廣泛的有意識的群眾運動才能完成民主的統一革命運動。而此時正是他們把理論用於指導實踐的重要時刻。還在幾年前，馬克思就曾說，「哲學把無產階級當做自己的物質武器，同樣地，無產階級也把哲學當做自己的精神武器，思想的閃電一旦真正射入這塊沒有觸動過的人民園地，德國人就會解放成為人。」❶的確，在革命年代，哲學已成為無產階級掌握自己命運的武器。無產階級必須緊握哲學這一精神武器去批判專制主義，批判大資本家對工人的無情剝削。馬克思和恩格斯在1848年以前撰寫的理論著作都可作是為1848年革命做的精神準備，儘管那次革命仍是一次資產階級革命。結合當時的實際情況，馬克思和恩格斯曾提出把「建立一個統一的、不可分割的德意志共和國」作為革命的最根本思想。為了這個目的，他們要求首先應把工人們組織起來，建立德國工人協會。科隆的工人協會就在1848年4月13日建立起來。他們同時決定創建一個呼籲民主的新聞喉舌《新萊茵報》。

　　《新萊茵報》第一期於1848年6月1日在科隆出版。《新萊茵報》

誕生的日期距離在革命中產生的法蘭克福議會剛好兩周。法蘭克福國民議會是於 1848 年 5 月 18 日在保羅教堂開幕的，議會的目的在於制定能肩負民族使命和有全權的憲法。但在這個議會裡讚成建立共和國的只是少數激進派，在爭取德國統一問題上態度也不堅決徹底。而《新萊茵報》的政治綱領卻是要「建立一個統一的，不可分割的德意志共和國」，同時「對俄國進行一場包括恢復波蘭在內的戰爭」。❷恩格斯認為，俄國是造成歐洲分裂的罪魁禍首，是革命的可怕的敵人，進攻俄國與德國的統一是一致的。

在革命年代，《新萊茵報》充分發揮了它的戰鬥作用。馬克思在那時寫的《雇用勞動與資本》、《六月革命》等論文，恩格斯寫的《法蘭克福議會》及關於普魯士與丹麥戰爭的論述都是透過《新萊茵報》傳播出去的。這份報紙既對革命工人們和廣大人民群眾的鬥爭起了積極的指導和推動作用，也對當局鎮壓革命的措施進行了猛烈抨擊。正是由於報紙對當局倒行逆施的抨擊和揭露，1849 年 2 月 7 日，馬克思和恩格斯才遭到科隆法庭的傳訊，但在他倆據理力爭，義正嚴詞的反駁下，法庭最終不得不宣判被告無罪。可是，1849 年 5～6 月，歐洲的政治形勢急趨變化，反動勢力捲土重來。5 月，匈牙利革命遭到沙皇俄國和奧地利聯軍的打擊，6 月，巴黎暴動遭到復辟勢力的鎮壓。在這同時，德國一些地方，德累斯頓和愛北斐特等地的暴動也迭遭當局鎮壓。還在 3 月份，拒絕國民議會授予其皇冠的弗里德里希·威廉四世(Friedrich Wilhelm IV 1795～1861，1840 起任普魯士國王) 此時解散了國民議會任命的政府。反動勢力復辟了。《新萊茵報》在 1849 年 5 月遭當局勒令停刊。5 月 19 日，該報在堅持近一年後出版最後一期，這一期是用紅色油墨印刷的。頭版頭條是詩人斐·弗萊里格拉特(Ferdinand Freiligrath 1810～1876)寫的《新萊茵報告別辭》，詩中表述了對暴動的歡呼，同戰鬥的人民告別，但並非永別，希望他日再相聚，在多瑙河畔與萊茵河畔繼續戰鬥。……報紙還登載了編輯部對科隆工人的告別詞，感謝科隆工人對報紙的支持，同時提醒他們不要舉行無

望的暴動。

　　1848年革命無論在法國抑或在德國都證明專制主義勢力仍然比較強大，資產階級仍然比較軟弱，無產階級也比較幼稚，未能擔負領導革命的使命，他們在革命中經受了鍛煉。革命失敗後，馬克思、恩格斯和共產主義者同盟成員分別離開德國。以後，馬克思和恩格斯又在倫敦相會。他倆為創立科學社會主義理論繼續研究政治學、經濟學和哲學。1859年，馬克思發表《論政治經濟學批判》，其中他分析了建立在商品生產和商品流通基礎上的私有制規律的急遽變化，探討了資本家剝削工人的剩餘價值理論。1867年，他完成了重要著作《資本論》第一卷。在《資本論》第一卷中包含著《論政治經濟學》的基本思想。《資本論》的第二卷和第三卷是在馬克思逝世經恩格斯整理後分別於1885年和1984年出版的。整個《資本論》是19世紀國民經濟學的最著名的傑作。嗣後，馬克思又發表了重要著作《法蘭西內戰》(1871)和《哥達綱領批判》(187))。像馬克思在總結1848年革命時寫了《路易‧波拿巴的霧月18日》(1851)一樣，《法蘭西內戰》總結了巴黎公社的經驗教訓。而《哥達綱領批判》則是為批判拉薩爾主義指出在無產階級革命中無產階級專政的必要性。這已是馬克思的晚年論作。馬克思從19世紀40年代寫的《德意志意識形態》和《共產黨宣言》到《資本論》、《法蘭西內戰》和《哥達綱領批判》，其特點便是與現實社會的政治鬥爭相聯繫，與政治鬥爭中的現實問題相聯繫以及與無產階級為解放自己的鬥爭相聯繫。在這方面，馬克思和恩格斯與歷來的哲學家不同，歷來的哲學家大都是在哲學領域以自己的見解向前輩挑戰，哪怕是唯物主義與唯心主義的論戰也是如此。所以，歷來的「哲學家們只是用不同的方式說明世界，而問題卻在於改變世界。」❸馬克思聯繫現實問題的研究和論著「卻在於改變世界。」由此，可以看出，在數十年的奮鬥中，馬克思早已由年輕時代的黑格爾派，在晚年成為無產階級的政治家和革命家了。

　　1848年革命後，一直和馬克思並肩戰鬥的恩格斯仍在研究科學社

會主義，同時積極參加團結國際工人的實際鬥爭。1863～64年，他和馬克思一道爲創建「第一國際」(1864～1872)積極從事組織與領導。在積極投身於實際政治鬥爭的同時，恩格斯一邊爲馬克斯的著述提供資料一邊寫了反對虛假的社會主義理論的著作：《反杜林論》(1878)。隨後，恩格斯又寫了《家庭、私有制和國家的起源》(1884)和《路德維希·費爾巴哈與德國古典哲學的終結》(1888)。後兩部著作都是在馬克思逝世後完成的。《家庭、私有制和國家的起源》表述了人類由蒙昧走向文明，由氏族走向國家的必然趨勢和在經濟上占有權的轉變，同時恩格斯還指出在人類發展過程中物質的生產方式促進了社會和社會制度的發展。在《路德維希·費爾巴哈與德國古典哲學的終結》一書中，恩格斯則是繼馬克思批判黑格爾之後對費爾巴哈和黑格爾的進一步評價，其中也包含了馬克思的思想。這猶如普列漢諾夫說的「這本小冊子是集了這兩位思想家的哲學觀點的大成。」❹這裡所說的哲學觀點即最新的辯證唯物主義。從這本書和從馬克思《關於費爾巴哈的提綱》中可以認識到，馬克思和恩格斯批判了黑格爾和費爾巴哈哲學中的不合理部分，汲取了其中的合理部分並加以發展。德國古典哲學從18世紀到整個19世紀是極爲繁榮豐富，博大精湛的，但這並非說它發展到頂盛期就是到了盡頭。相反，人類對眞理的認識是永遠沒有限度的，科學永遠不能說在它「發現了某種所謂絕對眞理以後，就再也不能前進一步。」「歷史同認識一樣，永遠不會以爲人類的某種完美的、理想的狀態就算是達到了盡善盡美」，❺在政治經濟學、哲學、人類學、宗敎、歷史和社會學等領域，馬克思和恩格斯都曾傾畢生精力從事研究，在馬克思逝世後，恩格斯每新寫一部著作都提到馬克思對同一問題的見解和思想，並由此使科學社會主義得以延伸和發展。這也可以從科學進展方面說，馬克思和恩格斯是德國古典哲學的繼承人，也是無產階級革命理論的創始人。

　　1895年，恩格斯在倫敦去世。從此，兩位無產階級思想家和革命家都告別了他們所熱愛的人類。當馬克思和恩格斯在世時，兩人的友

誼是眞摯的，終身不渝的。在德國文化史上，兩位同時代人在學術和事業上志同道合、意趣相投、相互切磋者不乏其人，在文學上如歌德與席勒，在無產階級革命理論和實踐上如馬克思和恩格斯，都爲世人交口稱讚。

第三節　俾斯麥及其政治思想

在德國近代史的政治人物中，其政治影響還很少有哪一位超過俾斯麥。俾斯麥是19世紀德國政治舞台上的舉足輕重人物，也是統一德國的功勛人物。

奧托・封・俾斯麥(Otto von Bismarck 1815～1898)於1815年4月1日生於阿爾特馬克地區的申豪森，距柏林西郊百餘公里，1898年7月30日卒於弗里德里希斯魯，該地在薩克森林區，漢堡之東。他出身於容克家庭，父親年輕時當過騎士，母親出身於學者高官之家。1822年，俾斯麥在柏林上中、小學，1831年，他入柏林大學學神學，次年，他轉入哥丁根大學，後又參加漢諾威大學生社團組織。1835年，他再次回到柏林大學，在大學時期，他讀了不少英國文學作品，而他考試通過的內容卻是法學，同時完成了哲學和政治經濟學論文，取得司法見習官資格。1836～1839年，他在普魯士地方管理當局亞琛司法部門工作。這期間，他服兵役一年多，於1839年退役。

退役後，俾斯麥像他父親一樣，在波美拉尼亞的莊園當莊園主，閒時研讀文學、哲學和歷史。1845年他任薩克森州議會議員，1847年5月，任普魯士聯合邦議會議員。1847年7月，俾斯麥與波美拉尼亞另一莊園主女兒約翰娜・封・普特卡默爾成婚。他對1848年革命持反對態度。當時，他是保守黨和《十字軍報》創建人。1849年以來，他任普魯士第二屆議會議員，1851～1859年，他是法蘭克福聯邦議會的代表。1859～1862年，他出使彼得堡，1862年春初，他剛出使巴黎不久，即被任命爲普魯士首相兼外交部長。他指揮了1864年、1866年和

1870～1871 年的三次對外戰爭完成德國的統一。1871 年，他的政策在於鞏固統一成果，在對奧匈接近的同時，對法國則多加防範。他一生中曾三次晉爵，第一次是 1865 年，他被封爲伯爵，第二次在 1871 年，晉升爲侯爵，第三次在 1890 年，晉升爲公爵。晚年，他的政策與國王威廉二世發生矛盾，不久他便辭職。史學家和政論家對其一生的功過褒貶不一，眾說紛紜。而他從 1845 年步入政壇，到 1890 年離職，在近半個世紀的政府任內，在內政外交上，他頑強地推行他的對內政策和對外政策，事實上這也是任何政治家在管理國家方面必須有的兩方面政策。那麼俾斯麥在他任首相時施行的對內對外政策是怎樣的呢？爲達到德國的統一，俾斯麥主要推行的是實力政策和有利於德國統一的利益政策。這兩項政策在內外政策上是相互交替、相互補充的。

(一)實力政策

　　直到 1848 年革命時，德國仍是一個四分五裂的國家。普魯士和奧地利這兩個大邦彼此不是爭取統一，而是都想壓倒對方。在德國外部 —— 歐洲鄰國，無論是法國、俄國和英國等一些國家都不希望德國統一。爲爭取德國統一的 1848 年革命沒有成功，俾斯麥站在容克貴族的立場並不支持那次革命，但他從反面總結了那次革命的經驗教訓。他要按照容克的利益制定德國統一的道路。這條道路首要的是增強普魯士本身的實力。一切的事項也需從普魯士的利益出發。1850 年 12 月 5 日，俾斯麥在普魯士議會中說：

　　　　一個偉大國家唯一的健康基礎……就是國家的私利私欲(der Egoismus德文)，而不是羅曼蒂克，爲一項不屬於它本身利益的事業去爭執，對一個偉大國家來說是不值得的。❻

　　換句話說，只有給國家帶來利益的事才值得考慮，而他所關注的就是旨在增強普魯士力量的現實政策。這裡所謂的現實政策決非議會

裡的雄辯，而是國家掌握的軍事實力。也就是俾斯麥的著名的鐵血政策。這是他考慮的統一德國的唯一道路，也是他自 1850 年任議員至 1862 年任首相的十年內長期思考得出的認識。1862 年 9 月 30 日，他在議會財經預算委員會上明確表示他以實力為基礎的鐵血政策。他說，「德國不會出現在普魯士自由主義的基礎上，而是出現在普魯士的權力基礎上。普魯士必須在順利的時機積聚他的權力。這樣的時機我們已經不止一次地錯過了。……當代的重大問題不是通過演說和以多數取勝的決議決定的，而這一些正是 1848 年和 1849 年的錯誤，而是要透過血與鐵。」❼

很明顯，俾斯麥認定解決重大問題的辦法是具體的實在的，這個辦法就是「透過血與鐵」，就是手中握有鋼鐵武器的鐵軍。他自己也曾為他的這次講話作過注解說，他的意思就是說「君主要軍隊」，沒有強大的普魯士軍隊，德意志民族的觀念，德國的統一根本就不可能實現。對他來說，「血與鐵」就是實力，就是足以戰勝阻礙德國統一的敵人的實力。自然，他的以軍事力量為後盾的思想受到議會同僚的責難，甚至遭到他們的反對。而反對者除去在議會裡爭論不休外其他也無能為力，何況俾斯麥本來就對以演說、呼喊和歌唱爭取德國統一不屑一顧。他所要求的是權力與實力，權力自他任首相後已在握，實力則是他的主張，這在他任首相前的十餘年，無論在國內還是出任駐外大使時已作了輿論準備。這種輿論準備不妨視作是他為統一事業作的第一件事。

第二件事，為了推行其實力政策，在上任首相後，俾斯麥策劃了三次戰爭。第一次與丹麥發生領土糾紛，戰爭發生於 1864 年，翌年，普奧聯軍迫使丹麥訂立加斯泰因❽條約（1865 年 8 月 14 日）。根據條約，普魯士取得石勒蘇益格，奧地利取得荷爾斯太因。不久，普奧為爭奪在德意志邦聯中的霸主地位而發生戰爭，結果是戰勝奧地利的普魯士不僅取得荷爾斯太因，而且取得北德的漢諾威、黑森、拿騷和法蘭克福等地。普奧兩邦締結了布拉格和約（1866 年 8 月 23 日）。根據

和約，普奧兩個同種同文的民族在政治上形成了兩個國家，德意志邦聯崩潰了。隨後以普魯士為首建立了北德聯邦（1866 年 8 月 28 日）。俾斯麥竭力建立的北德聯邦在於為統一德國作好準備。第三次是普法戰爭。戰勝奧地利和建立北德聯邦對法國來說是不祥之兆，因為法國不願意看到普魯士的強大，更不願意看到在歐洲大陸上出現一個與它平起平坐的大國。在戰爭爆發前，1868 年秋曾因西班牙王位繼承問題，普法發生齟齬，拿破倫三世對此極表不滿，加上國內形勢對他的威脅，戰爭一觸即發。就在同年，俾斯麥分析了拿破倫三世的處境，認為他處於戰與不戰的矛盾之中，但是他處在不穩定的情況下戰爭是他的出路。俾斯麥估計危機可能在兩年內發生，為此，德國人必須作好準備。他甚至信心十足地估計到戰爭將取勝的結局。果然，戰爭於1870 年 7 月爆發，不到兩個月，德軍在法國色當取得決定性勝利。在這次戰役中，拿破倫三世被俘，法國戰敗。德軍直抵巴黎，1871 年 1 月18 日，普魯士國王威廉一世（Wilhelm Ⅰ 1797～1888）在凡爾賽宮稱帝。同年 2～5 月，德法兩國先後在凡爾賽和法蘭克福簽署和約。

　　透過三次戰爭，俾斯麥以「血與鐵」，以軍事實力完成了統一德國大業。新的德意志帝國的建立標誌俾斯麥思想的勝利；也就是俾斯麥的實力政策戰勝了資產階級議會的自由思想，戰勝了議會裡許多「謙謙君子」設計的以「憲法爭取統一」的思想。作為出身容克的一分子，俾斯麥的思想代表了君主統治階級的利益和依附於君主的容克貴族的利益，其中也含有後起的德國資本主義的利益。他的實力政策既贏得了德國的統一，也維護了德國傳統的君主政體。在統一的基礎上，促進了後起的德國資本主義工業的發展。因此，俾斯麥在排除了議會裡軟弱無力的自由主義派的意見之後，以實力政策取得德國的統一，對於德國社會，政治和經濟的發展具有革命意義。但是，伴隨積極意義的也有其對外損人利己的一面和對內壓制社會民主運動的一面。這可說是他的事業的第三階段，或是說他辦的第三件事。

(二)對外對內政策

　　1871 年統一德國後，俾斯麥爲了鞏固德國的統一，對歐洲各大國採取的外交立場都是有利於自己爭取朋友的利益政策。普法戰爭後，歐洲五大國 —— 德國、法國、奧國、俄國和英國，其中英國仍處於強國地位。法國因戰敗暫時不可能對德國構成威脅。俾斯麥考慮的是奧國和俄國。爲取得俄國的友誼，1871 年 3 月 13 日，巴黎和約的參加國在倫敦聚會，並簽訂了公約，會上俾斯麥支持禁止外國軍艦在黑海的滯留權，使沙俄重新取得黑海地區的主權，因此使德國贏得了與俄國的友好關係，避免了俄法聯盟以反德。1873 年 10 月，在半個多世紀前結成「神聖同盟」的德、奧、俄此時爲緩和彼此間的不睦關係和平地締結了「三皇協定」。這兩件事的成功不僅有利於鞏固德國的統一，也有利於德國在戰後的經濟發展。

　　不久，俄國在 1877 年俄土戰爭中取得較多利益，引起英國和奧國對俄國的不滿。看來雙方可能要爆發一場新的戰爭。俾斯麥不期望這場戰爭的爆發，也不願德國捲入這場戰爭。於是，1878 年夏天，他邀請了上述有關國家在柏林召開會議，在會上，他以「誠實的經紀人」❾ 身份控制會議，避免了俄土間再次爆發一場大戰，平衡了大國之間的關係。會後，俾斯麥得意地感到以他的威信解決了巴爾幹的緊張局勢。1879 年，爲防止俄奧之間的相互攻擊，也爲了避免俄國對德國的不滿，他堅持建立了德奧聯盟。1881 年，他倡議建立了俄、奧、德三國中立協定，協定規定，如果三國中某一國與協定以外的一個國家發生戰爭，另兩個國家持中立立場，並答應互相尊重各自的利益。俾斯麥不僅在三國中立協定中表明了他的利益政策，在 1882 年，他努力締結的德、奧、義三國同盟，目的也是爲了防止義大利與法國聯合，以利於德國。這兩次協定都在於防衛法國和俄國有可能對德國的進攻。1887 年，俾斯麥使德國與俄國締結了一項再保證協定。協定規定，如果德、俄兩國雙方有一國遭到第三國攻擊，雙方保持中立。這是俾斯

麥最後一次利用結盟政策來保證和鞏固德國的統一利益。協定孤立了法國，使俄國受條約束縛，免去了俄法聯合反德的可能。

　　俾斯麥推行的多面外交政策是在兩條戰線上防止歐洲其他大國對德國的攻擊：一是在東線防止法俄聯合反德，二是在西線防止義法聯合反德。為了保證德意志帝國的利益，他的外交政策是以統一後發展迅速的經濟力量為基礎的。統一後，德國在各行各業制定了一系列的經濟法。光學、化學工廠和機械、礦冶、鋼鐵工廠相繼建立。煤、鐵和鋼的產量在 1871 年後的 20 年間成長幾倍。❿ 因此，可以認為，俾斯執行的是圖私利的外交政策，這種圖私利的外交政策並非俾斯麥的首創，而是在他前後世界上的每個大國都運用過。只不過是俾斯麥在掌握時機方面用得適當而已。事實上，圖私利的結盟外交政策是不可能永存的，現代史上的不少史實都證明了這一點。

　　在對內政策方面，俾斯麥也是從維護帝國利益出發，因此，不論從右的方面或從左的方面對帝國利益的損害，他都反對。還在德國統一之前已經發生的天主教與國家權力之爭，即所謂「文化鬥爭」，延續到 1871 年帝國建立之後，俾斯麥斷然決定禁止教會侵犯國家權力，限制神職人員的活動範圍，但在他遭到教會方面的抵抗時，1874 年這項鬥爭也便逐中止。使俾斯麥更為大傷腦筋的是對付社會民主黨的挑戰。19 世紀下半葉，隨著資本主義工業的發展，德國工業人口逐漸增多，工人們為爭取他們的權利早在 1863 年就由拉薩爾(Ferdinand Lassalle 1825～1864)創建了全德工人聯合會，1869 年，威·李卜克內西(Wilhelm Liebknecht 1826～1900)和奧·倍倍爾(August Bebel 1840～1913)創建了社會民主黨。這個黨在 1875 年 5 月在哥達召開拉薩爾派和埃森那赫派合併大會時制定了「哥達綱領」，綱領中包括了拉薩爾派的錯誤觀點。而馬克思和恩格斯認為無產階級的社會民主黨必須堅持無產階級革命和無產階級專政。對於社會民主黨人在議會內外反對帝國的活動，俾斯麥是反對的。他不同意社會民主黨的革命主張，可是又不便馬上把這個黨鏟除掉。直到 1878 年 5～6 月間，柏

林發生了兩起刺殺皇帝未遂事件，俾斯麥抓住時機在同年10月21日
頒布了《鎮壓社會民主黨危害社會治安法》，簡稱《非常法令》。顯然，
俾斯麥有意把刺殺皇帝事件與社會民黨聯繫起來。刺殺皇帝事件成爲
俾斯麥鎮壓社會民主黨的藉口。事實是俾斯麥爲維護帝國和容克的利
益，在國會內受到自由黨、中央黨和社會民主黨的抵制，感到力不從
心。頒布《非常法令》使他暫時擺脫了困境。然而，社會民主黨並未
因此消失。在資本主義發展中，工人們爲爭取他們的權利仍然需要一
個有力組織代表其利益，直至1890年，當「非常法令」最終被取消時，
社會民主黨卻愈益壯大了。也就在這段時期內，在19世紀末，當德國
資本主義經濟已經逐步趕上歐洲其他先進的資本主義國家時，它已不
願意再經受俾斯麥倒退的反動的思想束縛，俾斯麥的思想已經到達進
入博物館的時候了。

　　1890年3月，俾斯麥終於下野回歸故里。他一生中最大功績便是
爲帝國利益統一了德國。統一德國後，對外他加強了外交努力，對內
他加強了法制。在這幾方面，用他的話來說，他統一德國運用的是實
力政策，在鞏固統一和對內施政上用的是利益政策。應該說實力政策
是成功的，因爲它在專制主義列強中表現了有準備的思想，而利益政
策，特別在頒布《非常法令》方面是失敗的，因爲到19世紀80～90年
代自由民主思想對於獨斷專行，對於只維護少數容克貴族利益的思想
早已不能容忍。因此，如果說俾斯麥以實力政策統一德國是歷史的必
然的話，那麼，他在對內施政方面的失敗也是歷史的必然。

第四節　叔本華及其哲學

　　在整個19世紀，德國產生的哲學家，從康德到謝林，從謝林到費
希特，從費希特到黑格爾，從黑格爾到費爾巴哈，接著是叔本華和尼
采，一代接一代，都享有世界聲譽。如果說18世紀是德國的文學世紀
和音樂世紀的話，那麼，19世紀堪稱爲德國的哲學世紀。在這個哲學

世紀中又分爲兩層：19世紀前期的德國哲學以古典主義爲主，19世紀後期的德國哲學則以唯意志論和悲觀主義爲主。唯意志論和悲觀主義哲學的第一位代表就是叔本華。

阿爾圖爾·叔本華(Arthur Schoppenhauer)於1788年2月22日生於但澤(今波蘭格但斯克)一個富有的商人之家，1860年9月1日卒於美茵河畔的法蘭克福。父親曾任波蘭樞密院顧問，母親聰穎，富有才智，寫過不少文學作品。1793年，當普魯士軍隊占領但澤前夕，全家遷往漢堡。叔本華10歲時，隨父母到巴黎。父母臨離開巴黎時，父親把他托付給一個商人朋友。他在法國逗留2年，學得嫺熟的法語。回漢堡後，父親把他送入一家從事經商的私立學校，父親盼望兒子日後成爲有才能的商人和世界上具有純粹道德的人。父親望子成龍的心意卻不爲兒子賞識。叔本華對經商不感興趣，而是想成爲學者。他16歲時，其父第二次帶他赴歐旅行，途經荷蘭、法國、英國和蘇格蘭，後去比利時，返程時又去巴黎，經里昂到瑞士，由奧地利回德國，並回故鄉但澤作短暫停留，最終回到漢堡，歷時2年。旅行使他荒廢上學時間，但從觀察現實和人生中卻大有收獲。父親仍要他經商，母親遷居魏瑪，與歌德相識，從事著述。其間，父親去世，母親給他一筆遺產。依靠這筆財產他放棄了商務，把耽誤了的學習時光追回來學習拉丁文和希臘文。不久，他在哥丁根大學學習醫學和哲學，特別是柏拉圖和康德哲學。他在哥丁根兩年，所聽課之多是驚人的：數學、人種學、礦物學、心理學、比較解剖學、化學、物理學、天文物理和歷史學等。他幾乎可說是一個雜家。1811年，他入柏林大學，本想由費希特指導完成其博士論文：《論充足理由律的四種根源》。但因1813年的戰事未能使他如願，儘管論文是完成了。這年冬天，他去魏瑪會見歌德，他接受了歌德的建議研究顏色學。這其間，叔本華以其《作爲意志與表象的世界》(1818)一書奠定了他的哲學體系。書出版後，他再次去義大利作學術旅遊。在他32歲時，他獲得柏林大學授課資格，但其教學效果欠佳，他講課時，黑格爾也在柏林大學講課，頗受學生

歡迎。他出走了。6年後再次返回柏林大學授課，情況仍然如前。這使他鄙視哲學教授這一頭銜，憤而離開柏林，經曼海姆，輾轉遷居美茵河畔的法蘭克福（1831年）。從此，他在那裡鑽研哲學，專心寫作，過著鰥居的學者生活，直至1860年9月因心臟病去世。

歷來的哲學家既接受傳統的薰陶，又有自我創見。叔本華的創見之作便是《作爲意志與表象的世界》，這本書的中心是意志論。在人的生存意志不能滿足時，就產生厭世悲觀之念。叔本華哲學的重點就闡述了這兩種理論，因此，在哲學史上他被視作唯意志論和悲觀論的重要代表。

所有的哲學家都有各自的認識世界的觀點，康德的理性批判不同於啓蒙哲學家萊布尼茨的形而上學，黑格爾的絕對觀念不同於費希特的唯我論，而叔本華又反對黑格爾，認爲他不過是受俸於國家的哲學家。那麼，叔本華本人認爲作爲意志與表象的世界其根本內容根本思想是什麼呢？

首先說他所指的意志是生命和世界一切現象的根源。他把他的體系稱作是「內在的（即意識之內）獨斷主義」（immanenter Dogmatismus）。他並不認爲世界產生於某種原始原因，而是認爲他的哲學所說的原理只存在於世界之中，存在於相同的因果前提中。他理解人類理智的界限不再是只涉及事物的現象，而是涉及事物的本身（物自體）。叔本華在書的開篇中就說，「世界是我的表象」，表象也可譯作「觀念」。這裡說的表象就是指人的主觀意志。他之所以把「世界認作表象」是因爲他認爲，「作爲表象的世界有本質的，必要的和不可分的兩部分，一部分是客體，客體的形式是時間和空間，……，另一部分是主體，它不存在於時間和空間：因爲它在任何表象本質中是完全不可分的。」❶

所謂主體，即主觀作用，它承認一切而不被一切所承認。這主體是世界，是表象，也是一切客體現象存在的條件。只有主體需要的，客體才爲主體的需要而存在，譬如，要寫字，才有手的存在，要走路，

才有脚的存在。假如這樣一種本質，如人類一旦消失了，那麼，作爲表象的世界也便失去存在的意義。這就是說，這兩個部分的任何一個部分只有透過另一部分或是爲了另一部分才有存在意義，這一部分與另一部分或是同時存在，或是同時消失。康德曾經作出的偉大貢獻就是把時空觀念作爲一切事物的本質的形式：即認爲時間、空間和因果律先驗地存在於人的意識中。叔本華的論證即從康德原理出發。但是，區別在於康德認爲人的主觀認識是有限度的，即對「物自體」的認識是有限度的。而叔本華則認爲對「物自體」的認識是無限的，事物是可知的。可是對人來說，人與所謂主體是不同的。於是叔本華採用了「意志」這一詞，他認爲人的意志賦予人以認識本體現象的鑰匙，揭示了其行爲的內在動因，同時闡明了世界的本質。叔本華認爲意志是世界的根源，是「物自體」。他曾說，「在我看來，那種在人類中構成生存原則的永恆的和不朽的東西不是靈魂，請允許我用一個化學名詞，而是靈魂的根基，這就是意志。」❷

由此得知，叔本華的生存原則不只論及人，也論及動植物。在論及人的時候，把人的身體視作是意志的客體化。身體的各個部分則與意志的企求，即與內在動因相對應而存在。在植物界，意志的慾望是盲目的，其客體化是微弱的簡單的，這是所謂低層次的意志。在動物界，意志的客體化則是屬於高層次的，特別是高級動物，世界被視作是表象，在人類則更是如此。世上的一切都是意志，這一切又都受意志支配。「生存意志」是叔本華觀察和認識世界的最根本之點。所以有生存意志，就因爲人要生存。人的衣食住行、生兒育女、繁衍後代都是生存意志的推動，生存意志的滿足。假如滿足不了，就產生痛苦。苦難和痛苦是普遍的。人的苦難和自然界的苦難不同。由於人在自然中和歷史中生活和勞動，人的苦難比自然界的苦難要多一倍。苦難產生於「生存意志」，「生存意志」是苦難之源。

其次，在叔本華看來，人和動植物都有生存意志，意志對於人和對於萬物來說是普遍的生存原因。甚至對非生物，如對物理、化學來

說，也有相斥與相吸、化合與分解、磁性與電力、引力與結晶等意志的表現。叔本華認爲性慾是「生存意志的核心」，是「一切願望的集中」表現。這是由於他把性慾理解爲生存意志最強烈的表現，這表現是自然的內在本質。它也表現了死亡和犧牲精神。譬如某種低級動物在完成授精工作後便死去。叔本華就此認爲希臘人和印度人所以崇拜「法羅斯」(Phallus)和「林剛柯爾特」(Lingamkult)——生殖器，是因爲它是肯定意志的象徵。他認爲性慾雖然不可見，但到處都會出現，無論戰爭、和平、文化、藝術……都是以它爲源泉、爲意旨。由此，也許可以認爲佛洛伊德的里比多心理學是叔本華生存意志學說的發展。

　　意志會不會滅絕呢？譬如說，死亡意味著生命的結束，是不是死亡是解決人生痛苦的良方？叔本華認爲死亡不會中斷意志的根源，死亡表明的是世上現象的變化。某一生物死了，只是某一個體的死亡，而非群體。群體總會覓獲生存的可能，只要群體本身沒有喪失生存意志。死亡並未取消生存意志，也不損害生存，死亡是爲了再生而存在。譬如蜜蜂爲了延續後代而死。因此，一個人在意志不能被滿足而痛苦而死亡時，只是一個人解脫了痛苦。但作爲群體的人類是不能解脫痛苦的，因爲生存伴隨著痛苦，意志是痛苦之源。由於人的行爲與其不可轉移的性格緊緊相連，只要人活著，意志便沒有自由。因此，只要人類不滅，意志就不滅，痛苦也不滅。在此，叔本華的唯意志論就轉化爲悲觀論了。這也就是叔本華的唯心主義人生觀。

　　解脫生存的痛苦，除去死亡也有其他途逕。叔本華認爲藝術可以解脫痛苦。其中音樂比其他藝術的作用更有力量，給人的印象更爲深沉。音樂的曲調顯示了意志的最神秘的部分。音樂刻畫了激情、企求和意志的運動。他最崇拜貝多芬的交響樂，認爲其交響樂是世界本質的忠實而完善的反映。由貝多芬的交響樂裡可以領悟到人類的各種痛苦和感情，愉悅、憂傷、愛情、憎惡、恐懼和希望等都體現在他的樂譜裡。音樂藝術是人類的最大慰藉者，儘管如此，它不能最終解脫人類的痛苦。對此，叔本華又提出最終的解脫途徑就是依賴於宗教神明。

信賴上帝、基督教和印度教以解脫痛苦。上帝是以絕對否定意志拯救
人類的。意志是在由「道德」同「禁慾」的過渡現象中被否定和被取
消的。這就是說，要使人的意志泯滅，就需遵守宗教的禁慾法規。音
樂藝術可以慰藉人的意志，卻不能泯滅意志，要淨化和泯滅意志，只
有宗教了。

　　統觀叔本華的哲學從唯意志論到悲觀論所闡明的作爲意志和表象
的世界是他對世界的本質的認識，也是他獨到的創見。雖說這種唯心
主義哲學與他的先輩哲學家的唯心主義觀念既有區別又不能擺脫先輩
的影響，但是，他的唯意志論卻是首次觸及自然界的以及人類的一切
生命，包括有機的和無機的生命。這在哲學史上無疑是打開了一個新
的研究領域。他對生存意志的闡述具有重大意義，但由於他由唯意志
論引向悲觀論，因其消極的效果而遭世人否定。那麼他的唯意志論有
無積極的一面？應該說他把世界視爲是爭執、奮鬥、是愉悅與痛苦的
交替，同時承認生命不因死亡而消失是正確的，人類正應趁活著的時
候奮鬥不懈一番。只是在人的意志得不到滿足，走向痛苦的結局以至
自殺是不可取的。總之，唯意志論和悲觀論既有積極意義，也有消極
意義，只是決定於旁觀者從哪一角度去探究。因此，認爲其哲學是絕
對消極未必可取。其次，看他的悲觀論還可以聯繫他的悲觀論產生於
19 世紀前期的社會背景。那時正值「神聖同盟」復辟專制主義時期，
人們生活在德國和奧地利深感失望，如果說叔本華的悲觀論反映了那
一時期人們受壓迫的痛苦的話，那麼，其消極面便是受唯心主義的約
束，沒有指明走出痛苦的奮鬥之路。這無論怎麼說，不論是時代和階
級的局限抑或是科學的視野界限，總之，這是其哲學的不可彌補的缺
陷。儘管如此，叔本華的「生存意志」論和黑格爾的「精神現象學」
一樣都成爲 20 世紀存在主義哲學的先導。一個在上一世紀被人遺忘的
哲學家，在下一世紀卻爲人探究和重視，他就是叔本華。

第五節　尼采及其哲學

　　文藝復興時期和啓蒙時代的德國人文主義者和哲學家，如伊拉斯莫斯、萊布尼茨……都在語言上有很高才能。叔本華和尼采也是如此，他倆既是德國著名哲學家，在語言上也有極高天賦。尼采甚至被視作是古典語言學家。

　　弗里德里希·威廉·尼采(Friedrich Nietzsche)於 1844 年 10 月 15 日生於普魯士的勒坎(Röcken⓭)，於 1900 年 8 月 25 日逝於魏瑪。由於他的生日與弗里德里希·威廉四世相同，他父親在他的名字中詼諧地加了「威廉」，後來，在回憶童年生活時，他常因 10 月 15 日這一天是全國慶祝日而頗感愜意。

　　尼采出身於祖傳敎士之家，父親是牧師，母親是虔誠的淸敎徒。從小接受了基督敎影響。1849 年，父親去世。此後在母親撫養下，受的基督敎敎育更多，鄰居的頑童和小學同學都稱他是「小牧師」。1852 年，尼采入文科中學，對文學和音樂極感興趣。1854～64 年，他因學習成績優異免費升學，他的古典語言 —— 希臘語成績尤其突出。1864～68 年，他先後在伯恩大學和萊比錫大學學習古代語言。其間，1865 年秋，他讀了叔本華的《作爲意志與表象的世界》，寫了《敎育家叔本華》一文。這是尼采的第一篇論文。尼采既以叔本華爲師，又與叔本華的哲學發生對抗。1867 年，尼采雖是近視眼和獨生子，但也被應征入伍，後來在行軍中因騎馬摔傷退役。1868 年，他在完成博士論文後，經導師李謝爾斯(F. W. Ritschls)敎授的推荐，於 1869 年在瑞士巴塞爾大學任希臘語言文學敎授。在巴塞爾，他結識了瑞士著名文化藝術史家雅可布·波克哈特(Jakob Burckharat 1818～1897)和德國著名音樂家理查德·華格納(Richard Wagner 1813～1883)。與華格納相識後，他於 1872 年寫了第一部專著：《悲劇產生於音樂精神》。此後，他轉入哲學研究，並寫出奠定其哲學聲譽的多部重要著作。1878

年，因學術意見不合，他與華格納斷交，1879 年由於健康原因，他離開了巴塞爾大學教職。1889 年，他在義大利都靈大腦神經患病，但在這之後，他的《反基督教徒》和《尼采反對華格納》於 1895 年同年出版。一些重要著作，像《權力意志論》(Der Wille zur Macht) 和《看這個人》(Ecce Homo) 等是在他逝世後問世的。

尼采哲學在其青年時期受叔本華影響，他是繼叔本華之後意志論和悲劇主義的重要代表；但在生命哲學方面，他的許多思想和理論不同於叔本華，且因超越叔本華而發出自己的哲學光輝。對叔本華的悲觀主義也有不同看法。尼采的哲學思想是多方面的：在道德觀中，他反對基督教，在人生哲學領域，他強調「超人」意志，在美學理論方面，他主張悲劇主義。

世上常常有不可預料的事，從小在家中受到基督教薰染的尼采，長大後掌握知識寶庫，並對人類的命運深思熟慮後，竟成爲一個反基督教者。他把宗教視爲欺誑人類和束縛人類自由意志的枷鎖。最初，他否認他所尊敬的叔本華的佛教信念。他認爲叔本華的宗教觀和道德觀是危險的，它的對人的意志的拯救是一種誘惑，它導致歐洲文化的佛教主義——虛無主義。在《不合時宜的觀察》(1873～1876) 一書中，他就嘲諷了被他稱之爲教育家的叔本華。他認爲教育家本應是解脫人生痛苦的解放者，可是他覺得叔本華的道德觀，所謂無私、同情、自我犧牲等本能失去它應有的價值。相反，叔本華的道德觀阻礙了正確前進的道路。在《善與惡的彼岸》(1886) 一書中，他寫道，「對我來說事情涉及道德價值，因此，我幾乎不得不單身匹馬與我的偉大導師叔本華發生爭執。」這爭執就是尼采對叔本華道德觀的懷疑，是對叔本華以佛教信念導致虛無主義的否定。

同樣，尼采對影響歐洲文化發展並在人們的思想意識中已經埋下禍根的基督教予以有力的抨擊。在他看來，「人工」製造的上帝是不值得讚賞的崇拜的，作爲人的「救世主」上帝和宗教說教者教育人忘記自己的「罪孽」，愛上帝。對於凡人來說，「我所不是的，那對於我便

是上帝和道德！」❶其實，這些「名之曰上帝」的救世主精神極為空虛，他們的說教無論是「甜蜜之歌」還是慈悲為懷，都是虛妄之詞。❶尼采在此告誡人們不要再受騙了。這是尼采在《查拉斯圖拉如是說》一書中的表達。這部著作是尼采借公元前 1000 年的波斯預言家查拉斯圖拉之口道出了他對人類的愛和對上帝的輕蔑。在「序言」中，他讚賞踏繩者，他覺得踏繩者以一根繩子橫過深淵是危險的，但「人之所以偉大」在於「他是一個橋樑」，「人之所以可愛」在於「他是一種過渡」❶。踏繩者雖然不懼失足摔死，但是，人生的創造者具有冒險精神，這樣的人生才值得讚賞，才有意義。而生活中不該有迷信。查拉斯圖拉有一回說「最不信神的言論來自上帝，——他說」只有一位神！除我以外你不當有別的神。❶於是眾神哄堂大笑，說有諸神而沒有上帝才是神聖的哩！假如說尼采褻瀆了上帝，這確是真實的。他否認有神，而肯定人生的自我創造，他否定天上的神的生活，肯定地上的人的生活。自然，尼采反宗教的思想並非首創，自從人文主義運動以來，歐洲和德國產生的許多著名學者和哲學家，從義大利的佩脫拉克(Francesco Petrarca 1304～1374)、薄伽丘(Giovanni Boccaccio 1313～1375)龐波那齊到荷蘭的伊拉斯莫斯，從德國的羅伊希林到青年時代的康德、費爾巴哈，他們都從文學和哲學方面無情地揭露了宗教的罪惡。尼采對宗教的批判不僅繼了人文主義以來的傳統，而且繼承了德意志的民族精神。在宗教改革時期，馬丁·路德就曾為反對羅馬天主教，建立民族的宗教進行過鬥爭，啟蒙時期的哲學家托馬修斯和沃爾夫主張運用民族語言講課，作家萊辛和席勒為開創民族戲劇支持民族劇院的建立。哲學家費希特在拿破崙入侵德國時，向德意志人民發出民族的呼聲。在俾斯麥時代，尼采認為宗教的迷霧遮沒了人的聰明才智，使人分不清善惡，更嚴重的是阻礙了民族文化的發展，因為一個民族總不能以宗教的文化為文化，而應該有創造。「……一千種民族，因此有一千種目標。」❶ 德意志民族也應有自己的大目標，而不應是只拘泥於所謂「善惡」的宗教之觀。尼采對宗教的批判確是為

民族的未來而作的一番勇敢事業。尼采如此激烈地批判宗教批判羅馬教會而未像觸犯上帝的布魯諾(Giordano Bruno 1548～1600)那樣被人燒死，這固然在經歷近三個世紀之後，人們對宗教的認識已經不是那麼神秘和不可捉摸，同時俾斯麥禁止教會干涉國家事務，也許這與尼采的思想是一種巧合，但不管如何，他的書畢竟沒有因此被宗教信徒所焚毀。從這一點說，像尼采這樣的思想家覺得有必要為民族的未來掃清前進道路上的障礙，儘管這鏟除障礙的工作不會停息，然而歷史必然在發展，尼采時代畢竟比布魯諾時代進步多了。

　　尼采說，上帝死了，諸神也不存在了。誰來引導人們生活呢？這就需要「超人」。什麼是超人？尼采在《查拉斯圖拉如是說》和《道德的譜系》(1887)中都有論述。尼采所指的超人是英雄，是芸芸眾生中的佼佼者，傑出人才。造就這樣的超人需有條件。條件一是超人的產生，要靠有意識的精心安排，做好優生優育。這超人不是憑簡單的戀愛婚姻而產生，而是高貴的家族與高貴的家族的結合。「身當創造一個更高尚的身體，—— 你當創造一個創造者。」❶⑨「一對配偶創造一個更高於自己的人的意願，那我稱為結婚。」❷⓪在他看來，婚姻不是為了傳種接代，而是為了人種的進化。因此，他鄙視「成對的靈魂的貧乏者」，他「不喜歡那剩餘者的天國！」❷①他強調只有優良的家世和血統才能造就高貴而超群的理智。假若沒有優良的家世，優良的血統，便沒有高貴的優良的品格。尼采的這一思想與 19 世紀的種族理論家戈比瑙(Joseph Arthür Graf von Gobineau 1816～1882)的理論及音樂家華格納的種族理論有相似之處，實際上他和華格納都受到戈比瑙的影響。但尼采的這一思想與希特勒的納粹主義絕非一回事，他的主要希望是要求有「當建樹超自身之外」的人，是對於創造和超人的渴望。條件二是超人應經過艱苦的磨練和培養，要能吃苦耐勞，嚴格紀律，鍛煉意志，在智力和體魄上都要超強，經過如此嚴格完善的培育他去做應做的事，無需期待讚賞。條件三是超人應有高傲的意志，應超脫於善惡又凌駕於善惡。尼采的善惡觀即強者與弱者的觀點，勇敢、冒

險、創造、權力意志 —— 屬於善，是強者的象徵；而平凡、懦弱、畏
懼 —— 屬於惡，是弱者的表徵。強者高傲自負，有權力駕馭一切，弱
者庸庸碌碌。超人則居高臨下，統帥善惡。

尼采的超人哲學所要求的是能夠駕馭一切的超群卓絕的英雄人
物，他還要求超人在世上應有目標、有志向、有創造、有追求、要使
超人成為「更高的高人」。世界應交由超人支配。超人有超人的意志，
超人喜歡冒險、奮鬥、追求……，超人集人類的智慧於一身，是大智
大勇者。這樣的超人實際生活中並不存在，這是尼采宣判了上帝的死
刑後的希望和理想。超人思想對 19 世紀末的德國資本主義的經濟發展
具有推動作用，對於一個民族的奮起也具有積極意義，因為一個人即
使不能成為超人，但是作為一個人，作為民族的一分子總應在人生的
旅途上有所奮鬥有所創造有所追求。當然，尼采的超人思想只在呼喚
「如電如火」樣的超人，對於平凡的人，對於人民群眾，尤其對於所
謂「賤民和群氓」，他是不屑一顧的。在此，他站在高貴者的地位俯視
普通人民，這一方面是對普通人的蔑視，另方面證明他不懂得在資本
主義工業發展中，由於勞動活動的異化，工人負擔加重，身心受到摧
殘，哪裡還有受教育受培養的機會？這一點馬克思早在 1844 年寫的
《經濟學哲學手稿》中已提到過了。在善惡之間，尼采是褒善貶惡的，
難怪他曾說法國出了個拿破倫，是個英雄，而成百萬的法國人願意為
他奔命。像這樣蔑視人民大眾的思想，把人民大眾當做奴隸役使的思
想委實是一種倒退，是在封建專制主義與近代資本主義相衝突相交替
的過程中的一種倒退。

尼采的悲劇主義思想表述於其美學哲學。1872 年，尼采發表了其
處女作《悲劇誕生於音樂精神》。一個哲學家怎麼會突然對音樂發生了
興趣？原來他於 1868 年結識了音樂家華格納，華格納當時正著手撰寫
關於「貝多芬的紀念文集」，兩人在交談中都讚同「狄奧涅索斯的世界
觀」。古老的希臘悲劇大都取材於希臘神話。在希臘神話中，有兩個對
立的神，—— 日神阿波羅被視作藝術之神，酒神狄奧涅索斯被視作歡

樂之神 (因葡萄豐收而狂歡)。希臘悲劇即以狄奧涅索斯的痛苦經歷為主。尼采主張這兩個神 —— 即他認為的阿波羅為造型藝術之神與狄奧涅索斯為音樂藝術之神結合起來,「其結合最終是因希臘意志的形而上學的神奇功能而產生典雅而絕妙的 (希臘式) 悲劇藝術品,這結合所產生的藝術品既是狄奧涅索斯的,也是阿波羅的」❷。尼采把兩個神結合起來產生的悲劇思想是以希臘哲學家蘇格拉底的思想為靶子,為的是反對蘇格拉底的理性道德觀念。他是變換了希臘神的神性來要求悲劇的,即把代表明朗、和諧與均衡美的阿波羅變為具有美感的造型藝術之神,把酒神狄奧涅索斯變為有冒險精神的向上的快樂的音樂之神。他認為,這兩者的結合就是最高的悲劇藝術。這悲劇主要落腳於音樂之神,從貝多芬到華格納的浪漫派音樂中產生悲劇,這就是力量,就是強者。他覺得,從貝多芬和華格納的音樂中產生了德國民族精神,以此抵制受宗教之害的文化的墮落。這好像德國從戰爭的痛苦中產生了一個英雄時代一樣,從音樂精神中產生了悲劇,從悲劇中產生了力量。尼采的這種理解是與 1871 年俾斯麥透過戰爭統一了德國聯繫起來,也就是與他所強調的民族精神聯繫起來。

　　尼采的上述悲劇論對音樂美學來說具有革命意義,但並非他的首創。正如前頁說的,在寫作前,他曾與華格納共同討論過酒神精神,而華格納於 1849 年寫的《藝術與革命》其中早已提到阿波羅與狄奧涅索斯兩神,並把狄奧涅索斯視作悲劇作家寫出悲劇的源泉。但是,尼采的著重點卻是要從悲劇中創建具有力量的新的人、新的靈魂。他由此曾經欽佩過華格納。豈知 1876 年,當他應邀去拜耳勞特(Bayreuth)❸ 參加由華格納主持的首屆拜耳勞特音樂節時,他對華格納的音樂劇《尼伯龍根的指環》(1876)和《帕爾西法爾》(1877)頗為不滿,特別是華格納把神視為藝術之源使他無法容忍,以至感到渾身戰慄像患病似的。他與華格納決裂後,寫了《華格納事件》(1884〜1885)和《尼采反對華格納》(1895),此後身體每況愈下。直至 1900 年逝世,腦神經長期處於紊亂中。

作爲 19 世紀末德國最後一位重要的唯心主義哲學家尼采,當他在世時,他是不爲人重視的。其意志哲學和超人哲學也是在其死後才產生了重要影響。他的意志論不同於叔本華的唯意志論。叔本華的意志哲學最終以追求佛教涅槃而消沉,而尼采的權力意志作爲決定人們思想的力量,絕對不能失卻,否則,生命無價值,道德失去依據。假如某人有強烈的權力意志,他就能有所爲,在此,他否定了叔本華的人生虛無主義。他的超人哲學與其反基督教思想是相聯繫的,爲著反對恆久的宗教影響,他才要求應有超人出現。如果說他所希望的具有大智大勇的超人代表向上的奮進的精神,這種精神對德國資本主義的發展產生促進作用,同時對德國和整個人類的進步產生推動作用的話,那麼,這種「超人的標準」即使令人望塵莫及,它也是可取的。可是另方面,在有人群的地方,不可能人人都是「超人」,他對那些人另眼相待,這就失去了平等態度。此外,他思想的特點是堅持德意志民族精神,早年,他在《悲劇誕生於音樂精神》中有過表述,以後他卻對他以前的德國文化的傑出代表人物表示出憎惡,這除去他本身思想和精神的不愉快外,也從另一角度證明了德意志民族精神的存在:即他希望有朝一日他的學術思想能被德國的後代所承認,儘管這種榮譽在他生前未曾獲得。

第六節　華格納及其音樂

理查德·華格納(Richard Wagner 1813～1883)是繼貝多芬之後 19 世紀德國的重要音樂家,奧地利著名音樂家史特勞斯父子與他處在同一世紀。

華格納於 1813 年 5 月 22 日生於萊比錫,1883 年卒於威尼斯。他青少年時代在萊比錫和德累斯頓度過,德國古典音樂,尤其是莫札特和貝多芬的音樂給他印象最深。1831～1832 年,他受到正規的徹底的音樂教育。1833 年,在他 20 歲時,他在伍茲堡(Würzburg)城任合唱

指揮。以後,他在勞錫斯塔特、馬格德堡和哥尼斯堡受聘任音樂指揮。
這期間,他完成兩部歌劇:《魔女》和《禁戀》。1837 年他在俄國里加
演出,1839 年前往法國,翌年他完成《浮士德序曲》和《逃遁的荷蘭
人》,1842 年 4 月,他回歸德累斯頓,不久被任命爲薩克森宮廷樂師。
在德累斯頓,他撰寫了兩部浪漫派歌劇:《坦豪塞》(Tannhäuser)
(1842～1845)和《洛亨格林》(Lohengrin) (1845～1848)。1848 年,他
據歷史傳說寫了英雄人物《西格弗里特之死》。1848～1849 年德國爆發
革命,1849 年 5 月德累斯頓暴動失敗,他因通緝令遭追捕,先逃亡瑞
士,後去巴黎。在瑞士,他寫了重要藝術著作:《藝術與革命》(1849),
《歌劇與戲劇》(1850～1851)。1854 年,他初次觸及叔本華哲學,
1853～1857 年,他發展了他的作曲原則,即對歌劇中的主要代表人物
運用表徵性旋律。1857～1859,他自寫詞、曲完成歌劇《特列斯坦與
伊佐爾達》(Tristan and Isolde)。1864 年,他得到巴伐利亞國王路
德維希的資助回到慕尼黑,1866～1872 年,他住在瑞士盧塞恩(Luzer-
n)城近郊時與尼采相識。1872 年,他遷居巴伐利亞的拜耳勞特(Bayr-
euth),並在那裡主持了兩次藝術節,1882 年,在他的歌劇《帕爾西法
爾》(Parsifal)上演後不久他去義大利,翌年因病去世。

　　和貝多芬以交響樂、奏鳴曲聞名不同,華格納的音樂生涯是以歌
劇爲主。他一生寫有歌劇 14 齣。青年時期,他寫的《魔女》和《禁戀》
是歌劇習作。直至 1842 年,當他的歌劇《浮士德序曲》和《逃遁的荷
蘭人》在德累斯頓上演時,他才在歌劇舞台上產生影響。《逃遁的荷蘭
人》代表了他在歌劇方面的風格。其歌劇的基本思想是拯救逃亡的猶
太人。在歌劇中,華格納運用的是不斷變奏的主導旋律,或稱表徵性
旋律 (Leitmotiv)。這種曲調既爲劇中特定人物和環境所設計,又把
全部題材和思想給合在一個循環範圍的統一協調體內。所謂循環範圍
的統一協調就是對劇中的特定人物、劇情和對話要求重複出現,以此
達到象徵性意義,它使劇情更加清晰,使歌劇的和聲與器樂曲更爲優
美。由於這兩齣歌劇上演成功,他得到薩克森宮廷的賞識。這以後,

他在德累斯頓繼續創作了兩齣歌劇：《坦豪塞》和《洛亨格林》，這兩
齣劇的內容探自中世紀的騎士傳說。前者描述一位騎士歌手，在多瑙
河沿岸歌手坦豪塞以他的歌聲聞名，最初他尚算幸運。後來他的主人
遭難，他到處流浪。一次寄居在德國一貴族人家，貴族家的女兒為他
的歌唱吸引，但貴族嫌他窮。以後他途經巴伐利亞到義大利，途中遇
到妖魔變的女神維納斯也未帶給他幸福，他終於向羅馬走去。後者寫
的是中世紀的一個國王的兒子洛亨格林在與不信神的人的鬥爭中獲得
聲譽，根據天意他繼承了父親的王位，嗣後，便是他的婚姻和事業的
經歷。這兩齣歌劇和《逃遁的荷蘭人》一樣，一些評論家們認為華格
納追求的是精神上痛苦的解脫，《坦豪塞》是通過一個純潔的婦女解脫
了有罪之人的痛苦，《洛亨格林》則是透過真誠的信仰解脫了無信仰之
苦。依此而言，他的《尼伯龍根的指環》和《特列斯坦和伊佐爾達》
均有各自的解脫精神痛苦的手段。對叔本華哲學來說，在意志得不到
滿足時，就需用藝術來慰藉和治療。華格納的經歷和他於 1849 年 5 月
逃離故國使他感到生活的難耐，以致令他對叔本華的學說產生同感。
1854 年，他讀了《作為意志和表象的世界》一書，事後他告訴他的友
人，著名作曲家李斯特說：

　　　　除去我的音樂在緩緩前進外，我現在正專事研究一個人，雖然僅僅
　　是書本上，可他對我來說像是從天上飛來的一件禮物來到我的孤寂之
　　中。他就是阿爾圖爾·叔本華，自康德以來最偉大的哲學家……他的主
　　要思想，即對生存意志的最終否定是極為嚴肅的，但唯一的是（痛苦）
　　得以解脫。對我來說，他當然並不新穎，……但是使我明晰清醒的正是
　　這位哲學家……，因此，我覺得一副鎮靜劑，它最終在那些不眠之夜成
　　為唯一有助於我的睡眠的鎮靜劑，那就是衷心的和心靈深處的對死亡
　　的渴望：全然失去知覺，完全的涅槃、一切夢的消失──絕無僅有的最
　　終的解脫。❷❹

　　顯然，叔本華的悲觀主義思想已影響了華格納。而從 1853 年以來華格納的歌劇創作，包括《萊茵金寶》(1854)、《女神》(1857)、《特列斯坦和伊佐爾達》(1857～1859) 和《尼伯龍根的指環》(1867～1874)等，在音樂上都具有悲觀的和死亡的情緒。其中尤以《特列斯坦和伊佐爾達》爲最。特列斯坦是英格蘭康沃爾州國王馬爾克的侄兒，國王要他去愛爾蘭與金髮女郎伊佐爾達訂婚。但特列斯坦早就去過愛爾蘭，殺害了伊佐爾達的未婚夫摩爾荷爾德 (Morhold)，在格鬥中，特列斯坦遭致命傷，由於伊佐爾達不知道他是因殺害了她的未婚夫而致傷的，她給他敷了解傷藥。後來兩人發生愛情。但當特列斯坦再次去愛爾蘭爲其叔父誘引他的愛人伊佐爾達去康沃爾時，特列斯坦背叛了他對她的愛情。伊佐爾達亦得知他是殺害其未婚夫的劊子手，現在加上他的背叛，雙重的仇恨使她決心復仇。但其間伊佐爾達的女佣人不知主人的打算，她在主人飲死亡之酒時摻入有神奇功效的愛情魔酒。兩人未死而相愛了，這使其叔父的陰謀未能得逞，但最終因特列斯坦的朋友背叛了他，把他擊傷，他和伊佐爾達在逃離康沃爾時，途中他因傷而死，她也隨他一起死去。❷ 在此，死亡使不能解脫的愛情獲得解脫。這齣歌劇顯示了華格納的才能。

　　對於華格納接受叔本華的思想，尼采是極不以爲然的。叔本華哲學與歌劇《特列斯坦》的基本思想是如此不可分，以致華格納本人也承認。也即從「特列斯坦」上演後，尼采與華格納的友誼破裂了。此歌劇的詞和曲均由華格納一手完成，這也表明華格納多方面的才能，他既是歌劇作曲家，又是詩人和藝術理論家。

　　在歌劇藝術上，華格納所運用的題材和內容還表述了他的浪漫派主張。19 世紀德國浪漫派的特點之一是喜歡運用傳說、童話和神話寫作，像格林童話和布倫塔諾的故事集等都是其中的代表。一直愛讀文學作品的華格納早從浪漫派的作品裡汲取了養料，並受其影響。他所創作的《西格佛利特之死》、《女神》和《特列斯坦和伊佐爾達》等都是以古代北歐傳說和中世紀的騎士傳說爲依據的。這些題材到了華格

納手裡都以死亡爲結局，這種悲觀主義的結局便具有了浪漫派意義。本來古典派與浪漫派的定義分野是健康的與病態的。尼采在批判華格納的作品及其人格時認爲他是病態的。而華格納的浪漫派思想就是把藝術作爲痛苦的解脫。這就與叔本華的哲學思想是一致的。另方面華格納的浪漫派思想傾向於神秘主義。一個主要象徵是他對神話的偏愛。人類原始本性和神秘的夢幻之境是神話的基石，這在華格納以傳說和神話爲題材的歌劇裡不無表現。

在政治傾向上，和他在藝術上的主張一樣，華格納也是個浪漫派。他參加過德國1848～1849年革命，革命失敗後他逃亡到瑞士、巴黎，到19世紀70年代他又成爲俾斯麥的崇拜者。華格納思想上的反覆在某種程度上代表了那時代資產階級的搖擺不定，是那時代浪漫派的心理現象。

自貝多芬於19世紀上半葉逝世後，19世紀的德國音樂家能在歐洲以至世界音樂界占有重要位置的恐怕只有理·華格納。他繼承了浪漫派音樂的遺產，迎來了20世紀的德國音樂。在音樂藝術上，他以主導旋律開創了他的作曲體系。他的成功的歌劇爲他贏得了聲譽。他和叔本華、尼采構成19世紀德國文化的三顆閃爍之星。他們三人的學術和藝術成就代表了一個時代的結束、同時又標誌著一個新時代 —— 20世紀的德國文化 —— 的開始。

《註釋》

❶馬克思:《黑格爾法哲學批判導言》,《馬克思恩格斯全集》第 1 卷,中文版,第 476 頁。

❷恩格斯:《馬克思與「新萊茵報」》,《馬克思恩格斯全集》第 21 卷,中文版,第 21 頁。

❸馬克思:《關於費爾巴哈的提綱》,載恩格斯:《費爾巴哈與德國古典哲學的終結》一書,人民出版社,第 53 頁。

❹普列漢諾夫:《〈費爾巴哈與德國古典哲學的終結〉俄譯本序言》,載恩格斯《費爾巴哈與德國古典哲學的終結》一書,中文版,第 77 頁。

❺恩格斯:《費爾巴哈與德國古典哲學的終結》,第 5 頁。

❻瓦爾特·蒙奇:《德國文化》,聯邦德國慕尼黑馬克斯·胡伯出版社,1971 年德文第 2 版,第 267 頁。

❼瓦爾特·蒙奇:《德國文化》,聯邦德國慕尼黑馬克斯·胡伯出版社,1971 年德文第 2 版,第 268 頁。

❽加斯泰因(Gastein),位於奧地利境內。

❾1878 年 2 月 19 日,俾斯麥在國會發言中曾把德國比作「一個願把買賣真正做成的誠實的掮客」,故他有「誠實的經紀人」之稱。

❿參閱亨茨·西格爾(Heinz Siegel):《歷史教學直觀教材》1954 年民主德國柏林德文版,第 26 頁。

⓫參閱叔本華:《作為意志與表象的世界》。

⓬叔本華:《作為意志和表象的世界》,此處引自瓦爾特·蒙奇:《德國文化》第 306 頁。

⓭勒坎(Röcken),在今民主德國萊比錫區呂層市(Lützen)附近。

⓮⓯尼采:《查拉斯圖拉如是說》,楚圖南譯,湖南人民出版社,1987 年版,107−110 頁。

⓰同上書,第 8 頁。

⓱同上書,第 226 頁。

⓲尼采:《查拉斯圖拉如是說》第 15 節:《一千零一個目標》,中文版,

第 68 頁。

❶❷❸參閱《查拉斯圖拉如是説》第 20 節：《孩子和結婚》，第 80 頁。

❷參見尼采：《悲劇誕生於音樂精神》。

❸位於巴伐利亞州。

❹摘自 1854 年 12 月 16 日華格納致友人李斯特之信。文中括號内的字爲筆者所加。載《德國文化》第 331 頁。

❺參閱蓋哈特·艾克(Gerhard Aick)：《中世紀的騎士傳説》，維也納卡爾·於伯勞逸特出版社，德文版，第 135 頁。

阿爾圖爾·叔本華石膏塑像，伊麗莎白·納伊作(1859)。

理查德・華格納(1813-1883)。

卡爾・馬克思（木刻）

第11章 20世紀的德國文化（上）

第一節 20世紀的德國狀況

就全球來說，20世紀是人類從蒙昧蠻荒時代進入現代化高度文明的時代，是人類從刀耕火種的石器時代進入外層空間宇宙科學技術迅速發展的時代。這一發展趨勢隨著人類經濟文化的發展必然不斷地向前伸延，人類文明的進步是無止境的。在上兩個世紀，資本主義從萌發之後經過工業革命，在經濟變革的同時發生了政治變革，接著經過帝國主義和殖民主義進入20世紀。20世紀是世界上的多事之秋。對德國來說，自1871年俾斯麥統一德國以後，到1914年第一次世界大戰爆發，德國享有近半個世紀的資本主義建設時期，在19世紀末和20世紀初其經濟增長速度超過英法四倍左右，僅次於占資本主義生產首位的美國。正是在其資本主義發展到帝國主義階段時，20世紀上半葉的兩次世界大戰既使它蒙受巨大損失，也使它遭致不幸的民族災難。這兩次戰爭竟然都始於德國，這裡除去德國在歐洲列強中爭奪霸土地位和為了推行其向外擴張的政治主張外，一個像它這樣處於歐洲心臟的重要地理位置的國家不可能不成為歐洲列強間矛盾的焦點。第一次世界大戰之後，歐洲一些國家的舊王朝被摧毀了，俄國成為第一個社會主義蘇維埃國家，德國建立了魏瑪共和國，義大利建立了法西斯專政。在1929年世界經濟危機爆發後，其影響不僅直接波及美洲大陸，且也

波及歐洲許多國家。在危機年代，世界各國的工人、職員和各行業人員大批失業，德國的失業人數在 1932 年達到 600 萬。正是在危機的最後一年，德國的納粹主義政黨得以乘機上臺。希特勒自 1933 年初上臺 6 年後發動第二次世界大戰，6 年後敗北。戰爭不僅給歐洲各國人民帶來極大的不幸，也造成德國民族的分裂。戰後，根據波茨坦協定，德國由美、蘇、英、法四國占領。1949 年，被占領的德國終於分裂為兩個共和國：

一個稱德意志民主共和國，一個稱德意志聯邦共和國。這兩個共和國正是二次大戰後歐洲新的政治格局的代表。

在上述德國社會政治背景下，20 世紀德國文化的發展既表現於文學、哲學、音樂、繪畫，也表現於生物學、工程機械和物理學等自然科學領域，尤其是理論物理的發展達到世界一流水平。在工程機械方面，在上世紀末本世紀初（1901 年）柏林出現了第一輛汽車，這是工程師威廉·邁巴哈(Wilhelm Maybach 1846～1929)為戴姆勒汽車工廠設計的新車。德國發明汽車製造早於 1882 年，那時工程師哥特里普·戴姆勒(Gottlieb Daimler 1834～1900)與威廉·邁巴哈共同設計了一種快速運轉的內燃機，1885 年，戴姆勒發明了有四個輪子的木製車架汽車，翌年，他才與邁巴哈一起設計了第一輛可以實用的汽車。在這同時，工程師卡爾·本茨(Karl Benz 1844～1929)於 1883 年在曼海姆建立了本茨煤汽馬達製造廠。1886 年，本茨設計的汽車取得專利權，其汽車便稱「奔馳」（賓士）。戴姆勒汽車製造廠生產的汽車自 1902 年起稱「梅塞德斯」，自 1926 年起，兩家汽車廠合併為戴姆勒 —— 本茨股份公司。現在它已成為歐洲汽車質量最好的製造廠家之一。

在生物學領域，著名生物學家漢斯·德列齊(Hans Driesch 1867～1941)和動物學家漢斯·斯派曼(Hans Spemann 1869～1941)在生物研究上取得重大進步，其意義不亞於達爾文的「物種起源」。後者還因在胚胎學發展中發現了組織功能而於 1935 年獲得諾貝爾獎。他們在研究人的生命之謎方面為生物學界打開了新的眼界。

著名物理學家普朗克和愛因斯坦在物理學研究上取得的成就是迄今人類最激動人心的事件。他們在量子力學、相對論和原子科學三個相聯繫的研究領域不僅改變了世界的面貌，而且其成就可與哥白尼時代的發現和牛頓的發現相媲美。甚至突破了以牛頓為代表的經典物理學理論。

在自然科學使世界的面貌發生變化的同時，科學家也把注意力放到人的面貌和人的形象的變化上。這主要是對人的心理分析和社會分析的研究。這些研究實際上試圖取得對人類文化的變化和價值的新認識。其意義是重大的，它不僅涉及迄今人們從未涉及過的研究課題，為研究人的心態和社會學的作用開創了新路，而且在科研上創立了新的學科：心理分析學和社會分析學。這些新的科研領域的帶頭人便是西·佛洛伊德和馬克斯·韋伯。

在哲學領域，在20世紀20年代以後，新康德主義在德國哲學界占有統治地位。但在1913年，當哲學家愛德蒙特·胡塞爾(Edmund Husserl 1859～1938)發表《論一個純粹現象學的觀念》後引起德國哲學界的討論，由此促進了哲學思想的發展，包括對存在主義的啟發。這之後，德國存在主義哲學家馬丁·海德格(Martin Heidegger 1889～1976)於1927年出版了其主要代表作《存在與時間》。另一存在主義哲學的重要代表卡爾·雅斯派爾斯(Karl Jaspers 1883～1969)於1932年發表了《哲學》三卷集。在20世紀上半葉，存在主義哲學主要流行於德國和法國。法國存在主義哲學家讓·保羅·薩特(Jean Paul Sartre 1905～1980)主要以其《存在與虛無》(1943)和存在主義的戲劇表明了他的哲學主張。他認為，一個被視作自由的人，必須在難以克服的主觀態度上具有存在意思。存在主義哲學便以主觀主義的和個人主義的存在概念為基礎。它也與叔本華和尼采的生存哲學有關。人的生活經驗，包括恐懼、死亡、厭惡和荒誕等都是它研究的範圍。

與哲學上出現新的概念新的研究領域一樣，20世紀德國的文學、音樂和繪畫藝術也出現了新的形式，音樂還具有古典主義的傳統，特

別在文學和繪畫方面出現了自然主義、象徵主義、表現主義和超現實
主義的作品。

　　從 19 世紀末德國社會政治就在動蕩不安之中，至 20 世紀經過兩
次世界大戰，德國的社會政治以至領土都發生了重大變化。其文化也
在動蕩不安的多變的時代以新的不同的風貌出現於世人面前，這如同
世界五大洲在同一時期所發生的千變萬化一樣。

第二節　傑出的自然科學家——
普朗克、愛因斯坦和海森貝格

　　20 世紀上半葉，德國科學家以他們在量子力學、相對論和原子學
方面的偉大創造對自然科學的發展作出劃時代的貢獻。他們的名字：
普朗克、愛因斯坦和海森貝格在科學界和學術界是衆人皆知的。在自
然科學史上，我國東漢時期的張衡（公元 120 年前後）和唐代的張遂
(683～727)曾在天文學上作過卓越的貢獻，此後到北宋出現過一個偉
大科學家沈括。可是後來在數世紀之久的漫長時期，中國的科學技術
卻停滯不前了。在 16～17 世紀，歐洲的自然科學家，特別是哥白尼
(Nikolaus Kopernikus 1473～1543)學說促成天文學的革命性變化，
接著又有一批科學家，如丹麥的蒂柯(Tycho Brahe 1546～1601)、義
大利的伽利略(Galileo Galilei 1564～1642)和德國的開普勒(Johan-
nes Kepler 1571～1630)，其後就是 18 世紀經典理論物理創始人牛頓
(Isaac Newton 1643～1727)爲天文學和天體力學作出驚人貢獻，其
中牛頓更成爲近代最偉大的科學家。沿著這條道路到 19 世紀和 20 世
紀之交，德國科學家在經典物理學的基礎上又一次完成了震驚宇宙的
成果。下面是對幾位德國科學家的生平與事業所作的扼要評述。

(一)普朗克

　　馬克斯・普朗克(Max Planck)於 1858 年 4 月 23 日生於基爾，

1947年10月4日卒於哥丁根。在大學攻讀物理、數學後,他在27歲時任基爾大學物理教授,31歲後,他在柏林大學任教授。1894年,他開始研究熱輻射。1899年,根據他對量子所作的假設,他已得出熱輻射的公式,1900年12月,普朗克便把他的研究結果公布於眾。這樣,他便在講授熱力學之後,於1906年起講授了熱輻射理論課程。1912～1918年,他擔任普魯士科學院院務負責人之一,1930年和1945年兩度出任威廉皇家促進科學協會主席。他是現代物理學最重要的物理學家之一,由於他在量子假設上作出的重大貢獻,以及他在理論物理上的成就,1918年,他獲得諾貝爾物理學獎。

在現代物理學中具有重要的革命性意義的發現就是普朗克於1900年就所謂黑體輻射的能量劃分所作的量子假設這一驚人的發現稱普朗克公式:

$$\varepsilon = h\nu$$

這裡ε是能量的最小數值,稱量子,h是頻率,ν是普朗克常數,量子的數值取決於它。這個假設既認為黑體是由多個振子所組成,每個振子的能量都是這個數值的整數倍,也認為微觀世界發生的事是在不穩定不連續的活動中完成的。普朗克的天才假設實現了對自然規律的雙軌研究,即從宏觀和微觀兩個世界來考察能量的變化。對基本粒子微觀的認識規律完全不同於宏觀規律。而如今,普朗克的假設成為現代量子物理的起源,它使20世紀的物理學發生革命性的變化,並成為新物理學的基石和第一個里程碑。普朗克的發現是以經典物理學為基礎,但又擺脫了經典物理學的舊規律,衝破了經典物理學的舊體系。這說明普朗克的成就是在規避了經典物理學的情況下完成的。不過普朗克說,在涉及理論物理的破裂時不可說迄今的一切全都是錯的,而是說由經典物理所努力達到的眾多成果太令人煩擾了,問題並不涉及理論的新的建設,而是理論的擴充和擴建,而且特別對在宏觀物理領域上的微觀物理而言是如此,這就是說,對更大的物體和更寬大的時間來說,理論物理仍將保有其效用。普朗克所以這麼說,一方面是擔

心他的發現破壞了經典物理學體系，令人感到經典物理學失效了。事
實是不應放棄經典物理學，因為它仍然有效。另方面他一直尊崇經典
物理學，且自身脫胎於經典物理學又繼承了經典物理學。只是他不願
人們說他是經典物理學的破壞者，盡管他已通過他的量子論破壞了經
典物理學的龐大體系。

　　最初，普朗克的假設在物理學界沒有得到應有的重視，而他本人
也懷疑，同時也不想喧嚷它的重大影響時，可是一個在瑞士工作的不
名之輩 —— 愛因斯坦卻在 1905 年對普朗克的量子假設發出強烈反
響。他把普朗克的假設學說運用到他的光量子假設上，使普朗克的思
想得到進一步發展，並使它具有廣泛意義。愛因斯坦是肯定和讚賞普
朗克學說的第一人。普朗克本人在以後也認識到其革命性假設的重大
意義。在物理學界對以量子論為基礎的世界認識進行討論時，普朗克
說：

　　　　認識宇宙的現實因素不再是化學原子，而是電子和質子的波，其相
　　　互作用是由光的速度和基本的有效量子決定的。❶

　　作為量子論的創立者，普朗克在此就經典物理的宇宙觀與現代物
理的宇宙觀作出區別，因為經典物理學只把化學原子認作宇宙觀的特
徵，而現代物理的宇宙觀則以量子論為基礎，包括了對微觀世界的認
識。普朗克是個治學嚴謹的學者，他對自己的學術創見有可能破除牛
頓的經典物理的束縛極為謹慎，而對學術上突出的新秀卻極為關注。
當愛因斯坦的《論動體的電動力學》(1905 年) 發表不久，普朗克便不
能抑制內心的驚喜之情，他一面致信愛因斯坦指出相對論的革命性，
一面在柏林首先向物理學界推介相對論。他真是慧眼識英豪，多年後，
他親赴瑞士邀約愛因斯坦來柏林大學共事。在學術上，因為有普朗克
的量子論，才引出愛因斯坦的相對論。普朗克學說是通往愛因斯坦學
說的偉大階梯。普朗克不僅重視愛因斯坦，在希特勒時代，他還反對

希特勒對猶太民族和猶太科學家的迫害，在這方面反映了一個大科學家的善良之心。

(二)愛因斯坦

在科學史上，有不少科學家是經過艱難曲折的困苦奮鬥才達到科學之巔的。正如馬克思說的，在攀登科學之巔的過程中，沒有平坦的道路。愛因斯坦便是從艱苦而辛酸的奮鬥中走過來的偉大科學家。

阿爾伯特·愛因斯坦(Albert Einstein)於 1879 年 3 月 14 日生於德國烏爾姆一個猶太人家庭，1955 年 4 月 18 日逝於美國普林斯頓。他父親是小工廠主，經營不周。母親愛好音樂，這對愛因斯坦的業餘愛好不無影響。他上中學的時候，家住慕尼黑。後來隨雙親去義大利。1895 年，他去瑞士蘇黎世求學，翌年，入蘇黎世聯邦工業大學學習。他在大學的物理學習成績優異，卻不被留用。1902 年，他應聘在伯爾尼專利局任職。自 1905 年起他發表了關於相對論的數篇論文之後，聲譽陡起，1909～1912 年，他先後受聘於布拉格大學和母校蘇黎世大學任理論物理教授。1914 年由普朗克推荐，他被任命爲柏林威廉皇家物理研究所所長，兼任柏林大學教授，同時被選爲普魯士科學院院士，時年 35 歲。1922 年 11 月間，他曾應邀去日本，中途在上海停留。在這之前，他於 1921 年獲得諾貝爾物理學獎。1933 年 10 月，希特勒在柏林登臺之後，身感形勢不能使出身猶太家庭的科學家行使科學研究的自由權力，愛因斯坦被迫前往美國普林斯頓定居。1940 年取得美國國籍。但他畢竟生於德國。在科學事業上，他似乎具有德意志民族勇於衝闖的孜孜以求的精神。這精神頑強地表現在他一生的科學創造上。

提起愛因斯坦的科學創造，首推他的相對論。這項工作早在本世紀初，當他還是伯爾尼默默無聞的專利局職員時就已開始了。最初，他著手研究分子物理學，以解決英國植物學家布朗(R. Brown 1773～1858)於 1827 年在顯微鏡下的發現，這一發現說明浸泡在水中

的花粉粒子不斷地作出不規則運動，即所謂布朗運動。1905 年，愛因斯坦在《分子熱運動論所要求的平靜液體中懸浮粒子的運動》論文中用統計方法論證了布朗運動規律，證明了原子和由原子所組成的分子的存在。這在物理學上是一項重大貢獻。不久，愛因斯坦發表《論光的產生和轉化的一個試探性觀點》論作，其中主要闡述了新的光量子理論。其理論以數年前普朗克的量子假設爲基礎，把黑體輻射過程中能量的放出和吸收視作以不連續的方式在運行。這種不連續的量子特性，經他總結爲光量子假設。其目的是爲了闡述光電效應。在光學理論上，它要說明光與電子之間是如何進行能量交換的。愛因斯坦的光電效應理論和他對布朗運動的定律一樣，後來經過其他物理學家的驗證證明是正確的。光量子的學術價值是極爲深遠的，它不僅是科學發展史上的一次革命性假設，揭示了光的雙重性 —— 微粒、波動，兩者對立而共存，而且有力地推動了原子物理學的發展。

1905 年，對愛因斯坦來說眞是豐收之年。接著上兩篇論作，他又發表了創立相對論的力作：《論動體的電動力學》。一個科學家最難能可貴的便是善於思考和對影響科學前進的權威觀點發出疑問。愛因斯坦的這篇短小而精悍的論文就是對統治了物理學界 2 個多世紀的牛頓的絕對時空論的挑戰。在此之前，少數科學家和哲學家，如萊布尼茨是唯一對絕對時空和運動說提出疑問的。嗣後，19 世紀末美國物理學家阿爾貝特·阿伯拉罕·邁克爾遜(Albert Abraham Michelson 1852~1931 ❷)對光速是否是恆定和測定「以太風」 —— 與絕對時空相聯繫的絕對運動 —— 的有無作了一次長達數十年之久的光測實驗，後世稱邁克爾遜實驗。實驗結果表明光速是永恆的一致的，而所謂「以太風」卻不存在。但這不夠，要從理論上說明時間和空間不是獨立的，而是統一體，那就需要相對論。相對論是物理學領域的一門新課題。愛因斯坦在其論文中論述的是適於慣性系統的狹義相對論，它的基本原理有二：即質量與運動的相對性和質量與能量的「等價」原理。

所謂質量與運動的相互關係，即物體對運動慣性的阻抗是可以變

化的量。這種稱爲慣性質量的變化表現在高速運動電子實驗中，電子
的質量隨著速度的增加而變大，反之，運動物體的速度低於光速，因
運動而引起的質量增加就不顯著。質量的增加與否對相對論來說是有
重大作用的。而質量的增加是隨著運動速度遠高於光速而增加的。這
對日後原子物理學領域基本粒子的加速具有重要意義。

　　所謂質量與能量的相互關係，據愛因斯坦說就是質量可以直接度
量物體所含的能量，光可以轉變爲質量。就此，他列出的著名數學公
式是：

$$E = mc^2$$

　　E代表能量(energy)，m表示質量(materiality)，能量的轉換與相
應的質量轉換不可分，c^2光速的平方作為比例系數，以示質量可以轉變
爲能量。這就是愛因斯坦論證的質量中有能量，能量中有質量。過去
彼此獨立的質量守恆和能量守恆合併爲一個質能守恆定律。由此，愛
因斯坦完成了人類自然科學史上最輝煌的傑作，爲狹義相對論建立了
完整的內容體系，這不僅批判了牛頓的時空論和運動學說，更重要的
是當原子力這一質量轉換成能量時對人類的命運和前途會發生怎樣巨
大的影響。對於如此重大的科學創造，對於改變了2個多世紀以來墨
守成規的牛頓定律的天才思想，對於既是一個默默無聞的物理學後輩
又是現代物理學和力學巨子的愛因斯坦，科學界竟不知如何來對待
他。創造科學眞理需要有膽識者，肯定與賞識創造者也需要有膽識者。
像愛因斯坦最先對普朗克的量子假設作出強烈反響一樣，1905年10
月，首先向柏林大學介紹相對論的便是普朗克。數年後，他在普朗克、
能斯脫等著名敎授的推荐下來到柏林。可是他於1914年春到柏林，夏
天第一次世界大戰就爆發了。那幾年，他一面參加反戰呼籲，一面在
科學研究上更加奮力進取。1916年初，他發表了理論物理學史上從無
先例的《廣義相對論基礎》。

　　廣義相對論是論述引力的學說。它和狹義相對論一樣，都向牛頓
力學發出挑戰，狹義相對論批判了牛頓的第二定律（絕對時空觀和「以

太」運動），廣義相對論則是針對牛頓的萬有引力定律而作。它解決了很長時期以來牛頓的「超距力」的難題。所謂「超距力」，譬如兩個物體相互都具有吸引力，太陽和地球儘管相距一億五千萬公里，太陽的引力還是傳給了地球，這引力如何產生？又怎樣能夠傳遞？愛因斯坦用場論形式的理論回答了牛頓的「超距力」問題。他把引力視作引力場與物體之間的連接作用，實驗證明，不同質量的物體同時落地，表明引力質量與慣性質量是相等的。在引力場中，一切物體同時墜落，在加速系中作加速運動的物體如同在引力場中一樣，引力場與加速系之間的等價性即稱「等價原理」。由等價原理，愛因斯坦引出空間「彎曲」說。他認為，空間是不均勻的，而是由物質和場所決定的。空間「彎曲」決定了引力場中物體軌道的幾何狀態。它表現為太陽系的行星軌道因太陽的物質作用而產生空間彎曲。

　　愛因斯坦在廣義相對論中所闡述的引力學說促進了非歐幾何學在物理學上的運用，這在自然科學史上是前所未有的。如果說狹義相對論研究的是不牽涉引力學說的一定範圍內的直線、勻速相對運動，那麼，廣義相對論則是對一切運動的參照系的研究，即對引力的專門研究。廣義相對論的建立是 20 世紀人類的驕傲，也是本世紀科學史上的最高成就。

　　為了驗證廣義相對論，愛因斯坦還指出了三大驗證：①透過天文學觀測，證實了水星近日點進動；②太陽引力場中的光線彎曲，經他計算，光線偏轉有效值 1.7 秒；③光譜線引力紅移。這三大驗證都證實是正確的。此後不久，愛因斯坦又論述了宇宙起源問題，這同樣是自然科學史上的驚人之舉，它啟發了眾多的科學家在這方面的開掘和創造。

　　從 1905 年到 1955 年愛因斯坦逝世，在這整整半個世紀中，他在量子力學 —— 相對論 —— 原子學中的貢獻在 19 世紀至 20 世紀的科學史上恐怕是首屈一指的。在上述理論物理諸領域中，他都作出了劃時代的革命性的創造和貢獻。在狹義相對論剛剛發表時，本世紀最重要的

理論物理學家，量子論的創始人馬克斯·普朗克就稱愛因斯坦是「20世紀的哥白尼。」在廣義相對論問世後，其引力理論又超過了牛頓，引起世界各國科學家的極大重視。像這樣偉大的科學家在世界上需要多少時間才出現一次，這難以預料。不過，可以肯定的是從牛頓逝世後的 2 百年後才由本世紀的天才物理學家愛因斯坦打破了經典物理學的定律。愛因斯坦的出現既說明人類的智慧是無窮無盡的，也說明未來的人類在既往人類創造的基礎上將會有更加偉大而光輝的未來。歷史在前進，人類的文化也絕不會倒退。

(三)海森貝格

　　維爾納·海森貝格(Werner Heisenberg)於 1901 年 12 月 5 日生於伍茲堡，1976 年 2 月 1 日卒於慕尼黑。父親是位研究拜占庭歷史的史學家，可是兒子在大學時代就對物理發生興趣。他對理論物理有較高造詣，還在 1927 年，當他年僅 26 歲時，已在萊比錫大學任物理學教授，在萊比錫，他一直工作到 1941 年。在第二次世界大戰時期，1941～1945 年，他擔任柏林大學物理研究所所長，戰後，自 1946 年起，他在哥丁根和慕尼黑任馬克斯·普朗克物理和天文物理研究所所長。同時，他在柏林大學、歌丁根大學和慕尼黑大學任物理學教授。

　　在科學事業上，海森貝格是繼普朗克和愛因斯坦之後，在量子力學、原子物理和核子物理領域作過重大貢獻的科學家。但在量子力學的研究道路上，海森貝格和愛因斯坦是有分歧的。海森貝格屬於哥本哈根學派。1926～1927 年，哥本哈根學派首領、丹麥著名物理學家尼爾斯·玻爾(Niels Bohr 1885～1962)❸和海森貝格合作促進了量子理論的發展。此前的 1925 年，海森貝格與物理學家馬克斯·玻恩(Max Born 1882～1972)❹ 及派斯考爾·約丹(Pascual Jordan 1902～1980)❺ 合作，創立了矩陣力學，這被稱為海森貝格對量子論的表述方式。海森貝格雖然和愛因斯坦一樣都研究過量子理論，但對量子力學的表述卻不同。以往牛頓力學對研究諸如電子之類的微觀粒子已無能為

力。研究微觀粒子的任務落在量子力學肩上。1927 年，海森貝格認爲，微觀粒子的位置和速度不可能同時被確定。因爲確定了微觀粒子的位置，就確不定其速度；確定了它的速度，又確不定其位置。這便是海森貝格創立的「測不準原理」。愛因斯坦對這種測不準原理是持異議的。他覺得科學研究應尋找規律，而不是碰運氣。愛因斯坦認爲，在量子力學中，微觀粒子如電子質子應服從因果規律，而哥本哈根學派則認爲量子力學是一種統計性規律。不久，玻爾和海森貝格就量子力學的哲學解釋提出所謂「互補原理」，這引起愛因斯坦與哥本哈根學派長達數十年之久的爭論。

　　1930 年，海森貝格發表《量子論的物理原則》，此書對量子論的發展具有重要意義。由於他對量子理論的貢獻，1932 年，他榮獲諾貝爾物理學獎。同時，他對原子核也有深刻研究。30 年代初剛被發現的中子，他認爲這是繼質子之後原子核的基本粒子。在此基礎上，他發展了原子核基本粒子理論。在世界上的一些科學家正運用愛因斯坦的著名公式 $E=mc^2$ 研究鈾核分裂的時候，他也在致力於這項工作。1939～1940 年，當鈾核分裂被發現後，他完成了核反應堆理論。他對原子物理和核子物理的貢獻對發展現代物理的影響是深遠的。

　　自 1953 年起，海森貝格著手研究基本粒子的統一場理論。還在1929 年，愛因斯坦就發表過《論統一場理論》的論文，然而統一場理論沒有解決。海森貝格及其同事經多年琢磨，終於解決了這方面的難題。在統一場理論方面的努力，一個以其名字命名的「海森貝格宇宙公式」得以誕生。在此基礎上，1967 年，海森貝格發表了《基本粒子統一場理論引論》。這一成績和他在原子物理、核子物理方面的貢獻奠定了他在理論物理領域的地位。他是繼普朗克和愛因斯坦之後德國最重要的理論物理學家、也是本世紀最重要的原子物理學家之一。

第三節　心理學家佛洛伊德

　　20 世紀的德國曾產生一批著名的物理學家,在社會科學和心理分析學領域最著名的人物便是馬克斯·韋伯和西格蒙特·佛洛伊德。社會學和心理學並不如物理學、化學等自然科學的成果立即對人類發生效用,而社會學和心理學對人類的影響卻很深遠,因此,對它們的研究似更艱難。佛洛伊德雖然是奧地利人,但他卻是德國文化的重要代表人物,他的學說是德國文化的重要組成部分。

　　西格蒙特·佛洛伊德(Sigmund Freud)於 1856 年 5 月 6 日生於捷克斯洛伐克北摩拉維亞州勃里堡(Přibor)一個猶太人家庭,於 1939 年 9 月 23 日逝於倫敦。3 歲時,他隨父母遷居德國萊比錫,翌年,全家定居維也納。在維也納讀完中學,他於 1873 年考入維也納大學醫學院。1881 年,他取得醫學學位。29 歲時,他在維也納大學任講師。1897 年,佛洛伊德開始研究精神分析,1900 年發表《夢的解析》。1902 年,他被維也納大學聘任為教授。1908 年,在他的推動下,在奧地利薩爾茨堡召開首屆「國際精神分析大會」。在他生前,國際精神分析大會在奧地利、德國、英國和瑞士召開過 10 數次。其主要著作《夢的解析》、《精神分析引論》、《自我與本我》和《文明中的不悅》等都對人的精神作用、精神病因以及對人類的文明和社會文化都作出了他的新的解釋,並首創了他的心理分析。

　　過去的心理學派重觀念和理智,佛洛伊德則把醫學與心理學結合起來,著重從人的本能和感情出發來分析人的心理,提出新的人格理論。不過,醫學對他來說成為研究中的附庸,心理學,尤其有關人的性心理學和對人的精神分析則是他的主攻方向。可是他的心理分析學又是以醫學為開端,從醫學入手的。所謂從醫學入手,即他當醫生為了治療精神病人,對病人進行心理分析,解除病人的心理障礙,引導病人說出最初真正致病的病因,最終使病人康復。但要做到解除病人

的心理障礙和期望病人說出眞正原因是不容易的。對此，佛洛伊德借助於對夢和對精神病症的研究。在其代表作之一《夢的解析》中，佛洛伊德認爲，一個人平時有潛意識❻因不能暴露而受壓抑，入夜成夢。似乎是「日有所思，夜有所夢」。夢足以達到平時欲而不得的滿足。在他看來，夢與性慾有緊密聯繫。因此，在現代社會，這種潛意識被認爲是不文明不道德的。可是，假如這潛意識不能表露出來，日久便會成病。對於這樣的精神病人要進行深入的心理分析，就要對病者醒夢狀態和他平日的心理狀態作綜合研究，最後以使病人解除心理障礙，表露出被壓抑的感情，達到治病目的。佛洛伊德的精神分析法在於使病人從隱意識中釋放出被壓抑的感情，這在他把人視作一個能量體系時，釋放被壓抑的感情猶如釋放出能量。這種能量一旦放出，心理負擔頓時銳減。人也就變得輕鬆愉悅了。由此看出，佛洛伊德的心理分析是從人的感情和本能出發，以表露隱意識使人的感情和本能得到滿足和幸福，這既打破了過去以理念爲出發點的心理學派，也使心理學界開闢了新的研究領域。

　　1923 年，佛洛伊德發表了《自我與本我》，這奠定了其學說的基礎。書中，他指出了心理學的三要素：本我，自我和超我(das「Es」，das「Ich」，das「über－Ich」)。其精神分析學就以對這三種概念的闡述展示了他對人、人的心理活動和對人類文明的研究。所謂本我，據佛洛伊德說，「心理範疇的最古老部份稱之爲「本我」，其內容是一切經繼承而得，與生俱來，在體質上已經確定的，尤其是由身體機制中產生的本能。」本我是心理範疇的最古老的部分，也是生命中最重要的部分。本我的一部分在外界影響下具有特殊的接受外界刺激的機制。它遵循的是快樂原則。其作用是人從孩提時代就已開始的本能的反映。本我是三體系中的第一體系。

　　第二體系是自我，自我是「以知覺系統爲核心的」❼內心生活。理智和心靈意識都受它統轄。自我的作用在於認識外界的刺激，保存刺激經驗，避免過分強烈的刺激和爲自身利益以適當方式改變外界。

在內部，自我要控制本我的本能需求，它不得任意滿足本我的本能需求，但可把這種滿足推移到對外界來說是適當的時機，或者它乾脆壓抑本我的本能需求。它的動作要求符合現實原則。

所謂超我，是自我理想的表現。它在本能要求性滿足時需遵循社會道德，它是本能要求的壓制者。由此產生本能要求與社會道德的矛盾。本我的本能要求是盲目的，是與生俱來的，超我的性格則是受到社會的教育和影響，是一種高超的人格觀念。如果說本我表達了潛意識的要求，譬如在夢幻中獲得隱意識要求的滿足，那麼，超我的作用就是要壓制這種滿足。而自我處於本我和超我之間，它要同時滿足本我和超我的要求，於是它必須協調本我與超我的要求，在考慮社會影響的同時，去尋求一種最順利的而又不出紕漏的滿足方式。超我屬於第三個體系，它是用來衡量自我與超我之間心理緊張程度的良心。

本我、自我和超我三體系是佛洛伊德在精神分析研究方面的一大進展，這三體系雖然在心理學界仍遭非議，但在其學說中卻是比較完整的一套理論，而且具有自成系統的開創性意義。1912 年，佛洛伊德在《精神分析中潛意識的註釋》中曾對心理機能表述過「意識」、「前意識」（記憶的復現）和「隱意識」的三系統，但本我、自我和超我三體系卻比三種意識的分法更加清晰，它包容了三意識內容，且又擴大了三意識內容。本我表示人的古老的本能能量，自我是產生於本我而與外界保持接觸的力量，超我是珍惜自己的自尊自愛的力量，它對自我提出嚴格的道德要求。

佛洛伊德提出形成人的個性的三個體系，或者說三種力量，其目的是什麼？是追求人的幸福還是痛苦？回答自然是前者，是爲了贏得生活的愉悅，避免痛苦。這一傾向表明了歐洲人的生活原則。自文藝復興以來，啓蒙哲學家和許多學者在反宗教鬥爭中喚醒人們爭取地上的幸福，反對所謂來世幸福。追求生活本身的幸福，尤其是追求生時的愉悅幾乎成爲歐美文化的傳統。佛洛伊德的心理學的快感原則也似乎是循著這一傳統而來。可是，如果無限制地滿足本能要求，就會導

致亂倫。這就要求尋找解決矛盾的方法。在《文明中的不悅》一書中，佛洛伊德對此提出五種方法：

(1)最粗暴且又最有效的方法是化學中毒；以酒精和吸毒辦法實行慢性自毀，這本是極不可取的。佛洛伊德指出少數藝術家和詩人沈淪於酗酒和吸毒，其目的在於擺脫外部世界。並以此贏得快樂。

(2)轉移里比多(Libido)，在外部世界阻止人們達到本能目的時，人們便從藝術和科學事業中取得快樂。只要原始的本能要求未能得到滿足，那麼就需在高一層次中得到補償。這便是本能的昇華作用。

(3)佛洛伊德認為愛是生活的中心點。為了滿足期待的愛，愛者常常規避外部世界，把愛的滿足轉移到心靈深處的程序中，這樣就對愛的對象抓的更緊了，但是世界上有許多天才作品可以滿足愛，那就是超脫本能，以柏拉圖的精神戀予以滿足。

(4)把藝術視作本能滿足的補償或替身。佛洛伊德認為作為快樂泉源和生活慰藉的藝術是不可或缺的幸福事業。本能能量在藝術中得以釋放是有益的。以藝術作為滿足本能的替補導致幻覺生活的的寬廣領域，它遠離了現實，但經過了快樂原則向現實原則的痛苦過渡，最終擺脫了本能得不到滿足的痛苦，達到新的現實。

(5)把宗教視作滿足本能的需要。佛洛伊德並非要把宗教作為堅定的信仰對象，而是把它視作又一種昇華作用。他認為在心理機制的作用中宗教也都著得到愉快和避免痛苦的功能。這一點和上述把藝術視作本能滿足的補償一樣，是與叔本華和尼采的意志哲學思想相一致的。叔本華視音樂藝術為解脫苦痛的良方，在這方面，尼采與叔本華有共同處。但在把宗教視作解脫痛苦方面，佛洛伊德又與叔本華有共同點。

在《文明中的不悅》中，佛洛伊德從精神分析出發，就快樂原則過渡到現實原則問題指出人的性格的缺陷，同時也指出彌補這些缺陷的辦法。由此可以看出，佛洛伊德最根本的思想表現在本我、自我和超我的論述上，其在 1923 年之後發表的《錯覺的未來》(1927)、《焦慮

問題》(1926)、《文明中的不悅》(1930)和《精神分析概論》(1940)等既
是對其根本思想的補充,也是把他提出的愛戀與死亡、焦慮、反抗、
認同等概念及其內容作爲根本思想的擴大。其心理分析及貫穿於昇華
作用的中心觀點就是佛洛伊德開創的里比多學說,里比多是心理分析
和昇華作用中的一種力量,或者說是一種意志。根據佛洛伊德的觀點,
里比多是心理分析和昇華作用中的主導力量,它在人們爲宗教、科學
和藝術等事業中而釋放的心理能量顯示了人的本能。這一學說儘管爲
其他心理學家所反對,但它畢竟是19世紀末20世紀初心理學的創
新,有助於心理學界對他提出的問題的探究與思考。事實上,其學說
所發揮的影響已不限於心理學,在社會、政治、經濟、法學和文化諸
領域都同樣存在。

　　從文化史的角度說,佛洛伊德表述於精神分析,包括昇華作用中
的學說類似叔本華和尼采的意志哲學。儘管他本人完全否認他的思想
與叔本華、尼采有關❽,但不妨說叔本華和尼采的意志哲學中的感情
壓抑說和直覺說與佛洛伊德的精神分析有一致處,前者給予後者的影
響是可能的。在心理學領域,特別在精神分析方面,佛洛伊德稱得上
是一位有創造性見解的蜚聲世界的心理學家。德國著名作家托馬斯・
曼(Thomas Mann 1875～1955)稱他是20世紀最偉大的思想家之
一。而他也確實以他獨特的和富有啓發性的見解在德國文化史上樹立
了心理學旗幟。心理學在中國長期不被重視,似乎一提心理學便與唯
心主義相連。因而對佛洛伊德的研究甚少,儘管其中有唯心主義思想,
但不能因噎廢食。中國著名學著朱光潛教授曾在其《變態心理學》
(1930年)一書中對佛洛伊德學說作過較爲詳細的評述,可惜距今已
有半個多世紀。自80年代以來,在掀起研究西方學術思想熱潮的時
刻,中國才又對研究佛洛伊德發生興趣。

第四節　社會學家馬克斯·韋伯

　　比佛洛伊德晚生幾年，而其學說比心理分析對社會、經濟和文化的發展更具有直接影響的人物便是社會學家馬克斯·韋伯。

　　馬克斯·韋伯(Max Weber)於 1864 年 4 月 21 日生於埃爾福特，1920 年 6 月 14 日逝於慕尼黑。父親曾任柏林市議會參事和國民自由派議員。1873～1882 年，馬·韋伯在柏林夏綠登堡上高級文科中學❾，1882～1886 年，他先後就讀於海德堡、斯特拉斯堡、柏林和哥丁根等大學。他主攻法學、哲學、史學和神學，但他寫的論文卻與經濟有關。1889 年，他寫的博士論文題是《論中世紀貿易社會史》。1891～1892 年，他以《羅馬農業史及其對國家和私有權的意義》論文取得大學講課資格。在上述兩篇論文中，韋伯都對研究羅馬史的德國著名史學家，1902 年諾貝爾文學獎獲得者狄奧多·蒙森(Theodor　Mommsen 1817～1903)❿提出挑戰。1893 年，他在柏林大學任貿易法教授，1894 年，在弗賴堡大學，他任國民經濟學講座教授。1897 年，他在海德堡大學仍主講國民經濟學。嗣後，他因健康原因暫時離開了教職。然而在那之後的數年間，他在繼續研究國民經濟學、政治學和法學之外，還研究了社會學。關於宗教與經濟學的關係，他在其重要著作：《新教的倫理學和資本主義精神》(1904～1905 年) 中作了詳細論述。他認為，資本主義的生產方式是以一種勞動紀律和一種職業道德為前提，這兩者是以苦行僧的宗教思想為其根據的。新教的苦行主義用在私有經濟的財富生產方面，就是為反對不義、反對純粹資本主義的本能的貪慾─對金錢的貪慾。苦行主義在建立資本方面起了節制作用：即開源節流，緊縮消費，尤其是奢侈浪費。在緊縮消費時滿苦行主義從傳統的倫理道德的障礙中解除了奪取財富的束縛。這便是建築在新教苦行主義（在世界之內的）基礎上的資本主義精神。其目的是為爭取合理的奪取財富和反對不合理的浪費財富而鬥爭。他認為勞動紀律和職

業道德就是資本主義生產方式下的苦行主義。在此，韋伯為建立資本和鞏固資本創立了宗教與資本主義經濟學相聯繫的理論。同時他也說明宗教的效用，譬如新教的苦行主義倒不一定要取消它，相反，可以改革它，使其合理化。

　　1903 年，韋伯在離開海德堡大學後，直至 1918 年，他赴維也納大學講授社會學，由 1919 年至 1920 年後辭世，他任慕尼黑大學國民經濟學教授。韋伯在有關社會學的許多學科方面作過廣泛研究，甚至還研究過音樂社會學。他是德國社會學協會的創立者和領導者。在現代西方社會科學領域，他是一位極為重要的思想家，在經濟學、法學、政治學、宗教社會學和史學等領域，他都有值得重視和值得研究的創見和建設性理論。但是，其理論在中國還不是很熟悉，除去社會學專家對他了解外，這就有必要在此對他的學術思想和政治活動作扼要闡述。

　　其主要思想集中於他逝世後出版的重要著作《論宗教社會學的論文全集》(1920～1921)和《經濟與社會》(1921)中。其整個全集約 32 卷。在上述著作中，韋伯首先為社會學確定了定義。他認為，社會學是人類行為科學，人類的行為與其他行為有聯繫，這涉及人類生活於社會中所接觸到的各種關係：社會的、政治的、經濟的、宗教的和習俗的等等關係。在人類社會中，可以把如此眾多的錯綜複雜的關係壓縮為兩種主要社會學：一是經濟社會學，另一是統治社會學。

　　所謂經濟社會學，韋伯在《經濟與社會》一書中說就是把市場和金錢現象置於中心位置。這裡他把經濟放在主要地位。同時他又指出兩個純粹的經濟形式：(1)計劃經濟，最佳典型是有一個中央計劃司令部；(2)交往經濟，最佳典型是對無數企業的計劃程序完全無需集中，在各市場上採用完全的自由競爭機制。

　　所謂統治社會學，馬克斯・韋伯在《合法統治的三種類型》一文中舉出三種統治形式：(1)合理合法的，以信賴自由契約和合理的規章有效性為基礎；(2)傳統的，以信賴守舊勢力的有效性為基礎；(3)查理

斯瑪特式❶的,以相信強制性的非尋常的恩賜饋贈爲基礎,也就是預
言家、戰爭英雄和宣傳鼓動家的統治。他認爲這三種形式各有特點,
第一種形式據他對其官僚政治的分析是古埃及和現代歐美國家採取的
形式。宗法家長式的統治和封建主義統治屬於第二種,第三種則是以
宗教的統治形式代替了法制統治。不言而喻,韋伯在文中讚賞第一種
形式,這種形式有利於資本主義的發展,因爲在資本主義的企業中必
須以企業紀律作爲發揮企業作用的基礎,而企業紀律按國家的法律規
定,這就與合法的國家統治形式有關。至於說官僚機構,正確地說應
是官政機構,這在任何統治形式中都存在,因爲任何一種統治機構不
能只有職員,而沒有官員。在韋伯看來,第一種形式是卓越的統治形
式,由此也可看出,他的社會學與政治學在觀點上的密切關係以及他
的傾向性。而這種思想與他在《新教的倫理學和資本主義精神》一文
中的思想是一致的,即無論是宗教的禁慾主義(苦行主義)還是清教
徒虔誠的改革願望都用來建立資本主義精神,爲資本主義的發展服
務,就如同合理合法的統治形式有利於資本主義社會的發展一樣。因
此,如果說有關統治形式的論述屬於他的統治社會學,那麼,與宗教
有關的資本主義精神論述則屬於他的宗教社會學。宗教社會學是他的
首創。

　　此外,韋伯還建立了法制社會學。他認爲,公法和私法、客觀法
和主觀合理法、管理法和刑法都產生於各種不同的社會情況和人類的
動機。在形式的和實質的法制合理化的對立發展中增加人類行爲的合
理化程序是他的主張,也是其法制社會學的主要命題。

　　在學術研究的方法上,韋伯特別對法學和經濟學領域中的德國歷
史學派的思想方式提出過方法論方面的激烈批評。他曾無情地揭露和
批判過德國史學家提出的一種所謂「不合理的個體」(das irrationale
Individum)概念。在此他表示他不同意把現實的社會學現象看作靜止
的孤立的程序。就社會學的研究基礎,他認爲,應該根據事實的分析
代替歷史的觀察方式:引入特殊可能性的動力概念,這種特殊性爲社

會現象的「存在」確定定義，以代替用於社會現象的靜止的本質概念。在《古代文化衰落的社會原因》一文中，他以歷史事實指出羅馬帝國的衰亡不是外部原因引起的，而是由內部封建制度的發展中作爲政治的上層建築與經濟基礎的不相適應促成的。自然，韋伯對社會學的分析有其獨創見解，但也常遭其他學者的反對。

　　其學術觀點和他的政治觀點是一致的。在學術上，他對社會學和經濟學的分析是以維護和鞏固資本主義體制爲其宗旨；在政治上，他贊成和擁護資產階級議會制共和國。在第一次世界大戰初期，他曾在戰地醫院服務過一年，此後他投入政治活動，反對德國在戰爭中對比利時的吞併政策，戰爭後期，他反對無限制的潛艇政策。1917年，他曾估計德國將在軍事上招致失敗。爲此，他主張應在戰時實施民主選舉法和議會改革。他預料，要對議會實施改革和建立共和國只有在德國失敗的形勢下才能辦到 ❷。1918年的事實完全證實了他的預見。1919年，他作爲德國民主黨成員被新成立的魏瑪共和國派往巴黎，參加和約簽署。戰後，他沒有入議會工作，而是在慕尼黑大學任教授。儘管說他在學術上維護資本主義體制，在政治上讚同資產階級議會制共和國，但這並非說他主張學術研究和政治活動等同，相反，他認爲，學術研究和政治活動應有區別，在學術研究上應有評論自由。這在其《社會學的「評論自由」的意義》一文中有過專門論述。

　　馬克斯·韋伯在學術上是一位具有廣闊視野的人，他研究的社會學既涉及社會、政治、經濟和文化的發展，也涉及民族和歷史的發展。在諸多學術領域，他都作過精闢分析。正是他對社會學研究的重大貢獻，使他成爲20世紀最重要的德國社會學家，而他在第一次世界大戰前後對民主制度的設想和他的實踐活動，表明他還是一位重要的政治家。他對世界歷史的分析和他在分析中所表現的哲學思維，又使他列入史學家和哲學家的行列。但是，就在他以他成熟的思想繼續他的學術研究和講學時，同時也是在他以其著作贏得世界聲譽時，他卻在生命的壯年與世長辭了。

《註釋》

❶參閱《德國文化》，德文版，第 400 頁。

❷邁克爾遜祖籍波蘭，1881 年曾留學德國柏林大學，1907 年獲諾貝爾物理學獎。

❸玻爾是愛因斯坦的朋友，是哥本哈根學派傑出的核物理學家，曾創建過「玻爾原子模型」，1922 年獲諾貝爾物理學獎，1943—45 年流亡美國。

❹玻恩也是愛因斯坦的摯友，德國著名物理學家，是現代理論物理的重要先鋒之一。他在固體物理、相對論和光學理論方面貢獻頗多。1954 年，他與德國物理學家瓦爾特‧玻忒(Walter Bothe 1891－1957)一起，獲諾貝爾物理學獎。

❺約丹，德國物理學家，他對量子電動力學、相對論以及對宇宙起源學有重大建樹。

❻das Unbewuβte,德語，據佛洛伊德體系此處解釋爲「潛意識」，潛意識因壓抑而形成，它與佛洛伊德的本我(Es)之意相符。榮格(C. G. Jung)則把潛意識分爲「個體」的和「集體」的兩類，故此字並非一般意義上的解釋「無意識」。——據聯邦德國邁耶袖珍辭典 1985 年版，第 10 卷，第 50 頁。

❼參見《佛洛伊德著作選》，賀明明譯，四川人民出版社 1986 年版，第 281 頁。

❽參閱《佛洛伊德自傳》，顧聞譯，上海人民出版社，1987 年第 1 版，第 86 頁。

❾高級文科中學，(Gymnasium，此字原自希臘拉丁文)，在德國只有取得高級文科中學畢業證書，方可直接入大學。

❿狄‧蒙森著有羅馬史 5 卷，曾任萊比錫大學、蘇黎世大學和柏林大學教授，普魯士議會自由派議員，是議會的俾斯麥反對派。

⓫Charismatisch，此字源自希臘語，意爲恩賜禮物，表示上帝精神的直接影響。其轉意是指非尋常發生的事情的特性，它以決定命運的暴力爲基礎施於人。

❿參閱《韋伯社會學選集》中愛德華・鮑姆加頓《導言》，聯邦德國斯圖
　加特阿爾弗雷德・克蕾納爾出版社，1956 年德文版，第 23 頁。

凱綏・珂勒惠支的自畫像，銅版畫(1910)。

第12章　20世紀的德國文化
（下）

　　與自然科學的成就相比，特別是與在20世紀德國文化史上占有光輝篇章的理論物理和原子物理的成就相比，20世紀的德國的文學藝術卻比歐洲其他國家稍遜一籌。20世紀初的德國社會乃是19世紀末德國社會的順延，19世紀末一直與德國工人運動相對抗的俾斯麥下野了，資本主義生產發展迅速。在資本主義經濟發展的時候，人們的精神生活和人們的思想發展卻是截然不同的。一是馬克思主義思想，隨著德國鋼鐵工業、化學工業和電氣工業的發展，工人隊伍愈益壯大，以馬克思主義為指導的社會民主思想在無產階級隊伍中具有廣泛影響；二是軍國主義思想的增強，從普魯士的發展到俾斯麥統一德國，都可看到德國是以它的軍事實力取得它在歐洲的地位的，而經濟的發展又成為其軍事實力的後盾。威廉二世主政時，加速了軍事力量的發展，尤其是加速了海軍的建設。三是青年人既受到叔本華和尼采的意志哲學和悲觀主義的影響，也受到以經驗與事實為依據的所謂實證主義哲學的影響。此外，也還有讚同民主與宗教利益相一致的宗教思想。這個時期，即從19世紀末到20世紀初，以至直到納粹主義上台前，德國的文學藝術仍像浪漫主義時代一樣，常常是逃避現實，尋求自身對現實的認識與解釋，這就出現了自然主義、象徵主義和表現主義等流派的文藝。儘管這個時期的文學藝術少有驚世之作，但是其中無論是文學，還是音樂、繪畫仍不乏有傑作。這在文學領域指的是蓋哈特‧

霍普特曼和亨利希·曼、托馬斯·曼兄弟倆；在音樂領域指的是約翰內斯·布拉姆斯，理查德·史特勞斯、阿諾爾德·薛恩貝格和古斯塔夫·馬勒；在繪畫領域指的是馬克斯·利伯曼、凱特·珂勒惠支和保羅·克萊。

第一節　不同風格的作家和詩人——
霍普特曼、格奧爾格和表現主義諸詩人

(一)霍普特曼

　　19 世妃以前，在德國文學史上曾產生過萊辛、歌德、席勒和海涅等一批世界著名的詩人和劇作家。在戲劇創作方面，德國具有優秀傳統，到 19 世紀和 20 世紀之交，能夠繼承這一傳統並可與之媲美的恐怕應數霍普特曼。

　　蓋哈特·霍普特曼於 1862 年 11 月 15 日生於巴德—薩爾茨布隆，1946 年 6 月 6 日逝於希爾堡附近的阿格納騰村❶。其父是富有的旅店主。他先入村鎮小學就讀，後入布萊斯勞❷中學。1880 年，他轉入當地的藝術院校，1882 年，他在耶拿大學學習自然科學不到一年，旋於 1883 年赴羅馬，1884 年，他在柏林大學邊學習邊開始習作。在柏林的那幾年，正值幾個文學青年創辦了文學團體「通過」(1886～1887)。不要古代風格，而要新的現代的風格是這一文學團體的理想原則。霍普特曼在這個文學社團中並無顯著表現。只是他與這個文學社團的詩人阿爾諾·霍爾茨 (Arno Holz 1863～1929) 的交往，決定了他在文學創作上的自然主義傾向。

　　自然主義的創作風格大約盛行於 1870～1900 期間。其理論基礎根源於實証主義哲學、貝爾拿 (Claude Bernard 1813～1878) ❸的生理學、達爾文的進化論和泰納❹ (Hippolyte Taine 1828～1893) 的環境論。這一理論認為人既受遺傳的影響，也受社會環境的影響，遺

傳和環境是決定人的生存和發展的前提。表現在文學上就是要對人在社會生活中所經歷的經濟的道義上的痛苦，以至政治上的被壓抑作精確的符合自然情況的描寫。它起源於法國，最初運用此理論寫作的是龔古爾 (E.et J. de Goncourt) 兄弟，嗣後，法國著名作家左拉 (Emile Zola 1840～1902) 就在其「實驗小說」(1880 年) 中論述了用自然科學的方法作為文學創作的實驗，它要求把決定人的生存的原始關係毫無遺漏地以自然主義的風格刻畫在文學作品中。也就在 1880 年 11 月 22 日柏林首次上演了易卜生的《娜拉》，這部自然主義的名作給德國的戲劇界注入生機，一時間德國的作家爭相仿效易卜生模式。因此，在「通過」文學社團建立之後，1889 年起，由奧托‧布拉姆 (Otto Brahm 1856～1912) 領導的新建立的柏林劇院又以公演易卜生的戲劇為開端。這時，與德國自然主義的倡導者霍爾茨和許拉夫 (Johannes Schlaf 1862～1941) 相識的霍普特曼在小說上初試鋒芒後，寫出了他的第一部劇作：《日出之前》。這個富有意義的劇名是他的朋友霍爾茨為他確定的。此劇於 1889 年 10 月 20 日在柏林劇院的「自由劇場」上演獲得成功。劇中刻畫了一青年與酒徒女兒戀愛的悲劇。透過對酒徒家庭和一對青年男女的描述，作家把生活中的陰暗面暴露在社會面前，其中所表露的人的精神上痛苦只有透過酒精中毒和自殺得以解脫，這既反映了自然主義的美學原則，似乎也受到叔本華和尼采的意志論和悲觀主義的影響。貧窮、痛苦、絕望、找不到出路是自然主義的創作理想，它著重的是社會醜惡的暴露，這與 19 世紀末 20 世紀初資本主義向帝國主義發展階段，人們在困窘中向何處去的生活悲劇是一致的。其缺點是宿命論思想。然而從劇本的名稱看，又很難說作者對未來不抱希望。實際上作家透過此劇把「日出之前」的陰暗面告訴給了觀眾，以致觀眾當時的心情如同當年席勒的「強盜」演出的盛況一樣，得到觀眾的盡情歡呼。《日出之前》由此成為德國自然主義的代表作。

　　繼成名作《日出之前》後，霍普特曼又連續寫了三齣戲，幾乎是

一年一齣，其中則以《織工》（1892 年）一劇達到那時戲劇的一個高峰。此劇於 1893 年 2 月 26 日在「自由劇場」首演時即獲讚賞。1844 年 6 月，西里西亞的紡織工人為了他們的生存舉行了反對工廠主殘酷剝削的起義，數千起義者在幾天後遭到普魯士軍隊的血腥鎮壓。這次織工起義成為德國無產階級的首次壯舉。表現在作家和藝術家筆下的有關「織工」的文藝作品便是以這次起義為背景而產生的。霍普特曼的劇作《織工》便是其中之一。此劇首次在德國文學中表現了勞資衝突，衝突的一方—紡織工人在艱苦的勞動中卻得不到應有的報酬，他們的工資被尅扣，而他們的生活「連城裡的狗生活得比他們都好」❺。他們終因生活的窘迫忍無可忍地奮起抗爭了。但是，他們的對手除了工場主外，還有軍警。衝突的另一方—工場主對織工的壓榨絞盡腦汁，他們視織工如蟲蟻，死掉一個或失去一個無所謂，因為要來做工的窮人有的是。在織工們看來，工場主如同吃人不吐骨頭的魔鬼。劇情隨著織工與工場主的鬥爭而發展，正是這樣一齣以表現無產階級與資產階鬥爭的劇本含有濃重的政治色彩，因此，它一上演立即遭到警方的禁止，1894 年 9 月 25 日又獲當局開禁。《織工》一劇使本已成名的霍普特曼聲譽更高。像歌德和席勒的作品既是古典主義的又是浪漫主義的一樣，霍普特曼的劇作同樣既是自然主義的又是現實主義的，而《織工》則是兼有這兩種傾向的代表作。但這齣劇之所以與自然主義有別，首先劇中所表述的愛憎是分明的，不是客觀主義的描述，而是具有時代的對壘特徵，這後一點說明了作者對歷史事件的認識與理解。其次，歷史上的織工起義最終遭致血腥鎮壓，而戲劇中的織工起義最終把來鎮壓織工的「大兵攆出村莊去。」❻人群中發出了「烏拉」聲。這便給予起義者以希望與信心。此劇霍普特曼由自然主義走向現實主義，這也是必然的，因為自然主義的創作風格原本以現實事例為基礎。而霍普特曼在此使現實事例深化了。假如評論家不以 20 世紀有社會主義政黨領導的工人鬥爭相比的話，那麼應該認為在 1893 年霍普特曼寫出《織工》那樣的作品確實不易。也正因為《織工》一劇，霍普特曼被

視爲世界著名作家是當然的。

1892 年 1 月，霍普特曼寫出劇本《同伴克拉普頓》，影響一般。此後不久，他寫了《海狸皮大衣》(竊賊喜劇)(1893 年)，劇中把常理中視盜竊爲不道德的觀念倒轉過來，這主要看「被盜者」落在誰的身上。如果是窮盜富，似乎也不爲過。另方面，著手破案的警方顯得愚蠢無能，這也是必然的，因爲一個向上阿諛奉承向下欺壓小民的警察局長不可能從群衆中得到任何偷盜的線索，儘管海狸皮大衣已被盜者賣給了他人。劇情合乎邏輯的發展和對警察局長自負與無能的諷刺抓住了觀衆，使觀衆認爲此劇是霍普特曼的又一成功之作。

然而，作爲自然主義的又是現實主義的劇作家，霍普特曼是成功的，而作爲新浪漫主義的或象徵主義的劇作家，他卻不成功或較少成功。後者指的是他寫的夢幻劇《漢納蕾》(1894) 和童話劇《沉鍾》(1897)。此外，他還寫過歷史劇《弗洛里安・蓋耶爾》(1895)、社會劇《車夫亨歇爾》(1898)、《火焰》(1903)、《洛塞・柏恩特》(1903)和《大耗子》(1910) 等。如果要把霍普特曼一生中所寫的劇本都列舉出來，大約不下 40 餘齣。在戲劇之外，霍普特曼還寫過小說、故事和詩歌。他在繼承德國民族戲劇的傳統上稱得上是一位偉大劇作家。在奧托・布拉姆領導柏林劇院的 10 年中，上演霍普特曼的戲劇最多，每年至少 100 餘次，在 10 年中超過 1000 次。這在柏林劇院的「自由劇場」上是首屈一指的。由於他在戲劇創作上的卓越成就，早在第一次世界大戰前的 1912 年，他已獲得諾貝爾文學獎。

希特勒上台前夕，霍普特曼寫了劇本《日落之前》。此劇也是對資產階級社會銅臭的批判，同時也似乎預示了納粹主義專政的到來。1937 年，他完成了自傳，此後，在納粹政權的控制下他未能寫出像《織工》、《海狸皮大衣》那樣優秀的作品。但他畢竟看到了希特勒政權的徹底垮台。

在霍普特曼一生的創作中，成績是顯著的，但也有些消極的不成功之作。這既表現於其思想有時是現實主義占上風，有時是夢幻的神

秘色彩的思想占上風，也表現了在世紀轉換時期社會的動蕩反映在人的思想（包括作家的思想）下的不安。儘管如此，霍普特曼的戲劇成就不可抹煞，這如同一棵大樹有豐碩的果實，也有不成熟的小果子和枝枝蔓蔓。作為偉大的劇作家，近半個多世紀以來，其作品在世界流傳著。在他之後，德國最偉大的現實主義劇作家便是貝托爾特・布萊希特 (Bertolt Brecht 1898～1956)。

　　與霍普特曼一起，在同一時代，德國還產生了一批優秀作家，像亨利希・曼 (Heinrich Mann 1871～1950)、托馬斯・曼 (Thomas Mann 1875～1955) 和 1946 年獲得諾貝爾文學獎的赫爾曼・黑塞 (Hermann Hesse 1877－1962) 等都在 20 世紀上半葉的德國文學上占有重要地位。

(二)斯特凡・格奧爾格

　　與戲劇領域的自然主義不同的是在 20 世紀的德國詩歌領域產生了象徵主義。斯・格奧爾格是德國象徵主義詩人重要代表之一。

　　斯特凡・格奧爾格 (Stefan George) 於 1868 年 7 月 12 日生於萊茵—普法爾茨州的賓根，父親是葡萄酒商兼旅店主，1933 年 12 月 4 日逝於瑞士洛加諾附近的米努西奧鎮。他曾在大學學習過哲學和藝術史，青年時代遍遊歐洲，19 世紀 80 年代末他在巴黎結識了法國象徵主義的創始人之一斯特凡納・馬拉美 (Stephane Mallarme 1842～1898)，後又在維也納認識了奧地利象徵主義詩人雨果・封・霍夫曼斯托爾(Hugo von Hofmannsthal 1874～1929)。斯・格奧爾格、霍夫曼斯托爾和另一著名象徵派詩人里爾克被視作德國象徵主義詩派的三顆星。

　　象徵主義在德國又被稱作新浪漫主義。其理論源於法國象徵主義詩人的始祖查理斯・波德萊爾 (Charles Baudelaire 1821～1867 他主張詩的形式的完美無缺造成詩藝與不和諧內容的對立關係，也即以完美的形式掩飾著死亡和非現實的內容。其主要概念集中於幻想，帶有

神秘色彩的想像和奇特的美。因此可以說,象徵主義是以主觀主義的、神秘主義的和非理性主義的傾向爲標誌。它與自然主義和現實主義的流派相對立。同時,它也是古典主義的反動。在歐洲文學史上,它主要盛行於詩歌領域,盛行的時期約從 1860 年到 20 世紀上半葉。它既逃避現實,又無創作目的,以致象徵主義詩歌被人視爲矯揉造作的詩作。

在波德萊爾和馬拉美的影響下,斯·格奧爾格創作了《頌歌》(1890)和《朝聖巡旅》(1891)以及《阿爾加巴爾》(1892)三部曲。在這三部詩集中,《頌歌》和《朝聖巡旅》表現了詩人的自我精神,這種脫離實際生活的自我精神又反映了詩人對古代希臘羅馬文化和中世紀文化的嚮往。像這樣表現自我精神和神秘主義的詩作也只有象徵主義派的詩人自身才能理解,因此,象徵派的詩作也被視作是自我理解的詩。《阿爾加巴爾》既有自我欣賞的表現,更有非道德的揭示。這後一點顯示於阿爾加巴爾隨意殺死他的僕人,而僕人也甘願被殺。這便是斯·格奧爾格在象徵主義詩論影響下表現的美學,即否認道德的美學。這也證明了象徵主義的詩歌是脫離現實生活的,它所創造的奇怪的美只屬於自我欣賞範圍內的獨立世界。

1895 年,斯·格奧爾格把上述三部詩集合編爲一集出版,書名長而囉嗦,稱《牧人和頌詩、傳說和歌唱以及空中花園詩集》。書名的三個部分就是三部曲的組成部分。「牧人頌詩集」意指希臘和希臘精神的卓越事業;「傳說歌唱集」意指中世紀和中世紀的傳說和信仰世界;「空中花園集」本意指位於古巴比倫的世界七大奇觀之一,這裡表示東方,東方的「空中花園」既似天堂,又似童話般的夢幻。這三個部分表示了三種文化層次:即古代希臘、中世紀和東方。斯·格奧爾格的詩的結構就由這三個部位組成。

象徵主義的主要綱領是爲藝術而藝術 (L'art pour l'art) 它規避現實,反對繼承,它既反對自然主義,也反對古典主義。它以自己的幻想、想像,甚至妄想而獨立自存。爲貫徹其意旨,斯·格奧爾格於 1892 年創辦了《爲藝術的篇葉》刊物,追隨這一宗旨的是一批象徵派

詩人和藝術家。這一刊物一直持續到第一次世界大戰後的 1919 年。這
期間，斯·格奧爾格完成了他青年時代的重要詩作《心靈的年代》
（1897），這部詩集像過去一樣以三個部分連成一體。它標誌詩人青年
時代的結束。

　　進入 20 世紀後，斯·格奧爾格的作品有所變化。1900 年，他寫了
《生活的地坪和夢與死之歌》。這部詩集與以前的不同點在於要求更
寬廣的愛，而不再是偏愛於自我欣賞。此前，他崇尚的是空洞無物的
唯美主義，現在他開始傾向於神話和傳說。在《第七個指環》（1907）
中，他又表現了對神的偏愛。所以如此，因為對神的信賴也是精神矛
盾的解說，這在某種程度上是叔本華思想的影響。同樣，尼采認為歐
洲文化發生危機的思想也影響了斯·格奧爾格。為此，他寫了《聯盟
之星》（1914）。這部詩集又運用了三部曲的結構。其中尼采的意志論
思想也很顯然。

　　斯·格奧爾格經歷過第一次世界大戰。他對戰爭的態度並非區別
於正義和非正義，而是認為戰爭能夠改變人的心靈。實際上他對戰爭
所懷的期望是一種不切實際的夢想。第一次世界大戰後的德國現實狀
態是工人生活的困難，政治動亂不斷，魏瑪共和國執政 14 年之後，希
特勒執掌了國家大權。

　　由於斯·格奧爾格的詩集的題頁標以「卐」字，還由於他的作品
的用詞，不僅有推崇所謂公眾的法西斯國家勞資協作生活的美，也還
有「領袖」、「元首」、「萬歲」等詞彙，以致納粹黨領導人稱他為第三
帝國的詩人。納粹黨給予他很高榮譽。他幾乎成為德意志民族的精神
領袖。在希特勒時代，他得到的恩寵應該說是象徵主義詩人墮落的表
現。他本想由自我欣賞轉向社會，由唯美主義轉向宗教，由脫離社會
實際轉向接觸社會實際，然而他一接觸社會實際，便不辨方向。儘管
他拒絕了納粹黨給予他的榮譽，最終遷居瑞士，但是，這完全違背了
他規避現實的初衷，也完全違背了象徵主義的理論原則。由此也可見
斯·格奧爾格及其詩作的命運是悲劇性的。

以脫離現實、內容晦澀、辭藻華美的象徵主義詩作代表了 19 世紀末 20 世紀初歐洲詩歌創作的歧路，在歐洲，它是與自然主義相對抗的產物，在德國，它反映了叔本華和尼采的自我意志。正由於其內容晦澀，不著邊際，像斯·格奧爾格的詩既不為讀者欣賞，也不可能流傳發展，只在文學史和文化史上留下記載。對斯·格奧爾格唯一值得一提的是他對但丁和莎士比亞的翻譯。這如德國的消極浪漫派以優美的德語翻譯了莎士比亞和塞萬提斯的作品一樣，斯·格奧爾格的譯文也是優美的。這是他對德國語言的一大貢獻。

與斯·格奧爾格齊名的另兩位重要象徵派詩人便是出生於奧地利的若納爾·瑪利亞·里爾克 (Rainer Maria Rilke 1875~1926 和雨果·封·霍夫曼斯托爾。後者屬於斯·格奧爾格為首的文學團體。這兩位詩人的創作情況與斯·格奧爾格有所不同，但在象徵主義詩作上溯源於同一理論，這裡因限於篇幅只得省略了。

(三)表現主義的代表

除去自然主義和象徵主義之外，在 20 世紀的德國詩壇上還產生了另一個文學運動，它稱之為表現主義。和藝術上文學上的各種流派一樣，表現主義也是普遍於歐洲各國的文藝上的一種潮流。它大約盛行於 1910~1925 年。它起始於繪畫和雕塑的造型藝術領域，它表現為造型簡易、線條固定、形狀扭曲、表面化，對畫家所要表現的對象採用強烈的自由選擇的色彩反差。最初它源於荷蘭著名印象主義畫家梵谷 (Vincent van Gogh 1853~1890)，印象派畫是畫家對所畫對象的瞬間印象，是從印象中偶然攝取的片斷，整個畫面的輪廓無論是色彩和光線都顯得恍恍惚惚。印象派是表現主義的先行者，德國的表現主義畫家初起時組織了藝術團體「橋」。其主要代表是寇爾希納 (Ernst Ludwig Kirchner 1880~1938) 和海克爾 (Erich Heckel 1883~1970)。不久，表現派繪畫藝術思想轉入文學領域。

在 20 世紀初開始的表現主義文學竟然掀起一場可稱之為革命的

文學運動，這猶如德國文學史上出現的「狂飆突進」派和「浪漫派」等文學運動一樣，它不是政治運動，但卻具有產生它的社會政治原因，在第一次世界大戰前，資本主義經濟在德國的迅速發展引起貧富不均的尖銳矛盾，現存的君主專制主義制度和軍國主義思想與自由民主、人道主義思想不相協調，於是人們在思想上產生了反對資本主義建立一個更好的社會的設想。在哲學見解上，它受到康德、叔本華和尼采的影響，尤其是叔本華和尼采的思想—超脫感情與死亡以及創造精神的影響。由此產生的表現主義文學在政治上反對和批判資本主義和軍國主義，批判君主與宗教，在文學上，它反對自然主義、印象主義，也反對新浪漫派（象徵主義）。早期德國表現主義詩人的重要代表是生於奧地利的格奧爾格‧特拉克爾（Georg Trakl 1887～1914），他的詩集《夢中的塞巴斯蒂安》（1915）和《孤獨者歌唱》（1933）等都是在他逝世後出版的。憂傷、憎惡、斷念和空虛沈重之感在其充滿幻想的和隱喻的詩篇中占有主要地位。它表達了一種低沈的情緒，格奧爾格‧海姆（Georg Heym 1887～1912）也早期德國表現主義詩人的重要代表之一。在第一次世界大戰前後，領導德國表現主義運動的有著名詩人兼劇作家瓦爾特‧哈森克萊維爾（Wallter Hasenclever 1890～1940）、劇作家格奧爾格‧凱撒爾（Georg Kaiser 1878～1945），他是一位多產作家，寫過 60 餘齣表現主義的劇作。在其劇作中，他表現了具有特殊個性的人脫離了資產階級社會，去尋找所謂「新的人」。另一位德國表現主義的重要劇作家恩斯特‧托勒（Ernst Toller 1893～1939）是德國獨立社會民主黨成員，他曾經參加 1918 年的德國十一月革命，並參予慕尼黑蘇維埃共和國的領導工作，失敗後被判處 5 年監禁，後流亡美國。他寫過反戰戲劇和批判社會的戲劇，並寫有反對德國納粹主義的論文多種，不幸的是他在生命的壯年時期在紐約自殺。哥特弗里德‧貝恩（Gottfried Benn 1886～1956）、保羅‧蔡希（Paul Zech 1881～1946）和約翰尼斯‧貝歇爾（Johannes Becher 1891～1958）也是德國著名表現主義作家和詩人。作家弗朗茲‧維爾

佛爾（Franz Werfel 1890～1945）是奧地利表現主義文學的著名代表。舉出這一批表現主義的詩人和作家在於說明本世紀初期表現主義出現的盛況。

　　第一次世界大戰之後，表現主義的詩人和作家發生了分化，一部分像托勒和貝歇爾，走上反對納粹主義和反對帝國主義的進步的革命的道路，另一部分則走上達達主義和超現實主義。後者在藝術形式和美學原則上打破常規，反對創作規律，而是強調任意和偶然，甚至著作和人物名稱都是隨意的。超現實主義則要求放棄創作的邏輯性和情節發展的連續性。隨著這種分化，表現主義也就逐步衰落。衰落的原因還在於表現主義本身，因為表現主義在反對自然主義和象徵主義時，加強了藝術表現力，卻忽視了藝術結構，它的結構不僅不和諧整齊，而是雜亂無章，破壞了內容與形式的統一，在詩作上也沒有音律感。在內容上它表現為不合理無邏輯與脫離現實，富於夢幻甚至神秘。像這樣作為藝術創作它自然不能持久。另一原因是表現主義處於盛期時，這一派的詩人和作家都還年輕，富有青年人的熱情朝氣，寫出了反對軍國主義和反戰的作品。但在戰後，面對德國失敗的現實，表現主義派的詩人和作家受到觸動，為了改變戰後的現實，他們不再憑著激情去反映表面的個人的感受，而是走上了各自選擇的新的文學創作道路。在此，也許我們可以像分析德國的浪漫派那樣，把表現主義分為積極的和消極的，積極的表現主義走上進步的革命的道路，消極的表現主義走上完全放棄任何文學結構的達達主義。

第二節　音樂的精萃——
史特勞斯、馬勒、普菲茲納和薛恩貝格

　　德國音樂從巴哈以來歷經三個多世紀產生了一批又一批聞名於世的音樂家，至19世紀維也納古典主義樂派並未隨著貝多芬的逝世消失。在19世紀後半葉，在古典主義與浪漫主義相交時期，作曲家理查·

華格納（Richard Wagner 1813～1883）、約翰內斯·布拉姆斯（Johan-
nes Brahms 1833～1897）和安東·布魯克納（Anton Bruckner
1824～1896）以他們的卓越成就繼承了古典主義與浪漫主義的音樂創
作。其中華格納是德國浪漫派音樂的重要代表，布拉姆斯卻是在繼承
海頓、莫札特和貝多芬等古典主義大師的同時，又接受了舒伯特、韋
伯、門德爾松和舒曼等浪漫派音樂派大師的影響。他以古典主義的復
調對位法和以民歌爲基礎的音樂結合起來創作，使古典主義音樂與浪
漫主義音樂達到統一。布魯克納則是出生於奧地利的浪漫主義音樂的
主要人物，其浪漫派音樂尤其表現於他的交響曲創作。

　　成爲20世紀德國著名音樂家的是理查·史特勞斯（Richard
Strauβ 1864～1949）、古斯托夫·馬勒（Gustav Mahler
1860～1911）、漢斯·普菲茲納（Hans Pfitzner 1869～1949）和阿諾
爾德·薛恩貝格（Arnold Schonberg 1874～1951）。他們一方面繼承
了德國音樂的傳統，另方面也有更新的創造。前三位在繼承德國浪漫
派音樂方面卓有成效。尤其是理·史特勞斯承繼了理查·華格納和弗
朗茲·封·李斯特（Franz von Liszt 1811～1886）的創作傳統，其
音樂作品是以配器樂曲的優美爲標誌，優雅、詼諧、愼密是其作品藝
術的特色，其音樂語言不僅根源於華格納和李斯特，而且對傳統的定
音調、樂聲與和弦間的相互關係有所擴展。他曾任柏林歌劇院的樂長，
1919～1924年，他曾在維也納國家歌劇院任領導，自那時起，他是歐
洲爲數不多的最重要的交響樂隊指揮之一。在19世紀90年代至1905
年，他努力創作交響曲，如D大調交響曲（1880）和F小調交響曲
（1884）等，同時在1879～1887年間，他還創作了A大調弦樂四重奏
和降E大調小提琴協奏曲、F大調大提琴協奏曲以及爲13種低音樂器
創作的小夜曲和舞蹈組曲等。這些樂曲表現優美，似與文學上的唯美
主義傾向有關。早在1894年，理·史特勞斯曾經創作過歌劇《昆特若
姆》（Guntram），詞和曲都出於他一人之手。1905年，他與詩人雨果·
封·霍夫曼斯托爾合作，將英國唯美主義的代表作家奧斯卡·王爾德

　　(Oscar Wilde 1854～1900) 的劇本《莎樂美》改編成歌劇,獲得成功,接著又寫了歌劇《愛奈克特拉》(1909),這兩齣歌劇都是獨幕劇。此外,他還寫過《玫瑰騎士》(1911)、《亞里亞德內》(1912) 和《沒有影子的婦人》(1919) 等 15 齣歌劇,其中大部分都是與雨果・封・霍夫曼斯托爾合作而成。在歌劇創作方面,他與華格納、李斯特一樣,主張音樂與詩歌相結合,且達到歌劇創作的高峰。

　　在弦樂曲、奏鳴曲、舞曲、交響曲之外,理・史特勞斯還寫過H大調鋼琴奏鳴曲和芭蕾舞曲《唐・璜》(1889)、《約瑟夫逸事》(1914)以及無數歌曲、合唱曲等,在其音樂創作中,他所顯示的天賦與才能使他成為浪漫派風格的傑出作曲家。他是 20 世紀上半葉德國音樂界的最重要的代表。

　　古斯托夫・馬勒 (1860～1911) 是奧地利的著名作曲家,1897 年後的 10 年,他曾任維也納宮廷劇院院長,1907 年,他曾在美國紐約大都會歌劇院任客席指揮。他雖然是奧地利籍,但在德國文化史上,尤其在德國音樂史上他和本書提到的德國音樂家是屬於同一體系的。馬勒的音樂創作主要集中於交響樂與歌曲。他一生完成九部交響曲,第十部未能完成,並寫有許多管弦樂曲和歌曲。其交響樂承繼了貝多芬、海頓和布魯克納的傳統❼,實際上,他同時接受了古典主義與浪漫主義的雙重影響,尤其是浪漫派的影響在其作曲中比較顯著,因為後期浪漫派作曲家布魯克納正是他的導師。因此,在他的作曲中也有舒伯特和舒曼的浪漫派影響。

　　與理查德・史特勞斯一樣,馬勒的作曲重視詩歌與音樂的緊密聯繫。他似乎能從優秀的詩歌中取得音樂創作的靈感。對於歌德的優秀詩歌和劇作、德國浪漫派的童話和民歌以及中國優秀的古典主義詩詞,他都很傾心讚賞。他採用德國民歌和德國浪漫派作家阿爾尼姆 (Achim von Arnim 1781～1831) 與克里門斯・布倫塔諾 (Clemens Brentano 1778～1842) 合作的《男童的神奇號角》❽ (1806～1808)中的素材,寫了《一個浪遊伙伴之歌》(1883～1885),《選自〈男童的

神奇號角〉之歌》（1888～1889）和《兒童夭逝之歌》（1901～1904）。
他還把歌德的《浮士德》（第二部）寫成交響曲,《大地之歌》（das Lied
von der Erde）（1808）則是根據中國古詩詞而譜寫的歌曲。在這些作
曲中,他把古老的詩歌與現代的作曲技術結合起來,使看似普通的詩
作充滿優美的藝術生命。他是 20 世紀德奧浪漫派音樂的主要代表人物
之一,同時他和海頓、布魯克納一樣是出生於奧地利的維也納樂壇上
的著名音樂家。

　　漢斯・普菲茲納（1869～1949）生於沙皇時代的莫斯科,成年後
赴德國,20 世紀初在德國研究音樂,從事作曲,曾任柏林歌劇院樂長,
1908 年起在斯特拉斯堡任市音樂院負責人,20 年代至 30 年代在柏林
大學和慕尼黑大學音樂學院執教。1949 年年 5 月 22 日逝於奧地利的
薩爾茨堡。

　　普菲茲納的作曲同樣涉及器樂曲和聲樂曲的各個領域,他既譜寫
過升 C 小調交響曲,C 大調交響曲、鋼琴曲、提琴曲,也譜寫過室內
樂和歌劇。他寫的合唱曲和歌曲約在百首以上。他的創作風格繼承了
浪漫主義的傳統,是浪漫主義音樂大師中的最後一位代表,而且是浪
漫聲樂音樂配以器樂音樂的創始人。關於浪漫派的涵義和意義,我們
曾在本書第九章中有所闡述。其最主要的特徵是幻想與神秘以及富於
熾烈的感情。如果說文學上的德國浪漫派存在於 1790～1830 年,那
麼,音樂上的浪漫派存在的時間卻長得多,在 19 世紀 20 年代,當古典
主義音樂仍然存在的時候,浪漫派音樂作為新音樂已經發端了。浪漫
派音樂起始於 1820 年,那時的主要代表是著名德國作曲家卡爾・瑪利
亞・封・韋伯（Carl Maria von Weber 1786～1826）。它延續了近
一個世紀,直至 1920 年左右才接近尾聲。所謂浪漫派音樂就是西方調
性多聲音樂達到最繁榮時期,同時調性多聲音樂也至此結束。其和聲、
旋律、節奏、力度和聲調等一切音樂因素都有極大區別;音樂之外的
激奮在其中起著一種主要作用。❾這後一點比如浪漫主義的詩作對浪
漫派音樂產生的刺激。德國浪漫派音樂家為作曲所採用的詩詞大都是

德國浪漫派詩人的作品。1921年，普菲茲納採用了德國浪漫派的優秀抒情詩人艾興多夫（Joseph Freiherr von Eichendorff 1788～1857）的詩文譜曲，這使他沈湎於浪漫派的富於熱情的音樂表述。對於後期重要的浪漫派作家恩斯特・狄奧多・阿瑪迪斯・霍夫曼（Eernt Theodor Amadeus Hoffmann 1776～1822）的作品❿，他也很注意。他認爲，霍夫曼的歌劇《荒唐》（1816）是第一齣德國的眞正的浪漫派歌劇。

　　普菲茲納的音樂創作和理查德・史特勞斯及馬勒一樣，屬於調性音樂範疇（tonale Musik）。浪漫派調性音樂至普菲茲納亦告結束。代之而起的是非調性音樂（Die Atonalitat）。調性音樂與非調性音樂的區別何在呢？

　　首先簡要說明一下調性音樂的要素。調性音樂源自中世紀，在18世紀達到其發展的高潮，也即在古典主義音樂盛行的時期。調性音樂的樂音挿入由「華彩樂段」而強化的固定的樂調中，爲回歸主音（第一音），其樂音以簡易音韻進入上屬音（屬音爲自然音階第五級的音），然後轉入下屬音。調性音樂的每一節拍構成整個作品中一個和諧而合乎邏輯的組成部分。同時，它的每個符號都在形成的空間中與並列體系（坐標體系）有關。它有一個清晰的形體，這種形體的起點符、過程和終局都有定規。調性音樂具有諧和音與不諧和音的象徵性語言，這種語言是由於音程和泛音的聲學物理的自然性質而引起的。在大調三和弦〔大三度（三度—自然音階的第三音）＋小三度〕和小調三和弦〔小三度＋大三度〕中，象徵性語言把諧和音定爲固定的力量。三和弦貫徹始終，它是在自身中建立並持續著的一種原始和弦。⓫和弦是調性音樂各個層次的中心，或者說是其主體，是諧和音與不諧和音對立間的主旋律。這裡說的諧和音與不諧和音如同自然界的緊張與鬆弛（緩和）的自然現象一樣，在自然界，緊張和鬆弛是在交替中發展的，調性音樂則是按諧和音與不諧和音的對立規則創作的。

　　20世紀初，當文學和繪畫領域出現表現主義的時候，音樂界也出現了別開生面的表現主義音樂：即非調性音樂的產生。非調性音樂

（atonale Musik）的開拓者和最重要的代表爲阿諾爾德・薛恩貝格
（1874～1951）。

　　阿・薛恩貝格最初是個勤奮的自學者，19 世紀末，他拜師於祖籍
波蘭的奧地利作曲家亞歷山大・封・蔡姆林斯基（Alexander　von
Zemlinsky 1871～1942）門下，1901～1903 年，他在柏林任樂長，嗣
後在維也納任家庭教師，1908 年學習繪畫，1911 年他回到柏林，那些
年，他在柏林和維也納從事音樂活動，並在柏林普魯士藝術學院任作
曲系教授。1933 年，希特勒上台後，他離開德國經由巴黎前往洛杉磯。

　　他早年的音樂生涯受到華格納影響。像一些青年音樂自學者那
樣，他把華格納時代拜耳勞特藝術節上演的歌劇統統拿來欣賞過，每
一齣歌劇錄音他至少聽過 20～30 次。他先是與史特勞斯、馬勒和普菲
茲納一樣，沿著浪漫派音樂的創作道路前進，不久，大約由 1907 年起，
他開創了自己的作曲風格。其作曲風格一反過去的和聲技法，即否定
了過去作曲要求的對稱與節柏，而是要求不對稱，也不要主音。他運
用這種方法譜寫了《五首管弦樂》（1909）、《六首小鋼琴曲》（1911）
和歌劇《幸福之手》（1908～1913）等。在 1920～1921 年，他進一步發
展了非調性的自由作曲方法，把一個八度音按 12 個音的序列作曲，而
且沒有一個音發生重複，這 12 個音是：

　　e小調—d小調—降e小調（es）—b小調（h）—c小調—降d小調
（des）—降a小調（as）—降g小調（ges）—a小調—f小調—g小調—降
b小調

　　音程e小調—d小調向下可用作大二度（自然音階第二音），e小調
—d小調向上可用作小七度（第七音），還可再一次向下作九度音。這
樣促使旋律的寬廣而緊張。不同的音程可被視作產生同樣作用：五度
音向上與四度音向下的作用是一致的，大三度音向上與小六度音向下
的作用是一致的。因此，不論音程向上或向下，其結構是一樣的，同
樣，讀譜的序列無論是從前面往後讀，還是從後面往前讀都是無足輕
重的。❶❷

　　薛恩貝格的非調性音樂產生後，音樂界對他的反響也不盡相同。有的認為不同的音程又可以發揮同樣的作用會有前途，有的則對這種數學式的音樂結構提出批評，特別是對 12 個音的作曲方法否定了調性音樂的作曲原則持異議。薛恩貝格本人則是既開創了 12 個音的非調性音樂的作曲技術，也沒有拋棄調性音樂的作曲方法。他只是想對過去的音調體系作一革新，而且可以說是大膽的革新。產生這樣的革新思想與 20 世紀自然科學的發展有關。當理論物理突破了牛頓定律的時候，新的量子論和相對論成為 20 世紀物理學界從未有過的驚人之舉。由此，在詩藝、繪畫藝術和音樂作曲等方面的創造接踵而來，而薛恩貝格又是一位極富於思考的理論家，他決心要創造一種新的音樂語言，以改變傳統的對音調結構的態度。儘管他創造的 12 個音的作曲技法不為多數人所接受，但是，他的革新卻具有獨創性。運用這種非調性音樂的作曲方法除去他本人外，還有他的學生奧地利著名作曲家安東·封·韋伯恩 (Anton von webern 1883～1945)。韋伯恩的非調性音樂作曲甚至比他的老師還早兩年，但是，薛恩貝格的獨創性創造卻對 20 世紀上半葉歐美音樂產生重大影響。當然，這並不意味著非調性音樂的作曲技法是音樂創作法的最高峰，如同一切學術領域一樣，音樂的作曲技術還會有新的發展。就這一點說，薛恩貝格本人也懷抱著希望。

　　代表 20 世紀德國音樂大師的理查德·史特勞斯、古斯托夫·馬勒、漢斯·普菲茲納和阿諾爾德·薛恩貝格在浪漫派的創作道路上使嚴肅音樂與通俗音樂相區別，也即使古典音樂與娛樂性音樂（輕音樂）相區別；同時他們也作出了新的創造，最突出的是薛恩貝格的非調性音樂的自由的作曲技法。這種自由的作曲技法打破了人們在音樂創作上的陳規，並且迎來了 20 世紀中葉，即 50 年代興起的電子音樂。如果說薛恩貝格的 12 個音的作曲技法只是對傳統的調性音樂的一種革新，那麼，電子音樂的出現卻真正是音樂界的一次革命。

第三節　繪畫藝術的重要代表——
利伯曼、珂勒惠支和克萊

　　在文學、音樂和繪畫三大藝術領域中，德國音樂，無論是古典主義的還是浪漫主義的，始終具有自己的傳統，且在歐洲居於領先地位並發揮著巨大影響；然而，德國的文學和繪畫卻受到歐洲其他國家的影響，尤其是 20 世紀的德國繪畫受法國印象主義畫派較深。法國印象主義畫派最早始於 1872 年，那年法國畫家克勞德·莫內（Claude Monet 1840~1926）畫了一幅油畫，名為《旭日印象》（Impression, soleil levant），1874 年，這一派便以印象派為名舉辦了一次印象主義繪畫展覽。印象派繪畫的特點在本章的第二小節中已提及，即畫家對所繪之景物把握瞬息的印象，光和動作構成畫的輪廓。它是一種室外畫或稱露天畫。它首要表現的是畫家對所見事物的印象，但這事物並非印象主義畫家最感興趣的對象，被感興趣的只是在空間的恍惚的光的印象和變換著的外表氣氛。在法國印象主義畫派影響下，德國也產生了一批重要的印象派畫家，阿道爾夫·封·門采爾（Adolph von Menzel 1815~1905）、馬克斯·利伯曼（Max Liebermann 1847~1935）和馬克斯·斯萊福格（Max Slevogt 1868~1932）等優秀畫家便屬於這一畫派。

　　當印象主義畫派在巴黎盛行的時候，在 19 世紀與 20 世紀之交，在德國正盛行著表現主義畫風。德國表現主義畫派在第一次世界大戰前後是畫壇上的主要傾向，其代表除在介紹表現主義文學時提到的以外，還有出生於奧地利的奧斯卡·珂珂什卡（Oskar Kokoschka 1886~1980）、馬克斯·貝克曼（Max Beckmann 1884~1950）、恩斯特·巴爾拉赫（Ernst Barlach 1870~1938）、弗朗茲·馬爾克（Franz Marc 1880~1916），他是德國表現主義畫派組織「藍色騎士」（1911）創立者之一；人們甚至把凱特·珂勒惠支（Käthe Kollwitz

1867～1945) 也算作表現主義畫家之列；還有重要畫家保羅‧克萊 (Paul Klee 1879～1940)，他早年與德國表現主義畫家交往密切，後在巴黎受到畢卡索超現實主義的畫風影響。

在上述諸多畫家中，我們舉出幾位著名的且又具有代表性的畫家略作介述。

(一)利伯曼

馬克斯‧利伯曼於 1847 年 7 月 20 日生於柏林一個富有的猶太人家庭，1935 年 2 月 8 日逝於希特勒時代的柏林。早年他在柏林和魏瑪受過藝術教育。1873～1878 年，他留學巴黎，法國現實主義畫家古斯托夫‧柯爾貝特 (Gustave Courbet 1819～1877) 和讓‧弗朗索瓦‧米勒 (Jean－Francois Millet 1814～1875) 予他以較大影響，1878 年返國後，他先後在慕尼黑和柏林從事繪畫。九十年代，一批年輕畫家為擺脫舊的傳統繪畫框框，在慕尼黑和維也納創立了「分離派」，1898 年，利伯曼領導了柏林的「分離派」繪畫藝術。他一生中曾多次前往荷蘭，幾乎每年夏天他都在荷蘭萊頓等地度過，並在那裡作過許多油畫。

作為德國印象主義繪畫的領導人物，利伯曼的繪畫生涯大約經歷過三個時期：

第一個時期在 19 世紀 80 年代，他以自然主義的表現思想在畫中描繪勞動者。其特點是濃重的深暗的色調和固定的立體的境界，不久他發現顏色過暗不利於畫面的清晰，於是他此後便使畫的顏色淺淡些。在繪畫所表述的思想上努力表現勞動者的艱難，為沒有特權的勞動者爭取應得的權利。這時期的代表作有《阿姆斯特丹的老人之家》(1880)、《阿姆斯特丹的孤兒院》(1881～1882)和《補網婦女》(1889)等。

第二個時期則是從 19 世紀 90 年代初至 20 世紀最初 10 年，畫家繼續以淺淡色調為主，使畫面明亮、清朗，畫的底色則以淺灰為基礎。

這時他仍常去荷蘭，在他所畫的《馬球運動者》（1902～1903）中騎者和騰空躍起的奔馬生氣勃勃，色澤鮮明，還有《阿姆斯特丹的猶太人街》（1905）表現了猶太人居住區街道上人群擁擠的情景，其特點並不重在人物，而是重在自然環境的直接印象。這時是利伯曼按自己的表現方式的第一個新階段，也是他對印象派繪畫的發展。

第三階段，則是從 20 世紀最初的 10 年到他於 1935 年逝世。這期間，利伯曼生活於柏林，在眾多的對自然和社會的描繪中，他對故鄉表現了深厚的愛，那充滿陽光的柏林郊區旺塞湖（Wannsee）畔的花園美景令人倍感親切。這時期的代表作是 1914 年以來畫家所創作的「旺塞湖畔花園之景色」。此外，畫家還在這一時期創作了極其出色的肖像畫《斐迪南·紹爾布魯赫》❸（1932）和許多重要的普通版畫和銅版畫作品。❹

在印象派的畫風上，利伯曼創立了自己的風格。他的風景畫和帶有人物的室外畫都表現了對自然和對自然與人物的和諧的讚賞。在畫中，他比較注重於細節的描繪，而不甚重視整個輪廓的完整。這在他畫的《阿姆斯特丹的敬老院》或稱《老人之家》（1880）中就有如此特點。在《老人之家》、《孤兒院》和《阿姆斯特丹的猶太人之街》等繪畫中，畫家既發揮了他獨創的印象主義的自由風格，也表現了對畫中人物的同情和摯愛。表現這後一點的還有他的早期畫作《製罐頭的女工》（1873）和《蘿蔔地裡的工人》（1876）等。因此，儘管印象派被人視作憑畫家對事物的印象而繪製的作品，但它並不排除人道主義和民主主義思想的表達。利伯曼的創作更是一個重要的明證。

像利伯曼這樣一個具有自由思想的優秀藝術家在不自由的希特勒時代是不容其生存的。他在德國畫壇上具有很高榮譽，由於他的傑出成就，從 1920～1933 年，他一直任普魯士藝術科學院院士兼任院長。由於他是猶太人，在希特勒上台後，他橫遭貶謫並被隔離。在納粹政權嚴重迫害下，這位偉大的藝術家於 1935 年 2 月以 88 歲高齡與世長辭。此後不久，被視作表現主義優秀畫家的恩斯特·巴爾拉赫也因早

就倡導藝術家的獨立思想，觸犯納粹政權，於 1938 年被迫害致死。

(二)珂勒惠支

　　凱特·珂勒惠支是康德的同鄉，是德國的享有世界聲譽的女性藝術家。她於 1867 年 7 月 8 日生於在普魯士的哥尼斯堡（今屬蘇聯，稱加里寧格勒），1945 年 4 月 22 日逝於德累斯頓的莫里茨堡鎮。她的父親是建築師傅，母親出身於有敎養的知識分子家庭。1884 年，珂勒惠支 17 歲時到柏林女子藝術學校學習，1885 年，她回哥尼斯堡，1888 年，她進入慕尼黑女子藝術學校繼續學習油畫。學習期間，她只有一次去義大利威尼斯旅行，而她的繪畫技藝主要是在德國本土得到培養和發展的。在學習期間，她已開始繪畫習作，並開始鑽研版畫。1891 年 6 月，她婚後定居柏林，那裡居住著許多重要的學者和藝術家，這對她的藝術事業的前途具有重要意義。

　　19 世紀 90 年代的柏林，在繪畫藝術領域發生著反對舊的僵化藝術的革新運動，即所謂「分離派」運動。那時，德國畫壇上正盛行著印象主義和表現主義，進入 20 世紀後，表現主義畫派在德國占據了統治地位。凱特·珂勒惠支在 19 世紀末步入繪畫界時不同程度地受到自然主義與表現主義的影響，其中也具有現實主義因素。1893～1898 年，她花了五年時間創作的《織工》組畫正說明了她從表現主義走向了現實主義。這組版畫的創作動機起因於 1893 年春初，她看了蓋哈特·霍普特曼的劇本《織工》演出之後，劇中所表現的織工的飢餓、困苦、鬥爭和遭受受鎮壓等工人的痛苦激勵了她，使她暫時丟棄了其他創作而專心致志於她構思的六幅織工組畫。這套組畫的第一幅《貧窮》和第二幅《死亡》顏色顯得深暗既可說明被壓迫的人們生活的暗淡，這是主要的。但在技藝上又有表現主義之嫌，特別是人物的輪廓不明顯足以說明不把人物視作重點的表現主義的特徵。但無論是第一幅和第二幅及其後的四幅都在刻畫被壓迫者的痛苦方面是深刻的，它表達了被壓迫者向社會發出的控訴和抗爭。1898 年在柏林一展出，它

就得到社會的共鳴，並得到評審委員會決定授予金質獎章的殊榮，但
這決定竟遭政府否決。然而接著 1899 年在德累斯頓和 1900 年在倫敦
的展出卻使不公正的否決得到了補償。這套組畫不僅使珂勒惠支贏得
了榮譽、也使她從此被列入世界優秀畫家的行列。

　　這以後，珂勒惠支繼續循著版畫創作的方向前進。1900～1901 年
的兩年間，她探索腐蝕版畫藝術，也創作了一些版畫，有成功的，也
有不成功的。從 1902 年起，除去眾多的獨立版畫外，她於 1908 年完成
了重要組畫《農民戰爭》並於 1920 年開始作《戰爭》組畫。《農民戰爭》
是一套有七幅的腐蝕版畫，組畫反映了 1525 年偉大的德國農民戰爭。
在處理這一偉大題材時，珂勒惠支並未畏畏縮縮。她不像某些面對這
一歷史事實的人「不敢把歷史事件的本質，即一方面是統治者的滔天
罪惡另一方面是被逼走上絕路的人民的傷痕累累的心靈，充分揭示出
來。」❺ 而是充分表露了被奴役的農民的非人生活，憤怒、反抗甚至
犧牲。這套組畫最初受歷史藝術協會委託而作，完成後由該協會協助
出版。如《織工》一樣，《農民戰爭》組畫同樣受到讚譽並獲獎。組畫
《戰爭》是七幅木版畫，完成於 1923 年。其中第一幅《犧牲》和第六
幅《母親們》在畫家的筆下抒發了母親對兒子犧牲後的無言的哀痛和
母親們對子女們的眷戀與撫愛，這其中自然也包含了藝術家對在戰爭
中死去的兒子的懷念。整套組畫表現了畫家的反戰思想，這一思想在
她後來的版畫作品《幸存者》（1923）和《永遠不要戰爭》（1924）中
繼續反映出來。

　　戰爭雖然結束了，但在魏瑪共和國時期的整個 20 年代德國正處於
戰後恢復重建時期，到處需要經費，然而由於負擔巨額戰爭賠款而使
國家陷於經濟困難。畫家於此時創作的畫面《麵包》、《德國兒童在飢
餓中》（1924）和《遊行示威》（1930）等都真實地反映了那時德國的
社會、經濟和政治形勢。進入 30 年代直至納粹黨掌政，她仍以堅強的
毅力制作了《死亡》版畫組畫。這是一組有八幅的反戰組畫，它醞釀
於 1927 年，完成於 1934～1935 年。《死亡》是對過去戰爭帶來的創傷

和悲痛的聲斥，也是對未來戰爭造成恐怖景象和使許多無辜兒童死於戰禍的預示。此外，她還在納粹統治時代制作了許多富有深刻意義的雕塑，其中《護衛孩子們》(1935)、《母親之塔》(1937)、《悲傷》(1938)和《告別》(1940) 等既讚頌了為護衛人類後代的母親的偉大，也表現了在希特勒統治下人民的生活並沒有什麼改善。在這些雕塑作品中，表明了畫家與人民的心是相通的，也表明了畫家沒有說出的對希特勒政權的憤恨卻用藝術作品的語言表達出來。

希特勒政權是抹煞她及利伯曼、巴拉赫等一批優秀藝術家的藝術事業的。在希特勒初上台時，她就被攆出柏林藝術學院。直至希特勒於 1945 年徹底垮台，她終於熬到這一年而去世。綜觀她一生的藝術是脫胎於表現主義走上現實主義的。在技巧上她受巴爾拉赫影響較多。其作品的內容既受到蓋哈特·霍普特曼和左拉的自然主義影響，也受到文學上的現實主義影響。耐人尋味的是她的全部作品所反映的幾乎是一個字：「苦」。生活的苦、戰爭的苦、做工的苦、工人的苦、農民的苦以及母親的苦。它訴說著藝術家的人生經歷，也顯示著其藝術作品的特點。正是這些有力的扣人心弦的表現被壓迫者的痛苦情狀的版畫贏得羅曼·羅蘭和魯迅讚賞，並使她成為德國偉大的畫版藝術家之一。

(三)克萊

在 20 世紀上半葉德國畫壇上，克萊是一位具有特殊風格的畫家。其繪畫思想不止限於繪畫本身的規律，且與詩歌、音樂以至於數學、哲學等思想有密切聯繫。其繪畫不符合正統，然而卻突破了正統。從東方人的思想出發，似乎對其風格不可思議，但卻有必要對他有一定認識與了解。

保羅·克萊於 1879 年 12 月 18 日生於瑞士伯爾尼附近的明興波克塞，1940 年 6 月 29 日逝於洛加諾附近的摩拉爾托。他是出生於瑞士的德國畫家，父親是音樂家，這對他的繪畫與音樂交融有一定影響。

1898～1901 年，他在慕尼黑師從弗朗茲・封・斯脫克（Franz von Stuck 1863～1928）。斯脫克是慕尼黑『分離派』的創立者之一，是慕尼黑「青年風格」的重要代表。所謂「青年風格」（der Jugendstil）是發生於 1890～1914 年的新藝術運動，它在法國和比利時稱作「新藝術」，在德國稱作青年風格。它是為反對 19 世紀的歷史化風格而產生的。其特點是畫的平面性和直線性，常是一種不對稱的裝飾，畫中的實物具有異國情調，看起來令人覺得矯揉造作。❶ 1906～1920 年，他定居慕尼黑，與德國表現主義派「藍色騎士」團體成員，一個出生於沙俄時代的畫家瓦西里・康廷斯基（Wassily Kandinsky 1866～1944）以及與弗朗茲・馬爾克（Franz Marc 1880～1916）等交往甚密。早在 1902 年，克萊便以其柔和的色調和令人激動的構圖創造著自己的風格，但在那時，他明顯地以表現主義畫派出現，「藍色騎士」於 1911 年結束後，1912 年，他前往巴黎。在那裡，他接受了畢卡索（Pablo Picasso 1881～1973）和法國著名畫家亨利・盧梭（Henri Rousseau 1844～1910）的指導。此後他回到慕尼黑，在 20 年代，他的表現主義風格竟與音樂和數學發生聯繫。他把繪畫視作音樂家的作曲。他覺得，音樂的驚異處在於音樂是從虛無中產生的，聲音也是從這虛無中變成形體和表象。由此，他想到對畫家來說從空白的紙頁上事先並未表現任何事物，即在白紙的外部表面沒有任何東西，那麼在內裡則具有期望成為形體的意志。克萊的畫的造型就要求如音符一樣，外表看不出什麼，而內在具有樂感。因此，他的繪畫如同作曲家譜寫樂譜：對位的，和諧的，旋律的和有節奏的……等音樂要素都包含在繪畫和構圖之中。類似的一幅畫：《室內女歌唱家露莎・西爾貝爾的元音巾》（Das Vokaltuch der Kammersängerin Rosa Silber 1922）就是如此。在這幅畫中，克萊把元音 a e i o u 都表現在畫面上。其意義的解釋權恐怕屬於畫家自己。

表現主義繪畫與數學相關的標誌在於幾何的魅力。藝術家要把畢達哥拉斯的幾何學的形體的美反映到繪畫上。這一魅力表現於線條的

美、三角形的美和圓周的美。幾何形體不只是成爲繪畫的方法，且有自身的價值，它可轉變爲聲音，轉變爲圖畫的「音樂」。幾何形體的運用被視作是現代藝術的標誌。其形式是抽象的，且並無任何目的性。❼正由於它的抽象性，這樣的表現主義繪畫不易被看懂，這種抽象的形體和形象常是幻想的夢幻式的，它早已不像早期的表現主義繪畫那樣易於被人捉摸。實際上，幻想的夢幻式的形體和形象是超現實主義畫派的表現。超現實主義畫派是 20 世紀上半葉的繪畫思潮，它受到佛洛伊德夢囈論的影響。克萊的繪畫創作，特別是他 20 年代以來的畫作是在表現主義和超現實主義雙重影響下形成的。

　　除去繪畫實踐外，克萊還著有《論現代藝術》(1924)、《教育速寫》(1925) 等藝術教育論文。他的藝術理論對 20 世紀藝術的發展具有重大意義。作爲藝術理論家和教育家，他從巴黎返回德國就在德累斯頓和德紹執教，1931～1933 年，他受聘於杜塞爾多夫藝術學院任教授。希特勒上台後，他遷居伯爾尼，其作品在納粹時代不被歡迎，1937 年他的繪畫被視作「變態」之作而被沒收。然而，這位在表現主義與超現實主義之間的畫家是 20 世紀德國最重要的畫家之一，也是德國傳統畫派走向現代派的橋樑之一。

《註釋》

❶巴德——薩爾茨布隆在歷史上地處下西里西亞，它和阿格納騰村現均屬波蘭。

❷Breslau，布萊斯勞，位於奧得河沿岸，西里西亞重要城市，1742 年屬普魯士，今屬波蘭。

❸克勞德‧貝爾拿爲法國生理學家。

❹希波里特‧泰納爲法國文藝理論家。

❺參見《織工》中譯本，韓世鍾譯，載《霍普特曼戲劇兩種》，上海譯文出版社，1986 年版，第 28 頁。

❻參見《織工》中譯本，韓世鍾譯，載《霍普特曼戲劇兩種》，上海譯文出版社，1986 年版，第 97 頁。

❼參閱《德國文化》德文版，第 461 頁。

❽《男童的神奇號角》一書中有作者搜集的 600 多首民歌，語言上經潤飾顯得優美。

❾參閱《邁耶袖珍辭典》10 卷本第 8 卷，聯邦德國曼海姆 1985 年德文版，第 166 頁。

❿霍夫曼是位多才多藝的詩人，同時他還是畫家和作曲家，且是個法學家，當過法官。1808 年起他成爲音樂評論家和作曲家。——參見《邁耶袖珍辭典》10 卷本第 4 卷第 322 頁。

⓫參閱瓦爾特‧蒙奇 (Walter Mönsch)：《德國文化》第三部分第五章，聯邦德國慕尼黑馬克斯‧胡伯出版社，1971 第 2 版，第 461—462 頁。

⓬本頁有關非調性音樂 (atonale Musik) 的內容參見《邁耶袖珍辭典》10 卷本第 1 卷第 237 頁及瓦爾特‧蒙奇：《德國文化》第 466 頁。

⓭斐迪南‧紹爾布魯赫 (Ferdinand Sauerbruch 1875－1951) 德國著名外科醫生。

⓮上述三階段參閱邁耶百科全書 25 卷本第 15 卷，曼海姆辭書出版社，1980 年德文版，第 81 頁。

⓯參閱威廉‧戚美爾曼 (Wilhelm Zimmermann 1807－1878)：《偉大

的德國農民戰爭》導言，北京編譯社譯，1982 年商務版第 5 頁。

⓰ 參閱《Brockhaus》辭典 12 卷本第 6 卷，聯邦德國威斯巴登德文版，1979 年第 18 版，第 57—58 頁。

⓱ 關於繪畫與音樂及數學的關係這一段參閱了瓦爾特·蒙奇的《德國文化》德文版第 486—488 頁。

·德國文化史年表·

公元9年	日耳曼族在舍羅斯克人阿爾彌紐斯率領下在推陀堡森林戰勝羅馬人。
2-3世紀	在民族大遷徙中，日耳曼各部族沿多瑙河與萊茵河冲破了羅馬帝國邊界，這期間發生了日耳曼文化與希臘-羅馬文化的融合。
476年	西羅馬帝國滅亡
482-511年	法蘭克王國墨洛溫王朝克洛維國王皈依基督教。
687年	墨洛溫王朝逐漸失去實權，加洛林王朝丕平二世執政。
751年	加洛林王朝國王丕平三世執政。
768-814年	卡爾大帝執政，他於公元800年經羅馬教皇加冕，稱羅馬人的皇帝。
843年	凡爾登立約將加洛林王朝大帝國一分爲三——東法蘭克王國、西法蘭克王國和義大利王國。其中東法蘭克王國成爲後來的德國。東法蘭克王國使用德語，但書面語言仍以拉丁文爲主。

849年	士瓦本僧侶瓦拉弗利德·斯特拉波(809-849)逝世，他是當時德國重要詩人。
911-918年	康拉德一世爲德意志國王，德國歷史由此開始。
919-936年	薩克森王朝亨利一世時期。
936-973年	奧托一世執政，他於962年在羅馬加冕，從此其帝國稱《德意志民族的神聖羅馬帝國》。這時期德國建築藝術以羅馬式居多。
1002-1024年	亨利二世執政，薩克森王朝至此結束。
1024-1125年	薩利安王朝康拉德二世至亨利五世執政。
1095-1291年	十字軍東征時期產生了騎士文化，由9世紀形成的經院哲學至此時仍很盛行。
1122年	沃爾姆斯宗教協定——暫時結束世俗的和教會的授聖職權之爭。
1138-1254年	斯陶芬王朝由康拉德三世執政經過五個王位至康拉德四世結束，之後王位空缺幾乎達20年。
1348年	創建第一個德國大學——布拉格大學。
1356年	黃金詔書確定國王由選侯選舉，無需敎皇批准。
1358年	建立德志意漢薩同盟。
1386年	創建海德堡大學。
1388年	創立科隆大學。
1431-1513年	德國各地發生農民運動。
1438-1806年	哈布斯堡王朝時期。
1450年	約翰尼斯·古騰堡(1400-1468)發明用金屬鑄字的印刷術。
1455年	約翰尼期·羅伊希林(1455-1522)誕生。
1457年	創立弗萊堡大學。
1469年	伊拉斯謨斯·瑪·鹿特丹(1469-1536)誕生。
1470年	馬梯亞斯·格呂納瓦爾德(約1470-1528)誕生。
1471年	阿爾布萊希特·丟勒(1471-1528)誕生。
1472年	慕尼黑大學創立。

1472年	盧卡斯·克拉那赫（1472-1553）誕生。
1477年	美茵茲大學和杜平根大學創立。
1483年	馬丁·路德（1483-1546）誕生。
1493-1519年	馬克西米連一世執政。
1497年	菲利普·梅蘭希通（1497-1560）誕生。
1497年	漢斯·荷爾拜因（1497-1543）誕生。
1517年	路德在威丁堡發表95條論綱。
1519-1556年	卡爾五世在位。
1521年	路德避居瓦特堡開始翻譯《聖經》。
1524-25年	德國爆發農民戰爭。
1527年	創建馬爾堡大學。
1555年	奧格斯堡宗教和會。
1571年	約翰尼斯·開普勒（1571-1630）誕生。
1575年	雅可布·伯麥（1575-1624）誕生。
1582年	創立伍茲堡大學。
1607年	創立季吉森大學。
1618-1648年	三十年戰爭。
1648年	哥特弗里德·威廉·萊布尼茨（1646-1716）誕生。
1655年	克里斯蒂安·托馬修斯（1655-1728）誕生。
1665年	創立基爾大學。
1679年	克里斯蒂安·沃爾夫（1679-1754）誕生。
1680-1720年	巴洛克藝術(1680-1700)和羅可可藝術(1700-1720)在德國盛行。
1686年	約翰·塞巴斯蒂安·巴赫（1680-1750）誕生。
1685年	格奧爾格·弗里德里希·亨德爾(1685-1759)誕生。
1713-1740年	弗里德里希·威廉一世在位。
1714年	克里斯托弗·威利巴爾德·格羅克（1714-1787）誕生。
1724年	伊曼紐爾·康德（1724-1804）誕生。

1724年	弗里德里希・哥特里普・克魯普施托克（1724-1803）誕生。
1729年	高特荷德・埃夫拉姆・萊辛（1729-1781）誕生。
1730年	格奧爾格・海曼（1730-1788）誕生。
1732年	約瑟夫・海頓（1732-1809）誕生。
1733年	克里斯朵夫・馬丁・維蘭德（1733-1813）誕生。
1736年	創立哥丁根大學。
1740-1780年	瑪利亞・鐵列西亞在位。
1740-1786年	弗里德里希大帝在位。
1744年	約翰・哥特弗里德・赫爾德（1744-1803）誕生。
1749年	約翰・沃爾夫網・馮・歌德（1749-1832）誕生。
1755年	萊辛創作的德國第一部市民悲劇《薩拉・薩姆遜小姐》上演。
1756-1763年	普奧七年戰爭。
1756年	沃爾夫網・阿馬杰・莫札特（1756-1791）誕生。
1759年	約翰・克利斯朵夫・弗里德里希・席勒（1759-1805）誕生。
1762年	約翰・哥特里普・費希特（1760-1814）誕生。
1766年	萊辛美學論著《拉奧孔》問世。
1767年	萊辛寫成《漢堡劇評》。
1767年	威廉・馮・洪堡（1767-1835）誕生。
1767年	奧克斯特・威廉・許雷格爾（1767-1845）誕生。
1768年	弗里德里希・恩斯特・丹尼爾・許賴馬赫（1768-1834）誕生。
1770年	格奧爾格・弗里德里希・黑格爾（1770-1831）誕生。
1770年	路德維希・梵・貝多芬（1770-1827）誕生。
1770年	約翰・克里斯蒂安・弗里德里希・荷爾德林（1770-1843）誕生。
1771年	歌德創作第一部戲劇《葛茲》。
1772年	弗里德里希・許雷格爾（1772-1829）誕生。

1772年	萊辛名作《愛密麗亞·夏綠蒂》問世。
1772年	弗里德里希·馮·哈爾登堡·諾伐里斯（1772-1801）誕生。
1773年	路德維希·蒂克（1773-1853）誕生。
1772,1793,1795年	三次瓜分波蘭。
1774年	歌德《少年維特之煩惱》問世。
1775年	歌德來到魏瑪。
1775年	弗里德里希·威廉·約瑟夫·謝林（1755-1854）誕生。
1777年	亨利希·克萊斯特（1777-1811）誕生。
1779年	歌德戲劇《陶里斯的伊菲格涅》上演。
1781年	康德《純粹理性批判》問世。
1781年	席勒完成劇本《強盜》。
1782年	莫札特歌劇《逃出后宮》上演。
1783年	席勒完成戲劇《陰謀與愛情》。
1785年	雅可布·格林（1785-1863）誕生。
1786年	威廉·格林（1786-1859）誕生。
1786年	路德維希·別爾內（1786-1837）誕生。
1786年	莫札特歌劇《費加羅的婚禮》問世。
1786年	席勒《歡樂頌》問世。
1787年	席勒發表劇本《唐·卡洛斯》。
1788年	歌德完成戲劇《哀格蒙特》。
1788年	阿爾圖爾·叔本華（1788-1860）誕生。
1788年	約瑟夫·馮·艾興多夫（1788-1857）誕生。
1788年	康德發表《實踐理性批判》。
1789年	法國大革命。
1790年	康德《判斷力批判》問世。
1792年	席勒完成《三十年戰爭史》。

1794年	歌德與席勒成爲密友,共同主編《時序女神》雜誌。
1795年	席勒作《審美教育書簡》。
1796年	席勒寫出《論樸素的詩和感傷的詩》。
1796年	席勒主編的《詩歌年刊》出版 (1796-1800)。
1797年	亨利希·海涅 (1797-1856) 誕生。
1797年	歌德《赫爾曼與寶綠蒂》問世。
1797年	弗朗茲·舒伯特 (1797-1828) 誕生。
1798年	霍夫曼·馮·法賴斯萊本 (1798-1874) 誕生。
1797-1804年	弗里德里希·威廉三世在位。
1797年	斐希特《知識學導言》問世。
1798年	謝林發表《論世界靈魂》。
1799年	貝多芬完成《悲愴奏鳴曲》。
1799年	席勒完成歷史劇《華倫斯坦》。
1800-1801年	貝多芬創作《第一交響曲》和《第二交響曲》。
1801年	席勒完成劇本《奧里昂的女郎》。
1804年	貝多芬創作《第三交響曲》
1804-1808年	貝多芬完成第四-第六交響曲。
1804年	席勒完成戲劇《威廉·退爾》。
1806年	德意志民族的神聖羅馬帝國宣告結束。
1806年	黑格爾發表《精神現象學》。
1806年	歌德完成《浮士德》第一部。
1807-1808年	費希特發表《致德意志民族的演講》。
1810年	羅伯特·舒曼 (1810-1856) 誕生。
1810年	威廉·馮·洪堡創立柏林大學。
1810年	斐迪南·弗萊里格拉特 (1810-1876) 誕生。
1811-1813年	歌德完成《詩與眞》。
1813年	萊比錫大會戰。
1813年	理查德·華格納 (1813-1883) 誕生。
1815年	維也納會議。

*1815*年	阿達爾夫·馮·門采爾（1813-1905）誕生。
*1815*年	奧托·馮·俾斯麥（1815-1898）誕生。
*1817*年	黑格爾發表《哲學全書》。
*1817*年	忒奧多·斯托姆（1817-1888）誕生。
*1817*年	格奧爾格·赫爾威（1817-1875）誕生。
*1818*年	卡爾·馬克思（1818-1883）誕生。
*1820*年	弗里德里希·恩格斯（1820-1895）誕生。
*1821*年	歌德完成《威廉·邁斯特浪遊年代》第一部。
*1821*年	黑格爾完成《法哲學原理》。
*1823*年	貝多芬完成《第九交響曲》。
*1827*年	海涅發表《歌集》。
*1830*年	法國七月革命。
*1832*年	歌德完成《浮士德》第二部。
*1832*年	德國漢巴赫大會。
*1833*年	海涅發表《論浪漫派》。
*1833*年	約翰尼斯·布拉姆斯（1833-1897）誕生。
*1834*年	建立德意志關稅同盟。
*1835*年	德國建築第一條鐵路。
*1843*年	費爾巴哈著《未來哲學原則》問世。
*1844*年	海涅完成長詩《德國，一個冬天的童話》。
*1844*年	弗里德里希·尼采（1844-1900）誕生。
*1845*年	恩格斯《英國工人階級狀況》問世。
*1847*年	馬克斯·利伯曼（1847-1935）誕生。
*1848*年	歐洲革命。
*1848*年	馬克思、恩格斯發表《共產黨宣言》。
*1851*年	海涅出版《羅曼采羅》。
*1856*年	西格蒙特·佛洛伊德（1856-1939）誕生。
*1858*年	馬克斯·普朗克（1858-1947）誕生。
*1860*年	古斯塔夫·馬勒（1860-1911）誕生。

1862年	俾斯麥任宰相。
1862年	蓋哈特・霍普特曼（1862-1946）誕生。
1864年	馬克斯・韋伯（1864-1920）誕生。
1864年	德國與丹麥戰爭。
1864年	理查德・史特勞斯（1864-1949）誕生。
1866年	德國與奧國戰爭。
1867年	馬克思《資本論》第一卷問世。
1867年	凱特・珂勒惠支（1867-1945）誕生。
1869年	漢斯・普菲茲納（1869-1949）誕生。
1870-1871年	德法戰爭。
1871年	馬克思寫成《法蘭西內戰。》
1871年	德意志帝國建立。
1871年	亨利希・曼（1871-1950）誕生。
1874年	雨果・馮・霍夫曼斯托爾（1874-1929）誕生。
1874年	阿諾爾德・薛恩貝格（1874-1951）誕生。
1875年	諾伊納・瑪利亞・里爾克（1875-1926）誕生。
1875年	托馬斯・曼（1875-1955）誕生。
1875年	馬克思發表《哥達綱領批判》。
1878年	恩格斯發表《反杜林論》。
1879年	阿爾貝特・愛因斯坦（1879-1955）誕生。
1879年	保羅・克萊（1879-1940）誕生。
1884年	恩格斯完成《家庭、私有制和國家的起源》。
1886年	奧斯卡・珂珂什卡（1886-1980）誕生。
1888-1914年	威廉二世執政。
1892年	霍普特曼戲劇《織工》上演。
1895年	倫琴發現射綫。
1898年	貝托爾特・布萊希特（1898-1956）誕生。
1897-1898年	珂勒惠支完成版畫《織工起義》。
1900年	安娜・西格斯（1900-1983）誕生。

1900年	普朗克發表量子論。
1900年	佛洛伊德發表《夢的解析》。
1900年	哥德里普·達姆萊 (1834-1900) 逝世。
1905年	愛因斯坦發表相對論。
1914-1918年	第一次世界大戰。
1917年	俄國十月革命。
1918年	德國十一月革命。
1921年	馬克斯·韋伯《經濟與社會》出版。
1922-1923年	珂勒惠支完成版畫《戰爭》。
1923年	威廉·康拉德·倫琴 (1845-1923) 逝世。
1927年	海森貝格提出測不準原理。
1929年	佛洛伊德發表《文化中的不悅》。
1929年	愛因斯坦發表統一場理論。
1929年	卡爾·本茨 (1844-1929) 逝世。
1933年	希特勒執政。
1937年	霍普特曼《我的青春歷險》問世。
1942年	安娜·西格斯發表《第七個十字架》。
1945年	第二次世界大戰結束。

・後　記・

　　我最初接觸德國文化，大約從中學時代喜歡閱讀歌德、席勒的作品開始，50 年代上大學時，對德國文化的興趣增大了，但從未夢想過撰寫一部德國文化史。

　　在改革開放的 80 年代，我有幸兩次訪學聯邦德國，從事德國史的深造與研究。在研究之暇，我常喜歡到書店瀏覽，開始是無意中翻閱有關德國文化史的書，後來則是有意去尋找文化史方面的書。瀏覽得愈多，我便愈覺得德國文化的深廣。德國的文學、哲學、神學、社會學、心理學、音樂、繪畫、建築和自然科學等在世界文化中所發揮的影響，令我十分讚嘆。這期間，一個準備研究德國文化史的念頭在我腦中漸漸萌發。

　　1982 年，我在北京大學歷史系開設了歐洲法西斯主義歷史的專題課，課後和假日開始鑽研德國文化史。1983 年秋，我為高年級學生開設了「德國文化史專題」課。其後，我再去聯邦德國時，一有機會逗留於書店和圖書館，我便特別注意我的兩門專題課的書目。一回到北大，我就把新獲得的材料補充到講義中去。「德國文化史專題」我先後

曾講過四次。而這本《德國文化史》就是在多次講課的基礎上經過修改、補充和增刪而成。假如說科研提高了教學,教學促進了科研,那麼,這本書也可說是科研與教學相結合的產物。當然,對於囊括了多學科的文化史來說,我並非事事通。在某些學科領域,我完全是門外漢。因此,書中的某些疏漏在所難免,誠望學界賜助指正。

　　這本書得以出版,我既感激於張文定先生的熱情幫助和推動,也感激於曾經贊助過我訪德的「德國對外學術交流中心」(DAAD)和「蓋爾達—亨刻爾基金會」(Gerda Henkel Stiftung)。在德國期間,我先後得到兩位著名史學家恩斯特‧諾爾特教授(Prof. Dr. Ernst Nolte)和克勞斯‧希爾德布蘭德教授(Prof. Dr. Klaus Hildebrand)的多方面的幫助。回國後,我還常常收到R.埃爾普賓德博士(Dr. Rainer Erpbinder)和E‧阿里夫先生(Herr Eberhard Aleff)給我寄來的柏林歷史和德國文化史方面的書,我在此謹表謝意。

國立中央圖書館出版品預行編目資料

德國文化史 / 杜美著．--初版--臺北市；

揚智文化，1993[民82]

面 ； 公分

ISBN 957-9091-23-4(平裝)

1. 德國 － 文化

743.3   82005338

德國文化史　　　　　　　　　　揚智叢刊 1

著　　　者／杜　美

出　　　版／揚智文化事業股份有限公司

發 行 人／葉忠賢

責任編輯／賴筱彌

執行編輯／陶明潔

登 記 證／局版北市業字第 1117 號

地　　　址／台北市新生南路三段 88 號 5 樓之 6

電　　　話／(02)366-0309　　366-0313

傳　　　真／(02)366-0310

印　　　刷／偉勵彩色印刷股份有限公司

法律顧問／北辰著作權事務所　蕭雄淋律師

初版二刷／1997 年 12 月

定　　　價／新臺幣：350 元

南區總經銷／昱泓圖書有限公司

地　　　址／嘉義市通化四街 45 號

電　　　話／(05)231-1949　231-1572

傳　　　真／(05)231-1002

ISBN　／957-9091-23-4